Psicosis y creación

CIP-BRASIL. CATALOGAÇÃO NA PUBLICAÇÃO
SINDICATO NACIONAL DOS EDITORES DE LIVROS, RJ

M923p

Müller-Granzotto, Marcos José,
    Psicosis y creación / Marcos José Müller-Granzotto, Rosane Lorena Müller-Granzotto ; [tradução Waldo Humberto Mancilla Bahamonde]. – 1. ed. – São Paulo : Summus, 2013.

    Tradução de: Psicose e sofrimento
    Inclui bibliografia
    ISBN 978-85-323-0915-0

    1. Sofrimento - Aspectos psicológicos. 2. Psicoses. 3. Psicologia fenomenológica. I. Müller-Granzotto, Rosane Lorena.

13-01640   CDD: 616.89
                                                                    CDU: 616.89

www.summus.com.br

EDITORA AFILIADA

Compre em lugar de fotocopiar.
Cada real que você dá por um livro recompensa seus autores
e os convida a produzir mais sobre o tema;
incentiva seus editores a encomendar, traduzir e publicar
outras obras sobre o assunto;
e paga aos livreiros por estocar e levar até você livros
para a sua informação e o seu entretenimento.
Cada real que você dá pela fotocópia não autorizada de um livro financia o crime
e ajuda a matar a produção intelectual de seu país.

Psicosis y creación

MARCOS JOSÉ MÜLLER-GRANZOTTO
ROSANE LORENA MÜLLER-GRANZOTTO

summus editorial

PSICOSIS Y CREACIÓN
Copyright © 2013 by Marcos José Müller-Granzotto
e Rosane Lorena Müller-Granzotto
Direitos desta edição reservados por Summus Editorial

Editora executiva: **Soraia Bini Cury**
Editora assistente: **Salete Del Guerra**
Tradução: **Waldo Humberto Mancilla Bahamonde**
Revisão: **Isabel Serrano**
Obra da capa: **Rosane Lorena Müller-Granzotto**
Capa: **Denise Granzotto**
Projeto gráfico e diagramação: **Crayon Editorial**
Impressão: **Sumago Gráfica Editorial**

Este libro contiene capítulos extraídos de la obra *Psicose e sofrimento*, publicada originalmente en portugués por Summus Editorial en el año de 2012.

Summus Editorial
Departamento editorial
Rua Itapicuru, 613 – 7º andar
05006-000 – São Paulo – SP
Fone: (11) 3872-3322
Fax: (11) 3872-7476
http://www.summus.com.br
e-mail: summus@summus.com.br

Atendimento ao consumidor
Summus Editorial
Fone: (11) 3865-9890

Vendas por atacado
Fone: (11) 3873-8638
Fax: (11) 3873-7085
e-mail: vendas@summus.com.br

Impresso no Brasil

Sumario

PREFACIO 9
PRESENTACIÓN – PSICOSIS Y CREACIÓN 15
INTRODUCCIÓN – CLÍNICA DE LAS PSICOSES: LOS AJUSTES DE BÚSQUEDA 39
Nuestros motivos en torno a las psicosis 39
De la precariedad de las formaciones psicóticas al sufrimiento en el brote 41
Lugar ético de la clínica de las psicosis pensada según la teoría del self 45

1 LA PSICOSIS EN EL DISCURSO DE LA TERAPIA GESTALT: EXPERIENCIA COMO MODO DE AJUSTE 49
La propuesta ética de la Terapia Gestalt para pensar la intervención en la
  psicosis: el caso "Avatar" 49
Hipótesis rectora en nuestra investigación: el "lo otro" entre el otro
  (trascendental) de la fenomenología y el gran otro del psicoanálisis 54
  Contra la perspectiva fenomenológica 55
  Contra la perspectiva lacaniana 56
  Nueva base para pensar a psicosis 58
  Ambigüedad y función ello: lo otro trascendental 58
Indicios de nuestra hipótesis en la "literatura de base" de la Terapia Gestalt 59
Formulación de la hipótesis sobre la génesis de los comportamientos psicóticos
  según la teoría del self: Comprometimiento de la función ello 62
Breve comentario de las preguntas sobre las "causas" 69
Hipótesis sobre el estilo de los comportamientos psicóticos: ajustes de búsqueda ... 72
Psicosis como ajuste y brote 75
Acciones de la función acto en los ajustes de búsqueda 77

2 AJUSTES DE AISLAMIENTO SOCIAL 79
Aislamiento como defensa 79
Diferencia entre el autismo como síndrome y los ajustes de aislamiento 82
Hipótesis sobre la génesis de los ajustes de aislamiento 86

Distinción entre sentimientos y afecciones 88
Más allá de los ajustes de aislamiento: la diversidad de las personalidades autistas . . 89
Intervención en los ajustes de aislamiento 91

3 AJUSTES DE LLENADO DE FONDO 95
Más allá del aislamiento: las alucinaciones............................. 95
Diferencia entre demandas de excitación motora y demandas de
    excitación lenguajera.. 97
        Hábitos motores: ímpetus corporales 98
        Hábitos lenguajeros: suposiciones de intención 99
Alucinación como respuesta a las demandas lenguajeras: el señor pura sangre... 101
Breves consideraciones clínicas sobre las demandas de excitación lenguajera:
    el "caso Kafka".. 103
Las estrategias de la función acto frente a la ausencia de excitación lenguajera . . 108
        Alucinación simbólica (o paranoide)............................. 110
        Alucinación residual (o catatónica)............................... 111
Intervención.. 112
        Intervención en el ajuste propiamente dicho 112
        Intervención con los familiares y con el medio social en que vive el consultante . . 114
Desafíos en la intervención en ajustes de llenado....................... 117

4 AJUSTE DE ARTICULACIÓN DE FONDO 123
Discurso articulatorio 123
Génesis de los ajustes de articulación: las excitaciones al por mayor y la
    suplencia del horizonte de deseo 125
Diferencia entre alucinación y delirio 128
La doble estrategia de la función acto frente al exceso de excitaciones......... 130
Delirio disociativo.. 133
    Características generales 133
    Un caso clínico: "la mujer de las golondrinas"..................... 134
    Intervención 136
Delirio asociativo... 138
    Características generales 138
    Un caso clínico: "el señor de la luz".............................. 139
    Intervención 143

Identificación negativa 146
    Un caso clínico: "el perro y la devota" 147
    Intervención 154
Identificación positiva 156
    Un caso clínico: "Grude" 158
    Intervención 165

5 ÉTICA, POLÍTICA Y ANTROPOLOGÍA DE LA ATENCIÓN GESTÁLTICA A LAS PSICOSIS: EL 'CLÍNICO', EL 'AT' Y EL 'CUIDADOR' 169

Atención gestáltica a las psicosis: en torno y más allá del *awareness* 169
Dimensión ética de la atención a las psicosis: clínica de los ajustes de búsqueda ... 177
Dimensión política de la atención gestáltica a las psicosis: el
    acompañamiento terapéutico 184
    Historia de la práctica del acompañamiento terapéutico en Brasil 189
    Diferencia entre ATs psicoanalíticos y gestálticos 191
    La práctica del acompañamiento terapéutico y las políticas de salud mental ... 194
Dimensión antropológica de la atención gestáltica a las psicosis: el cuidar
    como una inversión humana 199

APÉNDICES

6 LA PSICOSIS EN EL DISCURSO DE LA FENOMENOLOGÍA: ENTRE LA COMPRENSIÓN Y LA NORMATIVIDAD TRASCENDENTAL 215

Introducción: más allá de Jaspers 215
Fenomenología filosófica: en la encrucijada entre el naturalismo y la psicosis 218
Psiquiatría fenomenológica: de lo empírico a lo trascendental 226
Breves consideraciones sobre la historia de la fenomenología psiquiátrica 229
Más allá del síntoma: reducción al fenómeno psicótico 234
De la biografía a lo vivido 237
El yo empírico y el yo trascendental: diferencia fenomenológica entre la
    Neurosis y la Psicosis 241
Lectura fenomenológica sobre la génesis y los tipos de formaciones psicóticas ... 244
¿Fenomenología de la patología o patología fenomenológica? 249

**7 LA PSICOSIS EN EL DISCURSO DEL PSICONÁLISIS:
¿ESTRUCTURA DEFENSIVA O INVENCIÓN?**.......................... 255
Introducción... 255
De la fenomenología empírica al reconocimiento del papel de la ley........... 257
La psicosis en la primera clínica lacaniana 260
    Estructura psíquica como sujeto a partir del otro 261
    Diferencia entre la estructura neurótica y psicótica..................... 265
    La clínica como apoyo a las "metáforas delirantes" del Nombre-del-Padre... 268
La psicosis en la segunda clínica lacaniana............................. 273
    Del Nombre-del-padre al padre del nombre: del sujeto del deseo al
        sujeto del gozo... 275
    El no-lugar del analista y el lazo social con el psicótico 279
    ¿Es el gozo un? Una pregunta gestáltica............................ 282
Retorno a la teoría del self y a las clínicas gestálticas de la psicosis 284

NOTAS 289
REFERENCIAS BIBLIOGRÁFICAS 307

Prefacio

"¿A QUIÉN LE INTERESA la psicosis?", he oído repetir a los autores más de una vez. Y resueno preguntándome ¿cómo interesarse por el desinterés?, ¿cómo responder ante la no respuesta o ante la respuesta indiscriminada, o ante la no empatía? Es un reto a la aceptación y al amor. Reto que aceptan Marcos y Rosane Müller-Granzotto y responden con este trabajo fruto de su amplia experiencia en el campo clínico y universitario, y ante todo, fruto de la calidez de su mirada ante al diferente. A sabiendas de que la diferencia entre las partes es constitutiva de la unidad, y ésta somos todos, indisociablemente unidos. La salud y el sufrimiento son propiedad común.

Los autores han ido tejiendo el cuerpo teórico de su propuesta sobre las psicosis aplicando los principios gestálticos al trabajo individual y grupal en el medio abierto, en el institucional, y en la consulta privada de psicoterapia. Manteniendo la mirada fenomenológica sobre la clínica gestáltica, desarrollada en su primer libro "Fenomenología y Terapia Gestalt", y tomando como base la teoría del *self* vertida en la naciente teoría gestáltica de Perls y Goodman. Siguen recuperando los huecos abiertos en ella, elaborando una propuesta teórico-práctica sobre las clínicas gestálticas (conceptualización, formas de acogida y respuesta terapéutica) ante los diferentes ajustes, recogida en este libro y en otros posteriores, publicados (Clínicas Gestálticas, Editora Summus, 2012) y en preparación. Esta vez lo hacen en torno a las reflexiones y apuntes sobre lo psicótico para ampliar con sus propias reflexiones y propuestas prácticas la conciencia sobre estas formas de ser persona, de estar en el mundo.

En mi práctica como gestaltista, y desde mi primer contacto con la Terapia Gestalt hace más de veinte años, hasta hace sólo cuatro, en que coincidí con los autores, he tenido muy en cuenta, a pesar vivir ajustes psicóticos en mi familia (y a pesar de la mirada fenomenológica que me ha sido trasmitida en la práctica, y negada en la teoría, por la TG) advertencias como: "la TG no es adecuada con las psicosis…, nada de sillas vacías, es mejor que se traten desde otras orientaciones terapéuticas, mejor derivar a los pacientes…", en forma de introyectos, manteniendo así el tabú sobre la locura, evitando la búsqueda de respuestas ante los buscadores de otros ajustes posibles, y sobre todo, adoptando la actitud frecuente de las familias y la sociedad con los fenómenos psicóticos: apartando y negando. A la vez: "la Terapia Gestalt es ante todo una actitud de escucha desprejuiciada ante lo que se manifiesta ante nosotros…." y "… escuchar el vacío como fondo de la excitación…". ¿Es este el caso?

¿Dejar a un lado lo que nos cuestiona, lo que pone en evidencia los huecos, los vacíos, aquello para lo que no tenemos una respuesta aprendida y repetida, es una actitud gestáltica? ¿Qué se espera entonces de mí como terapeuta gestáltico?, ¿y nosotros los gestaltistas, qué tipo de ajuste hacemos al dejar a un lado lo que nos cuestiona, al no mirar de frente lo no deseado, lo no esperado, que traen las psicosis, como formas de ajuste? ¿Cuál es nuestra respuesta ante ello? Una alternativa es escuchar ese vacío, atravesar la angustia ante lo desconocido y tener el coraje de vivir y mostrar lo hallado en el camino. Esto es lo que a mi modo de ver han hecho los autores, reconociendo así como un lugar más en el abordaje clínico gestáltico el no lugar de las psicosis, acogiendo los ajustes psicóticos como manifestación de ese lugar inevitable en el campo social, escuchando su pedido de inclusión.

Así, el trabajo de Marcos y Rosane Müller-Granzotto con este libro abre una posibilidad de crecimiento en la teoría y práctica de la TG junto a las psicosis, hacia la co-creación de una clínica propia. Una oportunidad para pensar una clínica gestáltica y acudir como miembro por derecho al debate teórico planteado entre las diferentes orientaciones clínicas, en el campo académico y social, concurrencia poco frecuente por parte de la TG, que ha sido beneficiaria, y sigue siéndolo, en gran medida, en su abordaje de las psicosis, del préstamo hecho por la psicopatología psicoanalítica, manteniendo en el fondo la búsqueda de una respuesta propia ante ajustes que no sean exclusivamente neuróticos.

Son generosos cuando comparten elocuentes casos prácticos mostrando las luces y las sombras que han vivido en su experiencia real, e ilustrando con ello conceptos (p.ej. alucinación, delirio,...), que aunque incorporados al lenguaje coloquial, no son tan fáciles de manejar en su dimensión clínica por cualquier terapeuta gestáltico. Definen igualmente semejanzas y diferencias entre los distintos ajustes, vistos desde las funciones del *self*, marcando la diferencia con otras orientaciones terapéuticas, con el rigor que les caracteriza (Apéndice) como forma de crear nuevos huecos en el debate social y académico actual.

La consecuencia de todo ello es una definición clara entre el ajuste psicótico como forma de respuesta en la interacción social y el brote (el fracaso del ajuste, indicador del sufrimiento en el sujeto y el entorno) que hasta este momento no se había facilitado desde el enfoque gestáltico y que tiene una aplicación inmediata en el trabajo social comunitario, en el ámbito de la salud y la educación ya que proponen una actitud y unas estrategias concretas para apoyar el abordaje de las psicosis como terapeuta, acompañante terapéutico, o simplemente vecino. Los autores tratan de descifrar el código relacional de estos modos de contacto con la realidad de una parte de la sociedad, desde una posición simétrica, aceptadora de creaciones diferentes, antes que de rehabilitar a los sujetos con itinerarios diseñados desde el miedo a la locura, borrando sus señas de identidad.

Acogida y reconocimiento de identidades, frente a uniformización y exclusión. No esperar, sino acoger, no demandar sino acercarse. Aceptar como un lugar posible ante el otro, el no lugar que a veces nos da, validando el ajuste psicótico como una comunicación posible.

Su mirada inclusiva da un lugar per se, sin condiciones, en la sociedad a las personas que ponen en la interacción creaciones psicóticas, aceptándolo como el resultado de otros modos de "afectarse" con la realidad, que identifican, diferencian y clasifican para su abordaje clínico y educativo específico. Resultando un abordaje multiprofesional enfocado a la acogida, prevención y atención del brote y el sufrimiento que para el sujeto y la comunidad conlleva.

Y así volvemos al principio, ¿cómo interesarse entonces como gestaltistas por los "desinteresados" por nosotros?, quizás reconociendo la ausencia de nuestro interés. De algún modo nuestras excitaciones como colectivo ante el abordaje gestáltico de las psicosis tampoco han aparecido, o lo han hecho escasamente, y venimos repitiendo respuestas aceptadas en la comunidad profesional (DSM IV...) para ser incluidos en el mundo clínico. Los autores abren un camino para recuperar las psicosis desde el abordaje gestáltico, como esa realidad que nuestras neurosis han dejado a un lado, a la que de algún modo hemos sido ciegos, o ante la que no hemos encontrado respuesta porque, al igual que los sujetos psicóticos, tampoco nosotros sabemos qué requieren de nosotros como gestaltistas, y como respuesta, repetimos lo dado en el campo psicoterapéutico, ante la ausencia de excitaciones para un abordaje propio. Y aquí está el hueco.

Marcos y Rosane Müller-Granzotto se han arriesgado a dejar salir su propio ajuste clínico, tienen el coraje de mostrárnoslo generosamente, sentando las bases de algo en construcción, convocando a la co-creación junto a otras iniciativas, abriendo una oportunidad para buscar el sentido a nuestra propia práctica gestáltica. De este modo, mirar de frente, ahora las psicosis, nos pone en la vía de nuestro propio crecimiento como personas y como terapeutas gestálticos.

¿Nos arriesgamos juntos a continuar por el desvío que nos proponen? ¿A explorar nuestros propios límites, mirando de frente la diferencia sin intentar dominarla apartándola de la conciencia, y a los sujetos psicóticos con ello?

En cuanto a mí, gracias Marcos y Rosane por vuestra invitación, voy yendo por el camino, hay grandes piedras…(y con Borges…)… por las rendijas se divisa el horizonte.

Isabel Serrano.
Albacete, abril 2013.

Presentación
Psicosis y creación

I

EL COORDINADOR DEL CENTRO de Atención Psicosocial (CAPS)[1] nos reunió a todos, profesionales, para que juntos deliberásemos sobre una urgencia. Habíamos recibido una llamada telefónica de la madre de un usuario solicitando ayuda. Conforme al relato de la mujer, desde hacía algunos días su hijo había vuelto a hablar de cosas extrañas. Con un tubo de tinta espray, él había pintado diferentes nombres en las paredes internas de la casa. A veces se decía João, a veces se decía José. Las ropas que no cupieron dentro de la máquina de lavar, las reunió en el centro de la sala de estar para quemarlas. Nadie conseguía disuadirlo de esta intención. Por eso la madre pensó en llamar al SAMU (Servicio de Atención Móvil de Urgencia) o a la policía; pero recordó, de las reuniones que hiciera con nosotros en el Centro de Atención Psicosocial (CAPS) y de nuestras recomendaciones para que evitase internar al hijo, que deberíamos tratarlo en libertad, a partir de los recursos sociales de los que se disponía. "Vengan ustedes hasta aquí, pues estamos aterrorizados". Y antes de que los profesionales discutiéramos por disentir en el concepto sobre nuestra responsabilidad en mantener el orden socio-familiar de nuestros asistidos, me ofrecí para ir hasta la casa del usuario. Yo era nuevo en la institución. Nunca lo había visto. Incluso así, el coordinador consintió en que yo fuese: "pero lleva contigo el historial y léelo antes de intervenir". En el camino, esperaba del chofer alguna pregunta que me hiciera sentir importante, por ejemplo, "¿es un caso complicado doctor ?". Pero él permaneció tan callado que tuve la certeza, por un instante, de que todo aquello sería en vano. La letra desordenada de algún colega, que no tengo idea quien habrá sido, ensayaba una biografía. Quedé interesado en saber lo que hizo al tal colega anotar, lacónicamente, "hijo de madre soltera, renegado por el padre". Y, a pesar de que el registro de medicamentos administrados me hiciese perder el hilo, conseguí entender que nuestro usuario fue sometido a dos internamientos anteriores, uno de veinte días, a los trece años; otro de sesenta días, en régimen domiciliario, cuando tenía dieciséis. Él ahora tiene diecinueve años. Fue encaminado al CAPS hace dos años. Ayuda a la tía y a las primas en una tienda de aparatos electrónicos, administrada por el abuelo, en cuya casa viven todos ellos. "Contó que no puede donar su riñón a la madre; se preocupa porque ella lo pasa muy mal en las sesiones de hemodiálisis…".

Mi ida había sido anunciada y yo era esperado a la entrada del patio de la casa por un hombre de rostro arrugado, no sé si por el sufrimiento o por los años. "Cuando él era más joven yo conseguía aplacarlo, ahora no me atrevo. No es muy fuerte, pero tiene esa cosa de hacer artes marciales" me dijo el anciano, que supuse era el abuelo. Y no bastando el aire taciturno del hombre, la indignación de las tres jóvenes que lo acompañaban – ¿serían las primas, las tías, …? – me quitó el control sobre la situación. "Su madre no merece esto", decía insistentemente una de ellas. No sabía a quién dirigirme y fui prácticamente arrastrado hacía dentro del recinto por una puerta lateral, que me llevó a lo que parecía ser la cocina. El color de calabaza en la piel de aquella mujer cabizbaja sentada a la mesa no me dejo dudas: se trataba de la madre. Ella me miró con generosidad, como si me confiase algo de mucho valor. "Está en la sala. Ni él ni nosotros hemos dormido más. Ya pasaron tres noches así. Trancamos las puertas de los dormitorios para que no pueda sacar ninguna pieza más de ropa. Antes quería lavarlo todo. ¡Ahora quiere prender fuego doctor!". Y yo ya no sabía si quería estar allí. "¿Crees doctor que usted solo va a conseguir llevárselo para internarlo? ¿no trajo a nadie para ayudarle?", me dice la más exaltada de las otras tres mujeres. "Todo comenzó con la historia de la escuela de artes marciales", agrega la más joven. "Él apareció con una bolsa llena de ropas y otros objetos que dijo le habían regalado. Pero no se tardó hasta que el dueño de la escuela llamara diciendo que había hecho una denuncia por robo en la policía contra mi primo. "¿Qué pasó por la cabeza de este muchacho?". La tercera, entonces, recordó que ya había recibido otras llamadas telefónicas de la misma institución. "Esas personas están muy enojadas porque nuestro primo dijo por ahí que trabajaba en la escuela como instructor de lucha, cuando, en verdad, es solo un alumno en las fases iniciales". Para el abuelo el robo de las ropas tenía que ver con venganza, ya que al nieto se le había impedido frecuentar las clases mientras no llevase los exámenes médicos exigidos: "y ustedes saben, ¡él huye del médico como diablo de la cruz!" Cuando entonces la más exaltada retrucó: "Diablo es aquel padre suyo que, además, es médico. ¿Por qué no se lo lleva consigo y lo cría, ya que nuestra tía no tiene salud ni condiciones financieras?", "¡hacer un hijo él supo!". La madre entonces recordó que la primera vez que su hijo tuvo un brote fue cuando fueron juntos a un abogado para iniciar el proceso de reconocimiento de la paternidad. "Después de aquel día nunca más se encauzó. Yo me arrepiento de haber comenzado aquello. No hay dinero que pague el sosiego doctor". La más exaltada volvió a la carga amonestando a los demás: "Quiero ver qué dinero va a pagar un laptop nuevo para el cliente si él echa a perder el aparato. Desde hace días está con la máquina de un cliente viendo aquella película ridícula, ¿cómo es exactamente el nombre? ¡Avatar[2]!". Llevando una de las manos a mi espalada, como si me condujese a otro recinto, el abuelo me interrogó: "¿Usted lo va tratar con medicación oral o inyectable?".

Atravesar la puerta de la cocina y ver a aquel flacuchento caminando alrededor de una pila de ropas en el centro de la sala fue, bajo cierto punto de vista, un alivio. Desde el portón del patio hasta conseguir salir de la cocina no pasaron más de cinco minutos; lo suficiente para que me sintiese contaminado por exigencias y maledicencias, las cuales me hicieron recordar el pasaje en que Hércules se viste la túnica envenenada por Nessus[3]. A mis espaldas los otros me observaban y yo no tenía la más mínima idea sobre qué decir o hacer en aquel momento. Y, por increíble que esto pueda parecer, fue el usuario quien me salvó del embarazo. Me llevó por el brazo hasta otra parte de la casa, en cuyas paredes estaban los muchos nombres que él me quería presentar. "Este soy yo en el Medievo. Un noble. Pero si tú me ves rojo, me llamas por este nombre. Este es el nombre de los que nacieron bajo el sol de los bravos...". Continué sin saber qué decirle, un poco más confortable por no estar siendo observado. Me limité a oír, y solo abrí la boca cuando él solicitó que yo le diese mi casaca para el ritual de purificación "a fuego" que haría en la próxima luna llena. Para zafarme me fijé en los colores y en el trazado de los nombres pintados en la pared, llamándole la atención sobre la regularidad de ciertos diseños. Por un instante el titubeó y fue ahí cuando pude prestar atención y ver que llevaba consigo un laptop, en el cual se reproducía una película. "¿Qué es lo que estás viendo?", le pregunté. Y antes de que él se enfureciese conmigo, pues su mirada comenzaba a denunciar su decepción, me apresuré a decir cualquier cosa, después de asociar la voz de una de sus primas con la escena que identifiqué en el laptop como de la película Avatar. "¡Tú eres un avatar!", le dije yo. Y la sorpresa del usuario fue tal que, en aquel instante, percibí que habíamos cambiado de lugar: el brotado (de miedo) ahora era yo. Y yo no tenía alternativa sino continuar: "Pues ahora entiendo", le dije: "todos esos nombres en la pared son tus avatares". Y habiendo recordado en un instante el argumento, teniendo presente que el protagonista de la película era un parapléjico que, como consecuencia de un experimento científico, puede temporalmente transportar su sistema nervioso central a un cuerpo diferente, híbrido, mucho más poderoso y perfectamente saludable, le pregunté: "¿cúal es la enfermedad o limitación que tienes y qué te dió derecho a vivir en un cuerpo avatar?". El brillo en la mirada del usuario me testificó que algo funcionaba. Él se embarcó en mi historia – tal vez fuese más correcto decir, en mi delirio. Posando el dorso de su mano izquierda en la espalda, en la región lumbar, y la palma de la derecha sobre el propio pecho, me dijo: "Mis riñones y mi corazón son incompatibles. Los primeros son de esponja, frágiles. El segundo tiene poca fuerza". Y yo entendí, como si oyese a mi propio cardiólogo, que la presión (alta) de los latidos cardiacos amenaza las finas y delicadas estructuras de los riñones. "Por eso tengo que separarlos y vivir en cuerpos diferentes", concluyó él. Pensé para mí: "¿de qué riñones está hablando ahora?" ¿Qué es lo que él quiere decir con 'separarlos'?".

No hubo tiempo para que yo terminase mis propias cuestiones y ya estaba ante los parientes, nuevamente. "Mi colega avatar va a explicarles algunas cosas, para ver si ustedes entienden lo que está sucediendo. Prosiga", me dijo él. Y fue en este momento cuando percibí que estaba en un dilema ético-político muy importante. Por un lado, fui llamado por familiares que esperaban de mí que les aclarase como lidiar con un sujeto brotado, o que al menos les ayudase a internarlo. Por otro, había construido con el usuario una suerte de complicidad, como si yo pudiese servirle como portavoz de una súplica, de un pedido de tregua, de comprensión, que él no había merecido hasta entonces. Y no se trataba, en aquel momento, de actuar una división de papeles, como si hablase para los familiares a partir de un registro y con el usuario a partir de otro. Yo era la propia encarnación de la dificultad de comunicación – si es que puedo decirlo – vivida por los familiares y por el usuario. Nunca imaginé estar así tan metido en el ojo del huracán, en el ojo de este fracaso que atiende por el nombre de brote.

Lo más extraño en aquel momento para mí, era creer que el usuario estuviese produciendo un tipo de mensaje, una forma posible de comunicación que debiésemos aceptar. Imaginé, por un instante, que mi habla pudiese ser oída como metáfora. Pero a la primera señal que yo formulé a los parientes, una metacomunicación, el usuario esbozó rechazarme. Y en vez de asociarme a la conveniencia de la razón clara que los parientes suponían como característica de ellos y mía, me asocié a la tentativa desmedida de aclarar lo que yo mismo había inaugurado para el usuario. Percibí que debería tornar funcionales los avatares para los familiares. Y fue entonces cuando comencé a decirles, en presencia del usuario, que éste estaba en peligro. Algo en él no estaba funcionando bien y todavía era temprano para descubrir exactamente lo que era. De todas maneras, yo había reconocido en él una forma eficiente de autoprotección. Asumiendo una identidad provisional, cual avatar, él mantendría defendidas las partes o situaciones amenazadas. Y deberíamos tener la habilidad de percibir que, mientras él se mantuviese defendido en las múltiples identidades provisionales, eso significaría que las amenazas aún no se habrían extinguido. Luego, todos nosotros, profesionales y familiares, no deberíamos anticipar ningún cambio. Nosotros deberíamos, sí, permanecer atentos a qué elementos aumentaban la tensión. Y cuando ya casi no tenía más aliento para proseguir en las explicaciones que ni yo mismo comprendía, la madre me preguntó si la ausencia del sueño no era algo que pudiese estar interfiriendo como una amenaza. Aliviado, pues parecía que mi discurso nos había conducido a un lugar de entendimiento, respondí que sí y pregunté al usuario si a él le gustaría dormir. "claro, pero no quiero despertar en aquel cuerpo de antes, ¿entiendes?". La utilización del guión de la película ya ganaba vida propia en el discurso del usuario. Fue entonces cuando tuve la idea – inspirándome en otro pasaje de la película, que menciona una savia vivificante que circula entre todos los seres vivos de Pandora y que puede ser evocada por una sacerdotisa para fines curativos – de proponer que llamásemos a la sacerdotisa, en este caso, mi colega psiquiatra, para que ella administrase la savia/medicamento. El usuario aceptó prontamente. Telefoneé a mi colega, que vino a nuestro encuentro, le expliqué mi estrategia, que la hizo decidir no administrar ningún antipsicótico, apenas inductores del sueño y reguladores del humor. Si los avatares estaban funcionando, no había por qué retirarlos.

II

MUCHO ANTES POR LA adhesión de la psiquiatra que por reconocer en mi método algo profesional, los familiares "compraron" mi estrategia. Por algunas semanas, deberíamos todos nosotros comunicarnos con los avatares. A cambio, el usuario declinaría de la hoguera, visto que ella constituía una amenaza para los propios avatares, conforme otro pasaje de la película evocado por una de las primas. Y comenzamos un proceso, con muchos altos y bajos, que al menos nos ayudó a reconocer cuando el usuario perdía el control de la situación, poniéndose más agresivo. Estos momentos – por lo menos los más intensos – parecían estar relacionados con los intentos de las personas para explicar los comportamientos extraños que percibían en él. Cuando oía a los parientes especulando sobre la relación entre el brote y el rechazo del cardiólogo en reconocerlo como hijo, o sobre la relación entre los rituales de purificación que antes promovía y la enfermedad de la madre, nuestro usuario literalmente se ponía loco. Y todas las veces que nosotros mismos intentamos relacionar su "corazón fuerte" con el padre cardiólogo, o sus "riñones débiles" con la madre enferma, cuya culpa resignada hizo de ella una mujer sin vida propia; todas las veces que buscamos relacionar su expulsión de la escuela de artes marciales con el rechazo del padre a recibirlo, sus rituales de purificación con la tacha de ser hijo de una amante sucia, alguna cosa en él retrocedía, como si nuestras tentativas para entenderlo le provocasen o le lastimasen todavía más. Y parecía que cuanto más intentábamos comprenderlo, menos sabíamos, con el agravante de que le molestábamos.

Después de algunos meses, el usuario estaba mucho más calmado. Coincidencia o no, la tía y las primas alquilaron un apartamento y salieron de la casa del abuelo. E incluso, los avatares ya no se hacían tan presentes en su discurso. Ya atendía por el nombre propio, pero tenía mucha dificultad para volver a la rutina de antes del brote (trabajo, curso preparatorio para el ingreso a la universidad, partidos de fútbol con los amigos, etc.). Fue cuando le convencimos para que frecuentase un taller que ofrecíamos en el CAPS y en el que enseñábamos computación. Por tratarse de una materia en que él era un iniciado, tenía la oportunidad de ayudar a los demás usuarios. Lo que pareció motivarlo. Su empeño nos reforzó para ofrecerle una función de asesoría en la asociación de usuarios. En nuestra fantasía, esta actividad política podría representar para él un destino protegido para sus avatares más belicosos, que insistían en no irse. Tal vez fuese un modo para que él matizara sus formulaciones recurrentes respecto a una eventual reintegración a la escuela de artes marciales. Si él era capaz de acompañarnos en reuniones públicas para defender intereses de la asociación, él ciertamente podría enfrentar aquello que le molestaba en la temática de la reintegración a la escuela de artes marciales. Pero nuestra expectativa no se cumplió. Peor que eso. El usuario nos abandonó.

Algunos meses después, la familia volvió a llamarnos, pues nuestro usuario estaba "extrañísimo". Esta vez, buscaba sistemáticamente el aislamiento. Permanecía el día entero en su cuarto, de donde solo salía cuando percibía que nadie más circulaba por la casa. Ya no quería saber de la medicación, de la televisión, de los computadores. No reaccionaba a las invitaciones, a las llamadas. Y los familiares ya no sabían que los incomodaba más: si era la agitación de antes, o el embotamiento de ahora. No sin sorpresa, fuimos muy bien recibidos por él. Esta vez, queríamos pautar nuestras intervenciones en estrategias clínicas más rigurosas, inspiradas en los grandes autores, acerca de las psicosis. También la psiquiatra quería ser más rigurosa en el estudio de los efectos de las medicaciones. ¿Pero qué orientaciones adoptar?

Inspirados en una determinada tradición de intervención en el campo de las psicosis – y para la cual, la psicosis consiste en una incapacidad del sujeto para representarse su propia unidad – comenzamos especulando sobre la posibilidad de ayudar al usuario a elaborar un discurso sobre sí. Con la ayuda de antidepresivos, se trataba de proporcionarle condiciones para que él mismo trazara los acontecimientos de su vida según una orientación que libremente pudiese elegir, por más extraña que ella fuese. Pero, como ya habíamos percibido, toda tentativa de utilización de los avatares en la dirección de la construcción de una comprensión sobre su unidad histórica lo angustiaba profundamente.

La alternativa siguiente – basada en otra tradición de intervención en el campo de las psicosis – tomaba en cuenta la dificultad de nuestro consultante[4] para enfrentar al otro. Para esta tradición, la psicosis es la incapacidad de alguien para hacerse reconocer por el otro. Por eso imaginamos que podríamos ayudarle representándolo. Nuestra idea era participar efectivamente de sus conflictos políticos, ofreciéndole un blindaje (discursivo y medicamentoso, esta vez, a base de antipsicóticos) que le permitiese enfrentar, por ejemplo, a los profesores en la escuela de artes marciales. Pero esta maniobra no tuvo éxito. Cuando, por fin, conseguimos autorización de la escuela para que él volviese a las prácticas – una vez que nosotros nos comprometimos a acompañarlo – esta alternativa le pareció inalcanzable. De donde inferimos que tal vez no le interesase un lugar de reconocimiento social. En otras palabras, no le interesaba adaptarse a quien lo pudiese reconocer. Tal vez fuese, más importante para él, imponerse al otro. Nos encaminamos hacia una segunda versión de aquella forma de concebir la psicosis, que aboga que el psicótico no sabe posicionarse frente al otro –, Lo que nos llevó a trabajar en el sentido de mapear los lugares en que nuestro usuario podía ejercer el poder. Pero su paso por la asociación de usuarios ya nos había advertido que el poder no le interesaba. Ni someterse ni dominar. Nuestro usuario no sabía qué lugar ocupar. Tampoco nosotros en relación a él.

En alguna medida, me sentía el propio Simão Bacamarte, personaje antológico de Machado de Assis en el cuento *O alienista* (1881-2). Después de haberse involucrado en la noble misión de salvar la comunidad de Itaguaí del riesgo de una epidemia, que atiende por el nombre de locura, el joven médico, orgulloso de haber declinado importantes cargos en la Corte portuguesa en favor de la devoción al progreso de la ciencia, presenta su primera tesis psiquiátrica: si la normalidad es un continente, la locura es una isla, que necesita ser aislada. He ahí entonces que decide recoger en una casa de Orates – conocida como Casa Verde – a aquellas personas que, por las rarezas que realizaban, se encuadraban en la categoría de la diferencia. Pero, mientras el número de denuncias sobre personas, que se encuadraban en esta categoría, no paraba de crecer, el diligente científico sospechó que tal vez hubiese un error. El error, entretanto, no residía en la evaluación que él hacía acerca de las personas; sino en la tesis. No era la normalidad la que equivalía a un continente, y, sí, la locura. Lo que explicaría por qué – después de algún tiempo – casi toda la ciudad convalecería en Casa Verde, cual "torrente de locos". Y en la medida en que el malestar de los ciudadanos ponía a prueba el sentido común de Simão, ya que las autoridades no se conformaban con la idea de que ellas mismas pudieran estar locas, el joven médico no tuvo alternativa que no fuese declinar esta nueva tesis. Por fin, decidió internarse él mismo, pues si hubiese locura, él la debería experimentar antes, por sí mismo.

III

NI LOS CAMBIOS EN las mediciones, ni tampoco los cambios en las orientaciones éticas de las intervenciones clínicas, parecían producir un efecto pacificador para este sujeto y sus familiares. Estábamos más perdidos que nunca, como Simão Bacamarte. Inspirados en el personaje de Machado de Assis, nosotros decidimos desistir; no del usuario, sino de entenderlo. Volví a mi postura inicial, con ocasión de mi primer contacto con el usuario, en la que no me ocupaba de lo que él pudiese deliberar, querer, o, desear para sí. Me ocupaba antes de las exigencias dirigidas a mí y, por extensión, a él. Quería saber lo que los familiares exigían, lo que las políticas en salud mental esperaban del usuario, qué ambiciones yo mismo tenía. Y fue cuando pude mirar las formaciones del usuario como respuestas genuinas, cuya característica fundamental era la fijación en la realidad dada, tal como aquella fijación que yo mismo elegí cuando no sabía cómo lidiar con él.

Me acordaba de la angustia que había sentido; no sabía qué hacer. Considerando esto, escogí concentrarme en los nombres escritos por el usuario en la pared, en las posibilidades proporcionadas por la película que él veía; en vez de intentar entender lo que, de hecho, yo no conseguía entender, a saber: ¿por qué quiso quemar mi casaca, o, qué relación podría haber entre el ritual de purificación y todas las cosas que yo oí respecto a él por parte de los familiares? En alguna medida, en el contacto con este usuario, yo repetia por mi mismo sus comportamientos; yo mismo me comporte de modo raro, por cuanto no encontré una fórmula que satisficiese todas las exigencias que sobre mí en aquel instante se cernían. Y si había algo que yo debiese entender sobre el usuário, tal entendimiento debería poder construirlo a partir de mí, de la forma como me sentí compelido a fijarme a la realidad –, dada mi incapacidad para responder a todas las demandas. Que es lo mismo que decir, que yo no exageraría si afirmase que la supuesta psicosis del usuario, antes la viví en mí mismo; la viví por medio de las fijaciones que elegí como única alternativa frente a las exigencias de sentido que no podía responder.

Pues bien, ¿no se diseña aquí una forma de leer la psicosis que yo pudiese desarrollar como estrategia clínica? ¿Yo no podría considerar mí reacción como un efecto de la psicosis del usuario a quien acogí? ¿No son tales efectos parámetros más confiables que las especulaciones que yo pudiese hacer a priori o a partir de un lugar exógeno a las formaciones psicóticas? Por más polémica que esta estrategia machadiana pueda parecer, al menos puedo decir que, mientras traté las respuestas del sujeto como matrices para las mías, fui capaz de sensibilizar al medio familiar en favor de la inclusión de un modo peculiar de reaccionar a la expectativa y a la ambición, desarrollado por el propio usuario, que es la fijación en la realidad. Además, al haber puesto en evidencia las fijaciones del usuario, involuntariamente, construí una hipótesis simple, al alcance de los familiares y que, poco a poco, se fue mostrando extremadamente relevante para entender los cambios en las reacciones de nuestro sujeto. Se trata de la comprensión de que, si alguien necesita fijarse, esto se debe a que, ese alguien, pueda estar sujetando oscilaciones, que son amenazadoras para él. Y las oscilaciones, en el caso de nuestro usuario, tenían que ver con la ambigüedad de las expectativas que las personas producían a su alrededor. Por ejemplo: las primas lo querían trabajando en la tienda de la cual también son empleadas, pero también lo querían a distancia; el abuelo está orgulloso de la insolencia del nieto, aunque lo trate con miedo; la madre ve en el hijo a un invalido y al mismo tiempo tiene mucha esperanza de que pueda pasar el examen de admisión a la universidad, graduarse en ingeniería y mejorar la condición económica de la familia; yo mismo quise protegerlo de las exigencias, pero no decliné de exigirle su presencia en la oficina del CAPS, en la asociación de usuarios... En fin, las fijaciones que nuestro usuario produce, y por cuyo medio nosotros pudimos aproximarnos a él, nos revelaron que no soporta la ambigüedad implícita en las exigencias formuladas por las personas.

Y es aquí donde se diseña para nosotros un doble horizonte, de intervención y de reflexión, que más que una solución, consiste en una posibilidad de investigación. Por un lado, intervenir puede significar proteger junto a fijaciones seguras a los usuarios sometidos a exigencias que ellos no pueden soportar, probablemente en razón de la ambigüedad que no toleran. Por otro, nosotros, los clínicos deberíamos poder desarrollar esta hipótesis, contraponiéndola a otras formulaciones y, sobre todo, al historial de intervenciones para aclarar temas como: ¿Por qué la ambigüedad le parece algo amenazador al sujeto de las formaciones psicóticas, cuando para buena parte de las personas es interesante? ¿Qué es lo que propiamente convierte en una exigencia algo ambiguo? ¿En qué medida la fijación suspende, responde, rechaza, la ambigüedad?

IV

VAMOS A SUSPENDER, POR un instante, los relatos acerca de nuestra experiencia con el sujeto avatar, para privilegiar algunas elaboraciones teóricas. Este caso clínico[5], así como muchos otros, retornará en varios momentos de la presente obra, especialmente para denunciar nuestros equívocos; al final, siguiendo a Michel Foucault (1963), creemos que la clínica, antes que ser el lugar de una disciplina científica, es el espacio ético de crítica a los saberes. Lo que no significa que la propia práctica clínica no merezca ser criticada. Y tal vez sea esta la principal función de las reflexiones teóricas. Más que "validar" o "fundar" prácticas, somos partidarios de la posición de Perls, Hefferline y Goodman (PHG, 1951)[6], iniciadores de la Terapia Gestalt, para quienes, en el contexto de las prácticas clínicas, la teoría no debe cumplir una función epistémica, sino crítica, funcionando como "marco diferencial" entre lo ya conocido y lo inédito. Solamente así ella podrá advertir al profesional sobre los límites entre la dogmática y la innovación, especialmente la innovación que emerge de parte de los consultantes, usuarios, en fin, beneficiarios de las intervenciones clínicas. Y es de ahí, de dónde nace nuestra simpatía por esta teoría – que se propone establecer "marcos diferenciales" entre los saberes de los profesionales y las innovaciones de los consultantes – que atiende por el nombre de *self* (PHG, 1951).

Todavía no es el momento de presentar los pormenores de la teoría del *self*. Eso lo haremos en el curso de esta obra[7]. Procede ahora rescatar de ella en qué medida da guarida a nuestra intuición sobre la posible relación que pueda haber entre las fijaciones y la ambigüedad de las demandas. Y no es sin sorpresa que encontramos, de la pluma de Paul Goodman, la afirmación de que, en las psicosis, testificamos una especie de "rigidez (fijación)" (PHG, 1951, p. xliii) en situaciones en las cuales se puede observar la "[…] aniquilación de una parte de lo dado de la experiencia […]" (PHG, 1951, p. 263). Pero, ¿de qué experiencia están hablando los autores? Tal como nosotros leemos en la obra de PHG (1951, p. 15) la expresión "*self*" designa "el sistema de contactos en cualquier momento". Considerando que cada vivencia de contacto se define por "el 'descubrimiento y la construcción' de la solución futura" (PHG, 1951, p. 14), el *self* no es otra cosa que el flujo temporal de una situación pragmática a otra, siempre en torno a exigencias actuales, para las cuales cada cuerpo busca una solución a partir de lo que dispone como recurso social presente, por un lado, o fortuna de hábitos heredados, por otro. Inspirados en la tradición fenomenológica –la cual, mientras tanto, buscan matizar, a partir del pragmatismo norteamericano y de la lectura merleau-pontyana de Husserl–, PHG emplean el término "*self*" como sinónimo de "campo de presencia" (*presenzfeld*). Y así como debemos poder distinguir, en un campo de presencia, los datos presentes de los codatos[8] pasados y futuros; en un sistema *self* distinguiremos las exigencias y posibilidades actuales, por un lado, de los hábitos (pasados) y de las soluciones (venideras), por otro. Un sistema *self*, en este sentido, está investido de al menos tres orientaciones, lo que hace de él una experiencia eminentemente ambigua. Y es aquí donde encontramos la primera formulación gestáltica para la noción de ambigüedad. "Ambigüedad", por lo tanto, habla respecto al hecho de que, en la experiencia de contacto, las exigencias comportan, implícitamente, una expectativa relativa a las soluciones venideras y a la repetición de los hábitos. Cada demanda, en la actualidad de la situación, más allá de la propia situación, articula una expectativa sobre la copresencia del pasado y del futuro en torno a los datos sociales presentes. Cada exigencia, más allá del contenido social que fija, descortina un horizonte ambiguo, al mismo tiempo destinado al futuro y al pasado. Y tal vez sea esta ambigüedad lo que torne las diferentes relaciones sociales en experiencias interesantes, sorprendentes – al menos para aquellos que intentan explicar lo que pasa con nuestro usuario avatar. Las relaciones sociales nunca encierran un solo punto de vista, pues ellas abren una diversidad de perspectivas, lo que, de alguna forma, es garantía de que puedan ser satisfechas, realizadas, en fin, concretadas. Tal vez pudiésemos, inclusive, especular, que la imposibilidad de reunirlas es lo que exige la trascendencia, el paso a otra experiencia de contacto; de tal manera que podemos referirnos a la vida como un sistema de contactos, o sistema *self*. Esto además, significa que cada experiencia, por su diversidad, es un todo abierto, cual *Gestalt*: cuando una dimensión es "figura", las demás comparecen como "fondo", alternándose mutuamente, sin que pueda haber entre ellas síntesis acabada o posición absoluta. Lo que nos permite, finalmente, formular, en qué sentido las demandas dirigidas a nuestro usuario pudieran ser consideradas ambiguas. Dependiendo del punto de vista a partir del cual fuesen consideradas, ellas podrían, o, articular una intención pasada, una expectativa futura, o, una constatación presente.

Pero ¿qué es lo que pasa con nuestro usuario avatar? Aparentemente, es como si él no consiguiese transitar por la ambigüedad característica de los contactos sociales a los que está sometido. La diversidad de perspectivas no le parece interesante. ¿Por qué sucedería esto? Pregunta difícil de responder, pues exige que especulemos sobre "causas" psicosociales o anatomofisiológicas que determinen esa aparente incapacidad, como por ejemplo, la existencia o no de otros casos de psicosis en la familia, la ocurrencia o no de accidentes prenatales o puerperales envolviendo a nuestro usuario, la presencia o no de anomalías bioquímicas como la galactosemia o fenilcetonuria, la caracterización o no de disturbios endocrinos, como el hipertiroidismo congénito, la posibilidad de anomalías cromosómicas, como la trisomía del 21 o la trisomía del 18, la ingestión sistemática o no de determinadas substancias, la presencia o no de un virus que hubiese ultrapasado la barrera hematoencefálica, etcétera. Por lo cual, una respuesta conclusiva sobre las causas no necesariamente conlleva una terapéutica; preferimos pensar que nuestro usuario, en las situaciones en las que está sujeto a la ambigüedad de las relaciones sociales, vive una vulnerabilidad[9] que lo hace ajustarse de modo singular; siendo este modo, la fijación en la realidad social de que dispone.

Pero, ¿cuál sería la vulnerabilidad? Son los propios autores los que nos entregan una importante hipótesis sobre la vulnerabilidad específica de las relaciones de campo en que se producen respuestas psicóticas. Según PHG (1951, p. 263), puede suceder que una experiencia de contacto no disponga de una de las orientaciones temporales que la caracterizan, como si el pasado, por ejemplo, no se presentase como fondo de orientación ante las demandas ambiguas formuladas en la actualidad de la situación. En consecuencia, frente a una demanda que vehicule, simultáneamente, los valores semánticos actuales, una expectativa de futuro y la exigencia de repetición de un hábito, el interlocutor podría no comprender qué postura asumir o repetir, una vez que no se le presenta ninguna orientación espontánea. También podría ocurrir que nuestro usuario no vislumbre las expectativas formuladas por el interlocutor, una vez que el exceso de orientaciones espontáneas venidas del pasado lo confundiría. En estas dos situaciones, no sería extraño que el consultante se resguardase de interactuar, o propusiese como respuesta una utilización rara de la realidad, como si tal utilización hiciera las veces de la dimensión ausente, o de la respuesta esperada por los interlocutores.

Es aquí donde se configura para nosotros una matriz para pensar la génesis psicosocial de la psicosis. Esta no sería diferente de una experiencia de campo en la que las demandas formuladas en la interlocución social (presente) no encontrarían el fondo (pasado) de orientaciones habituales, o en la vía opuesta, la psicosis tendría su génesis en la presencia ostensiva de demandas que desencadenarían un exceso de orientaciones; de tal suerte que, en los demás casos, se volvería imposible para el sujeto interpelado la trascendencia en dirección a un deseo (futuro). Reencontramos aquí la fórmula presentada por PHG (1951, p. 263), según quienes, en las psicosis, "parte de lo dado" en la experiencia "está aniquilado". Esta parte corresponde al dominio del pasado reclamado por las demandas de la situación en la actualidad. PHG denominan función *ello* a este dominio del pasado; que es lo mismo que decir, en esta tesis, que en las psicosis, la función *ello* está comprometida o vulnerable (sea por falta o por exceso). Esta formulación, mientras tanto, no puede superponerse a lo que aprendemos con nuestro usuario. Pues, si no es del todo extraño pensar que a nuestro usuario le falta (o sobra) un fondo de orientación espontánea, conforme con la hipótesis de PHG; la falta (o exceso) solamente es denunciada por la presencia (ostensiva, en el caso de nuestro usuario) de demandas sociales ambiguas. Destinadas, al mismo tiempo, al pasado familiar y a las posibilidades de emancipación de nuestro usuario, las demandas exigen de él un repertorio del cual parece no disponer; lo que por fin nos hace creer que la hipótesis genética de PHG precisa ser completada con una hipótesis pragmático-social, que habla respecto a la praxis de la comunicación intersubjetiva.

Además – y tal vez esta sea la cuestión más importante – la fijación en ciertos aspectos de la realidad (discursiva) es para nuestro usuario un ajuste creativo, la forma posible de afrontar las demandas que se le imponen. Es necesario reconocer, por tanto, que nuestro usuario produce algo apoyado en su vulnerabilidad. Él busca ajustarse creativamente ante su medio social. Lo que, finalmente, nos remite a la segunda formulación de PHG (1951, p, xliii) sobre las psicosis; mediante la cual defienden que se trata de comportamientos rígidos, cuya característica es la fijación en la realidad. Conforme a lo que aprendimos con nuestro usuario, la fijación en personajes, repertorios, frases hechas, espacios y rituales, lo defienden de lo que no consigue comprender, asegurando un mínimo de comunicación social con aquellos por quien alimenta sentimientos y con quien divide su cotidiano. He aquí, entonces, la base para una clínica que, en principio, trabaja en favor de la salvaguarda e integración pacífica de los intentos de socialización de los sujetos de las formaciones psicóticas, así como en la dirección de la identificación de las demandas con las que no pueden lidiar; lo cual solo puede ser hecho en conjunto con los familiares y comunidad donde viven aquellos sujetos.

En este libro, partiendo de una discusión con diferentes tradiciones de intervención en el campo de la psicosis, vamos a ampliar las formulaciones de PHG, buscando ensayar una comprensión gestáltica sobre la génesis, los diferentes modos de ajuste y las diversas formas de intervención en este campo. A partir de casos reconstruidos de manera ficticia, propondremos una discusión sobre el sentido ético, político y antropológico de nuestras intervenciones y el papel de la familia y de las instituciones de salud en la acogida a los sujetos de las formaciones psicóticas.

V

DESPUÉS DE LOS PRIMEROS meses, el acompañamiento a nuestro usuario avatar, fuese en la atención individual, fuese en los grupos y talleres laborales, estaba relativamente estabilizado. La acogida a las construcciones delirantes, así como las tentativas – no siempre exitosas – de desplazamiento de las formulaciones menos sociables a formulaciones con mayor poder de cambio social, fueron paulatinamente dando lugar a una gran amistad. La familia, ahora más consciente sobre su papel en el desencadenamiento de las formaciones psicóticas del usuario, nos llamaba por teléfono con frecuencia, en este caso para comunicar lo que a sus ojos parecía tratarse de un éxito. Mientras tanto, el cuadro clínico de la madre empeoró mucho. Los riñones – que ya no funcionaban – comenzaron a necrosar; la fila de trasplantes estaba parada. Y al abuelo ya no le era posible resguardar al nieto de la ambigüedad presente en las exigencias laborales que dirigía al muchacho; las cuales disimulaban el historial de pérdidas de aquella familia. Las esperanzas de vida de la madre de nuestro usuario disminuían; y el abuelo no percibía lo mucho que esperaba del nieto que se hiciese cargo del sufrimiento familiar. Si al menos él mismo supiera por quien sufría, pues la pérdida de la esposa, muerta hacía algunos años, todavía lo perseguía cual sombra. ¿Qué podría hacer el joven nieto por el abuelo, dividido entre dos pérdidas? ¿Qué podría hacer por la madre, dividida entre la esperanza (en el hijo) y la desesperanza (de sí)? y otra vez nuestro usuario se puso loco, como si ni siquiera los avatares lo pudiesen estabilizar. Al contrario, a causa de la irritación que generaban en los familiares, los delirios intensificaron las pequeñas violencias compartidas y la ambigüedad de las relaciones afectivas. Lo que nos señaló una diferencia en la que ya habíamos reparado, pero no habíamos comprendido, entre las formaciones psicóticas (o ajustes psicóticos funcionales) y el fracaso social de estas formaciones. En otras palabras, los no infrecuentes episodios de descontrol provocados por la intensificación de la ambigüedad en las demandas familiares, tanto como por la flagrante descomposición emocional de la familia, mostraron que había una diferencia entre el ajuste psicótico y el brote. Mientras el ajuste es una utilización creativa de la realidad para responder y hacer frente a la ambigüedad de las demandas; el brote es la ausencia de realidad social que pueda servir de base para los ajustes psicóticos. Pero, ¿en qué términos la realidad social puede estar ausente? ¿Qué efectos desencadena tal ausencia en el sujeto?

No es nuestro objetivo, en este momento de apertura del trabajo, profundizar en una discusión conceptual sobre la diferencia entre los ajustes psicóticos y el brote, o sobre la génesis de uno y de otro, inclusive sobre las diferentes formas de intervención en los dos casos. Haremos esto más adelante, en diferentes capítulos, bajo diferentes puntos de vista, especialmente en los capítulos primero y quinto. Importa ahora tan solo reconocer, en el brote, un ejemplo de otro campo de interés para la clínica gestáltica, el cual está asociado al significante *misery*. Traducido al español como "sufrimiento", (PHG, p. 263) el término *misery* designa, en la obra de PHG, las situaciones de aflicción causadas por la aniquilación de los datos sociales que integran determinado sistema *self*. Lo que nos llevó a definir *misery* como estado de aflicción resultante de la inexistencia de datos sociales en los cuales las personas puedan apoyarse. Por ejemplo: así como la convalecencia de la madre y la melancolía del abuelo poco a poco destruían las referencias familiares en las cuales nuestro usuario avatar se equilibraba, provocando un cuadro de extrema inestabilidad en el que ni siquiera los ajustes psicóticos tenían lugar; desastres y emergencias provocan la aniquilación de referencias humanas y geográficas, aniquilación esta, vivida por los supervivientes sin hogar y desplazados, como profundo estado de sufrimiento antropológico. Del mismo modo, el endeudamiento progresivo de los trabajadores asalariados lleva a un cuadro crónico de desesperanza económica que responde por el nombre de depresión, expresión radical de un sufrimiento político; tal como las formas de poder desempeñadas por las facciones criminales en los presidios reducen los cuerpos de los presidiarios a la condición de vida desnuda, carne desprovista de prerrogativas e identidades sociales: sufrimiento ético...

Los cuadros de sufrimiento pueden tener diferentes motivos o causas. Las emergencias y desastres, el luto y la enfermedad somática pueden provocar la destrucción de las representaciones antropológicas a las cuales alguien pueda estar identificado. He ahí el sufrimiento antropológico. Ya los conflictos socioeconómicos y la sujeción de nuestros cuerpos a los dispositivos de control biopolítico ejercido por el capitalismo transaccional pueden llevar a un cuadro de sufrimiento político: imposibilidad de ocupar un lugar en las relaciones de poder. Si entretanto, fuéramos víctimas de la violencia étnica o de género, si quedáramos sujetos al poder soberano ejercido en estado de excepción, como es el caso de las vivencias de los presidiarios y de los pacientes en hospitales de custodia, estaremos acometidos por un sufrimiento ético. Y las tres versiones del sufrimiento – antropológico, político y ético – no hacen más que describir la destrucción de los valores, pensamientos e instituciones compartidos que constituyen nuestra identidad social, nuestra identificación con el otro como función personalidad; según el lenguaje de la teoría del *self*.

De donde no se sigue que las personas acometidas de sufrimiento ético, político y antropológico simplemente sucumban a los accidentes naturales, las formas de dominación biopolítica o al totalitarismo de los regímenes que gobiernan en estado de excepción. Incluso, en estas situaciones, luchan para merecer de sus semejantes algún tipo de ayuda, que pueda valerles un mínimo de realidad. A esta lucha la denominamos ajustes de inclusión psicosocial. Se trata de genuinos pedidos de ayuda solidaria por cuyo medio cada cual podrá rescatar gratuitamente la humanidad que perdió, sin la cual no puede establecer cambios sociales, y menos aún repeticiones y creaciones del orden del deseo.

Estos pedidos, mientras tanto, no tienen en principio objetos claramente formulados. Por más que miren cosas concretas en la realidad, como comida, agua, ropas, pasajes para poder mudarse de ciudad o visitar parientes, los pedidos demuestran una perdición, como si no tuviesen meta o finalidad social definida. Los sujetos de estos pedidos, normalmente, no saben ni siquiera qué necesitan: desconocen derechos, protocolos de orientación social, así como se muestran incapaces de identificar sus necesidades reales. Muchas veces, el pedido de inclusión está matizado por un luto en curso, por el dolor de la convalecencia, por la humillación de la exclusión social, por el pavor de la violencia. De donde se sigue que la acogida a tales pedidos de inclusión implica una actitud diferente por parte de los profesionales. No se trata simplemente de proveer a los sufridores de los recursos materiales que necesitan, según nuestras suposiciones, ideologías o políticas públicas a las cuales estamos identificados. Menos aún investigar el éxito o funcionalidad social de las "formas" (*Gestalten*) con las cuales buscan responder las diferentes demandas afectivas a las cuales están sometidos; sean estas formas ajustes psicóticos, neuróticos, antisociales, banales, etc. Esta vez, la figura en el campo que se establece entre nosotros, profesionales, y los sujetos de los pedidos de inclusión, apunta en la dirección de la oferta gratuita de una posición de horizontalidad, junto a la cual los sujetos en sufrimiento puedan al menos reencontrar una identificación antropológica, un mínimo de humanidad que les faculte para organizar sus pensamientos, sus sentimientos, para que puedan volver a actuar en defensa propia. No es que no debamos o no podamos ayudarlos en tareas concretas; sino más bien, no hacerlo sin antes haberles asegurado tiempo y espacio para que puedan formular (con gestos y palabras) lo que necesitan.

Ahora bien, la intervención que destinamos al usuario avatar en su casa, en el momento en que lo conocimos, cuando estaba brotado, constituye un ejemplo de lo que entendemos por acogida al sufrimiento, en su caso, ético, una vez que estaba excluido del campo del sentido, como si lo que él dijese no tuviese ningún valor social o humano. No podíamos comprender lo que él necesitaba, tampoco reconocíamos en el medio social en que estaba, algo que le pudiese ayudar sin que eso implicase una violencia. Aun así, creamos una estrategia – delirante por cierto – que le valió el tiempo y el espacio para que pudiese, paulatinamente, recobrar el control sobre sus respuestas frente a las demandas ostensivas a que estaba sometido. De donde se sigue que, si antes pudimos distinguir el brote del ajuste psicótico, ahora podemos distinguir una clínica del sufrimiento (por ejemplo, a cuenta del brote) de una clínica de los ajustes o formas (*Gestalten*) de interacción social, como es el caso de los ajustes psicóticos.

VI

LA PRESENTE OBRA ESTÁ íntimamente ligada a nuestro historial de participación en políticas públicas de inclusión social. Pero, como contrapartida, está ligada a nuestra desconfianza con relación a la militancia, por cuanto esta es siempre tributaria de las promesas ideológicas del estado de derecho, las cuales son responsables en gran parte de las prácticas de exclusión social. Nuestra escritura nace de una práctica – ejercida en consultorios particulares, en la Atención Básica[10] y en los CAPS – de escucha y acogida a las psicosis y a las diferentes modalidades de sufrimiento; pero se articula a partir de una investigación académica rigurosa establecida dentro de una universidad y de una escuela de especialización en Psicología Clínica. Estas y otras ambigüedades exigieron de nosotros la interlocución constante con nuestros pares, alumnos y usuarios, a quienes, por tanto, queremos manifestar nuestra profunda gratitud.

Vale aquí destacar el apoyo recibido por parte del Departamento de Filosofía de la Universidad Federal de Santa Catarina, junto al cual desarrollamos varias investigaciones que hoy constituyen el corpus del presente libro, también queremos agradecer a los colegas y alumnos del Instituto Müller-Granzotto de Psicología Clínica Gestáltica. Con ellos, las ideas y prácticas aquí presentadas, ganaron vida. También queremos mencionar a los socios de diversas partes de Brasil, América Latina y Europa, que impidieron que nuestras mejores intuiciones se volviesen convicciones.

Introducción
Clínica de las psicoses: los ajustes de búsqueda

NUESTROS MOTIVOS EN TORNO A LAS PSICOSIS

EN NUESTRO PAÍS, EL estudio y el tratamiento de las psicosis integran un área del conocimiento y actuación profesional denominada salud mental. Para este área, las psicosis están generalmente relacionadas con la locura. Amparada en las críticas de Foucault y en el movimiento antimanicomial mundial, el campo de la salud mental brasileña produjo una gran transformación en las representaciones sociales sobre la locura. En vez de objeto de dispositivos disciplinarios que buscarían la gestión de la normalidad como patrón, la locura pasó a ser vista como forma singular de socialización, cuya ciudadanía, sin embargo, aún no era reconocida. Tratar la locura, de ahí en adelante, equivaldría a ampliar la capacidad de los sujetos psicóticos para establecer contratos sociales. Los internamientos en instituciones psiquiátricas darían lugar a los trabajos de reinserción social desarrollados en los CAPS. Pero, ¿podemos limitar las psicosis a la locura?, ¿la reinserción social constituye por sí sola una clínica?

Familiares y profesionales, todos nosotros, sabemos, que el manejo de las producciones consideradas psicóticas y, sobre todo, el enfrentamiento de las representaciones sociales contra la locura, no son vivencias fáciles. Incluso en contextos informados, como en los CAPS, tenemos dificultades para saber hasta qué punto un taller terapéutico es una oportunidad de ampliación de la autonomía de los sujetos o una práctica disciplinante. Por esta razón, frecuentemente nos preguntamos sobre cuál es, de hecho, la "clínica" de la psicosis que nos proponemos. Además, no siempre los sujetos de la psicosis se adaptan a las redes sociales construidas en los CAPS. La alternativa del acompañamiento terapéutico domiciliario parece muy eficiente en estos casos. Pero, a veces, limitada al consultante identificado (como loco), esta alternativa no logra orientar a los familiares acerca de qué estrategias de convivencia adoptar, razón por la cual, no es algo fuera de lo común que la internación psiquiátrica todavía parezca a los familiares un recurso "seguro", a pesar de los daños que pueda acarrear.

Preocupados con las dificultades enfrentadas por los profesionales que actúan en el campo de la salud mental, interesados en el éxito de las intervenciones "de escucha analítica", "de acompañamiento terapéutico" y de "cuidado" desempeñadas por aquellos que se ocupan de sujetos vinculados a las psicosis, proponemos una ampliación en la forma de discutir las psicosis, rescatando una distinción corriente en la tradición psiquiátrica fenomenológica y en la enseñanza lacaniana: la distinción entre la psicosis como modo de funcionamiento y la locura como falencia social de la psicosis. Finalmente, creemos que las manifestaciones comportamentales asociadas a la locura (entendida como falencia social de las psicosis) no son las mismas que las asociadas a las psicosis como modos de ajuste social; tienen génesis y finalidades distintas. Y, posiblemente, el fracaso en las intervenciones clínicas, sean establecidas en los consultorios particulares, en la red de salud o en los domicilios, tiene relación con el fallo en el diagnóstico de la diferencia entre la locura y la psicosis. Creemos, en este sentido, que la atención a las formas de la locura y las diferentes formaciones psicóticas quizás merezca estrategias distintas.

Para aclarar mejor esta distinción entre las psicosis y la locura, buscaremos integrar, en las reflexiones de la fenomenología y del psicoanálisis sobre las psicosis, las importantes pistas legadas por el matrimonio Perls y por Paul Goodman (1951) en sus formulaciones sobre una posible lectura de los ajustes psicóticos a la luz de la teoría del *self* (entendida como una teoría del campo psicosocial) y de sus funciones fenomenológicas. Conforme a nuestra lectura de estos autores y estas tradiciones, la psicosis es un tipo de ajuste en el que los sujetos se fijan creativamente a la realidad disponible (sea esta realidad nuestra actitud natural, nuestras ficciones científicas, filosóficas, literarias y así sucesivamente), como si tal realidad pudiese suplir el fondo afectivo-pulsional (función *ello*) que es demandado en el lazo social y, por motivos diversos, no está disponible o se presenta de modo avasallador. Cuando estas respuestas no son suficientes y las demandas no cesan, los sujetos de aquellos ajustes se ven obligados a establecer estrategias radicales de defensa, que son los brotes (mayor estigma de la locura). El trabajo de intervención gestáltica, a su vez, debería asegurar, a las personas asistidas, soporte para la constitución de los lazos sociales necesarios a las elaboraciones alucinatorias, delirantes e identificatorias, de la forma en que esas mismas personas intentan llenar y articular la realidad como modo de suplencia del fondo afectivo-pulsional inaccesible (sea por su ausencia o presencia ostensiva). En las situaciones de brote, la intervención consistiría en la identificación y suspensión de las demandas responsables de la falencia de las respuestas psicóticas.

DE LA PRECARIEDAD DE LAS FORMACIONES PSICÓTICAS AL SUFRIMIENTO EN EL BROTE

TAL COMO MOSTRAMOS EN el prefacio a esta obra, nuestras especulaciones teóricas en torno a la psicosis están íntegramente sometidas a la condición de una praxis cuya característica es la imposibilidad de sustentar una normativa que nos sirva de criterio de éxito o fracaso. Esto es así porque los sujetos de esta praxis, precisamente los creadores de respuestas mutistas, alucinatorias, delirantes e identificatorias, no muestran interés ni ofrecen confianza a las especulaciones filogenéticas, menos aún, a las conjeturas que hacemos sobre las formas de socialización que para ellos podrían ser adecuadas. Aparentemente, la dureza de las formaciones psicóticas propiamente dichas y algunos pocos sentimientos con ellas relacionados (como el orgullo o la desconfianza) delimitan el campo posible de nuestra comunicación, como si no hubiésemos sido autorizados a desear nada, más allá de esas producciones.

Esta limitación al carácter estrictamente antropológico de las producciones, al mismo tiempo que frustra nuestro deseo en torno a las "verdades epistémicas" y a las "soluciones pragmáticas" de los problemas de socialización que nosotros mismos enfrentamos en nuestro contacto con esos sujetos, entrega, por otro lado, la dirección ética de nuestro trabajo: acogida a la diferencia tal como es producida por sus propios sujetos, en este caso, los sujetos de las formaciones psicóticas. De aquí en adelante, no se trata de descubrir o solucionar algo relativo a las psicosis, sino de participar de las creaciones por medio de las que los sujetos envueltos en ellas lidian con el hecho de no entender ciertos pedidos que nosotros les hacemos.

Pero, ¿qué pedidos parecen no entender los sujetos de las formaciones psicóticas? No son, ciertamente, los pedidos por inteligencia social, como aquellos en los que compartimos pensamientos, valores y sentimientos. El éxito en los procesos de aprendizaje, de expresión artística y de inserción laboral, es prueba de la capacidad de estos sujetos para participar de la inteligencia social. De este modo, cuando nos referimos a pedidos que los sujetos psicóticos parecen no comprender, tenemos en cuenta aquellos en los que nos volvemos hacia lo que no está dado en la realidad: es el caso de los pedidos de afección (siempre vueltos hacia un fondo de vivencias que no son para nosotros más que rastros) y los pedidos de novedad (vueltos hacia un horizonte de creaciones virtuales o deseos); desde luego pedidos extremadamente ambiguos, ya que siempre están formulados apoyados en la realidad (de los pensamientos, valores y sentimientos compartidos intersubjetivamente), pero dirigidos a lo que no se restringe a ella, por ejemplo, las afecciones y los deseos. Y nuestra sospecha es la de que las formaciones psicóticas son utilizaciones de la realidad con el propósito de responder a los pedidos por afección y deseo; lo que hace de estas formaciones respuestas precarias. Es como si las alucinaciones, los delirios y las identificaciones fuesen una manera de producir una ambigüedad en la propia realidad, con la finalidad de habilitarla para responder a las demandas cuya ambigüedad, los sujetos de las formaciones psicóticas, parecen no entender. Pero, en cuanto que la ambigüedad se refiere a la relación entre la realidad y lo que está fuera de ella, la fijación psicótica en la realidad fracasa en su intento de satisfacer las demandas empíricas (del orden de la realidad) por algo virtual (o fuera de la realidad).

Pues bien, esta forma de describir las formaciones psicóticas está ciertamente en desacuerdo con las teorías clásicas, como es el caso de las psiquiátricas fenomenológicas y de las clínicas lacanianas de las psicosis. Y es así porque, para estas teorías, las formaciones psicóticas no se refieren a la realidad y sí serían, por el contrario, lo opuesto a la realidad, aquello que no opera en ella. Los psiquiatras fenomenólogos, por ejemplo, dicen que las respuestas psicóticas son la expresión de un otro trascendental, el cual no es sino el fracaso de los sujetos psicóticos al experimentar la propia unidad como uno yo trascendental. Ya los psicoanalistas lacanianos dicen que las formaciones psicóticas son la expresión de un real pulsional incapaz de inscribirse en la realidad simbólico-imaginaria (denominada por estos psicoanalistas gran otro); o incluso, que estas formaciones son pulsiones que no saben tomar lugar en el gran otro, sea para participar de él, sea para dominarlo.

En dirección contraria a estas dos perspectivas, preferimos decir que las formaciones psicóticas no tienen relación con la ocurrencia de síntesis temporales incompletas ni con la presencia caótica de pulsiones desvinculadas de la realidad simbólico-imaginaria. Al contrario, en estas formaciones, todo lo que nosotros "no" encontramos son pulsiones o síntesis trascendentales (sean ellas completas o incompletas). Los sujetos psicóticos no se muestran investidos de una afección (que denunciaría la presencia de una pulsión) ni de una curiosidad (deseadora o trascendental) desregulada o impotente frente a la realidad. Y, tal vez, sea esa la razón por la cual, para estos sujetos, nuestras demandas (por afección y deseo) parezcan ser tan extrañas, cargadas de una ambigüedad que parecen no comprender. No solo eso, sino que, tal vez, sea esta la razón por la cual los sujetos psicóticos necesitan articular la realidad de modo extraño, como si ella pudiese entregar, de manera alucinatoria, delirante o identificadora, ese otro que no es ni el otro trascendental (entendido como el fracaso en la vivencia del tiempo) ni el gran otro (entendido como estructura simbólico-imaginária), sino lo otro[11], fondo indeterminado de rastros de aquello que ya no existe y, sin embargo, continua produciendo efectos, cual pulsión. A partir de la terminología de la teoría del *self*, preferimos llamar a ese "lo otro" función *ello*. La psicosis, por consiguiente, sería una precariedad de la función *ello* en las relaciones de campo en que esa función fuese requerida (demandada).

He ahí en qué sentido – por lo tanto, diferentemente de los discursos psiquiátricos-fenomenológicos y psicoanalíticos, para los cuales las formaciones psicóticas son la expresión del sufrimiento psíquico (y aunque la génesis de este sufrimiento difiera en las dos escuelas) – nosotros defendemos la idea de que la precariedad de las relaciones, que se caracterizan como psicóticas, no necesariamente tienen relación con el sufrimiento. Mientras no son demandados a operar con afecciones y deseos, o mientras las suplencias psicóticas de las afecciones y deseos tienen funcionalidad social, los sujetos psicóticos no están en sufrimiento; están, sí, empeñados en promover una integración, por más difícil que esta sea. De tal manera que, contra las representaciones sociales y las formulaciones teóricas que buscan hacer de las respuestas psicóticas (como el mutismo, la alucinación, el delirio y las identificaciones) síntomas de la condición de desamparo en que se encuentran los sujetos psicóticos, preferimos pensarlas como respuestas posibles a las demandas por afección, deseo y unidad trascendental, cuando tales afecciones, deseos y unidades no comparecen. Todo pasa como si, fijándose a los objetivos, a las palabras y a las imágenes de que dispone, el sujeto psicótico encontrase aquello que no surge como solución a los "enigmas" que nosotros, demandadores, proponemos de "modo ambiguo", cual esfinge: "¡descíframe o te devoró!".

Esto no quiere decir que descartemos la asociación entre las formaciones psicóticas y el sufrimiento. Sin embargo, tal asociación se establece en contextos en que las formaciones psicóticas encuentran impedimentos para acontecer. Este es el caso de las experiencias de brote. El brote corresponde, según creemos, al fracaso de las formaciones psicóticas para atender a nuestros pedidos empíricos de algo que está más allá de la realidad, tal como la afección y/o el deseo. A consecuencia del extraño uso que hacen de la realidad, descartamos a los sujetos de la psicosis, como si sus producciones no pudiesen circular entre nosotros. Y es ahí entonces cuando, privados de los medios para interactuar con nuestras demandas, que no cesan nunca, estos sujetos entran en sufrimiento.

LUGAR ÉTICO DE LA CLÍNICA DE LAS PSICOSIS
PENSADA SEGÚN LA TEORÍA DEL SELF

DESPUÉS DE MÁS DE un siglo de discusiones sobre la génesis y el tratamiento de las psicosis por innumerables tradiciones clínicas, ¿qué viene a agregar la teoría del *self* que aún no se haya sido dicho o refutado? Pregunta difícil de responder, no tanto por lo que se podría afirmar sobre la psicosis a partir de la teoría del *self* (entendida como teoría del campo psicosocial), sino antes, por la evaluación que tendríamos que hacer de los discursos clínicos dedicados a las psicosis desarrollados hasta aquí. Y no son pocos. Con todo, nos tomamos la libertad de apenas referirnos a aquellos en los que reconocemos un motivo común que permita la interlocución con la teoría del *self*, o sea, la consideración sobre el lugar del otro (o tal vez fuese mejor decir de los "otros"[12]) en la génesis de las formaciones psicóticas. He ahí, conforme vimos más arriba, nuestra elección por la fenomenología psiquiátrica y por el psicoanálisis lacaniano. Y, evidentemente, no se trata de unos interlocutores cualquiera. Como bien mostró Michel Foucault (1979a, p. 90-2) en su conferencia sobre el nacimiento de la Medicina Social, aunque el interés epistémico por las psicosis fuese una invención del siglo XVIII, y aunque, en el siglo XIX, la psicosis se volviera, para ese mismo interés epistémico y en provecho de políticas normativas, objeto de prácticas disciplinarias, fue solo con la fenomenología y, después con el psicoanálisis, con lo que ganó el estatus de fenómeno clínico – en el mismo sentido en que Foucault (1963) emplea el término "clínica"; a saber, como producción capaz de ejercer la crítica, en el caso que nos interesa, de las prácticas y políticas vigentes sobre la locura[13]. Para nuestro modesto interés, en fin, la cuestión es saber en qué sentido la teoría del *self* se aproxima o se aleja de aquellas dos tradiciones notorias. ¿En qué son diferentes nuestras hipótesis de aquellas formuladas por ellas?

Para responder a estas cuestiones, tal vez, debiésemos volver rápidamente a la teoría del *self*, pues es en ella donde encontramos "marcos teóricos" que nos auxilian para distinguir entre lo ya conocido (inclusive a partir de la fenomenología psiquiátrica y del psicoanálisis lacaniano) y lo inédito revelado en el discurso de nuestros consultantes sujetos de formaciones psicóticas. La teoría del *self*, como demostramos en otro lugar (Müller-Granzotto e Müller-Granzotto, 2007), habla en relación a las diferentes dimensiones copresentes del campo psicosocial formado por el clínico y sus compañeros. Además de la dimensión imaginaria (o función personalidad, correspondiente al otro social) y de la dimensión simbólica (que corresponde a la capacidad de individuación introducida por los actos diversos, los cuales incluyen desde nuestra motricidad hasta los significantes que usamos en la comunicación intersubjetiva), la teoría del *self* busca dar ciudadanía a esa "condición intersubjetiva inexorable" a la que los autores llaman función *ello* y que corresponde a nuestra participación en la ambigüedad de los hábitos, los cuales se imponen a nosotros como "lo otro", sin que podamos delimitar su génesis, su titularidad, o hasta que punto tales hábitos son nuestros o de la comunidad en que estamos insertos.

Pues bien, conforme creen PHG, en las formaciones psicóticas observamos que la función *ello* se presenta de modo precario. Lo que supone decir que, en las situaciones de campo en las que figuran mutismos comportamentales, alucinaciones, delirios e identificaciones con la muerte y con la resurrección, nuestras creaciones simbólicas (función acto) frente al otro social (función personalidad) no pueden contar con la orientación venida de "lo otro" (función *ello*).

De donde se sigue que, al mismo tiempo que concuerda con la fenomenología y con el psicoanálisis cuando afirman – cada cual a su modo y una contra otro – que la psicosis es una producción frente a la imposibilidad de vivir lo otro[14], la teoría del *self* nos permite repensar la relación entre las diferentes formas de presentación del otro y las producciones psicóticas, sin que nos detengamos en una dimensión trascendental, como hace la fenomenología (para quien, como mencionamos, el otro es un yo trascendental fracasado y por lo tanto, imposible de soportarse), ni en una dimensión estructural, como hace el psicoanálisis (para quien, como también vimos, el otro es la demanda ajena, el gran otro a quien no podemos satisfacer). Para la teoría del *self*, la psicosis es la precariedad de la función *ello*. O, incluso, es la precariedad de la presencia de lo otro ante nuestros actos, cuando estos intentan responder a las demandas de lo otro formuladas en el medio social.

Para justificar nuestra propuesta, vamos a presentar, al final, dos breves estudios sobre la consideración de las psicosis en las tradiciones con las cuales queremos establecer una interlocución. Y, pautados en estos estudios, ensayaremos, a partir de lo que ya está establecido en la literatura de base de la Terapia Gestalt, sobre todo en su teoría del *self*, la construcción de una nueva herramienta de lectura que pueda ofrecernos, en el campo de la clínica, un marco con el que, tomándolo como base, sea posible reconocer, más allá de lo que ya hemos conquistado como elaboración teórica sobre la psicosis, la singularidad – reclamada por Lacan – de las producciones psicóticas en sus relaciones con aquello que, para ellas, se presenta como demanda pública imposible de ser satisfecha: participar (en los términos de una producción que pudiese ser empíricamente compartida) de la ambigüedad que se establece entre la consistencia empírica de las demandas (y de los respectivos demandantes), y la virtualidad trascendental de las dimensiones demandadas.

A esta ambigüedad la llamamos "lo otro" o, simplemente, función *ello*. Se trata de algo que, aunque envuelva dos instancias empíricas (como el yo y el semejante), no se deja explicar por nada que sea empírico, motivo por el que la consideramos un "trascendental". Nuestra expectativa, en primer lugar, es mostrar que toda producción psicótica consiste en una "búsqueda" de una suplencia de ese "lo otro" que parece representar grandes dificultades para los sujetos de esas formaciones. En segundo lugar, queremos mostrar que la búsqueda de ese "lo otro" (entendido como función *ello*) es una respuesta a la exigencia del otro social (entendiéndose como otro social el sistema de valores e identidades que, en Terapia Gestalt, denominamos función personalidad), lo que acarrea afirmar que, en la experiencia psicótica, tenemos una peculiar forma de lidiar con ese "lo otro" (trascendental) exigido por el otro social (empírico). La clínica que hemos practicado sería tan solo una tentativa de ser parte de esas "búsquedas", de esos "ajustes de búsqueda" de respuestas trascendentales a las demandas empíricas.

1. La psicosis en el discurso de la Terapia Gestalt: experiencia como modo de ajuste

LA PROPUESTA ÉTICA DE LA TERAPIA GESTALT PARA PENSAR LA INTERVENCIÓN EN LA PSICOSIS: EL CASO "AVATAR"

No hay en la Terapia Gestalt una "teoría" de la psicosis que pueda ser considerada representativa de las ideologías dominantes entre los terapeutas Gestalt. Tal ausencia, al mismo tiempo que nos libera del fardo de tener que hacer una réplica de un gran otro que se llamase "teoría gestáltica de las psicosis" – despierta en nosotros la aflicción por no saber, por ejemplo, a quien recurrir cuando nuestro consultante – que se considera un "avatar", personaje imitado inspirado en una película del mismo nombre[15] – desaparece de las dependencias del CAPS donde fue a participar en un taller terapéutico para meterse entre las callejuelas antiguas del centro de la ciudad, ante la desesperación de los familiares que lo acompañan, que no se sienten seguros dejándolo solo. ¿Habrá tomado la dirección del puente histórico? ¿Hay riesgo de que se tire al mar? ¿No deberíamos tenerlo internado? ¿Los estabilizadores del humor y los antipsicóticos recetados por el psiquiatra realmente hacen efecto? ¿Será que dijimos alguna cosa que aumentó exageradamente su angustia? ¿Debemos llamar a la policía? Y, por fin, "aquí el doctor eres tú: ¿Qué piensas que debemos hacer?".

El análisis de la situación antes relatada implica muchos matices, que, más que orientaciones prácticas, constituyen verdaderas demandas de prudencia. Es verdad que no estamos totalmente desamparados: hay un historial de episodios y cierto estilo de actuación que nos permite un cálculo de los riesgos que nuestro consultante pueda infligirse a sí mismo y a los otros. Hay un contrato de corresponsabilidad sobre el consultante que involucra, además de a los profesionales, a los familiares y a los poderes de seguridad pública. Por otro lado, hay una serie de expectativas: la de los familiares en relación a nuestro trabajo clínico, la nuestra en relación a la evaluación de los familiares, expectativas del propio consultante, tal vez, que aprovecha el lapso de la familia para huir. Lo que significa que nuestra decisión sobre qué intervención establecer implica una evaluación compleja, sin que, además, tengamos ninguna garantía de resultado: ¿Cómo reaccionaría el consultante ante la tentativa de arresto? ¿Soportaría un internamiento? ¿No podría tener un brote y, en ese estado, realmente agredirse o agredir a alguien? ¿Tiene todavía autonomía para tomar, en las calles, el camino de su casa? ¿Volvería a la escuela de artes marciales de donde fue expulsado después de comenzar a decir cosas "extrañas"? ¿Sería bien recibido por los antiguos maestros? Y por si no bastasen las demandas dirigidas a nuestro consultante, nosotros mismos nos cobramos una orientación general para el tratamiento: ¿Hay esperanza de que el consultante pueda volver a los estudios preparatorios para el examen de admisión en la universidad? ¿Puede la madre alimentar la esperanza de ser, un día, económicamente sostenida por su hijo? ¿Se casará, se mantendrá estable en algún empleo? ¿Podremos alguna vez comprender lo que pasa con él? ¿Podrá comprenderse él mismo? ¿Y tal comprensión marcará alguna diferencia en su vida?

No creemos que la Terapia Gestalt tenga respuestas para estos interrogantes. Pero sí tiene una propuesta ética[16] – también inspirada en Karl Jaspers, como sucedió a Binswanger y a Lacan, cada cual a su modo. Y a pesar de su aparente simplicidad, la propuesta gestáltica no nos parece menos rigurosa que las hasta aquí estudiadas. Independientemente de los motivos o propósitos, de las causas y efectos observables, los terapeutas Gestalt creen que los comportamientos pueden ser considerados modos de ajuste creadores. Pueden ser considerados formas únicas de posicionarse, por parte de los sujetos involucrados, ante el mundo natural y ante el mundo social, lo que justificaría, antes de, incluso, una investigación genealógica o teleológica, un análisis que pudiese identificar la singularidad de los comportamientos desempeñados. La funcionalidad anatomofisiológica y todas las evaluaciones sociopolíticas que este modo de ajuste merecería, deberían partir de él; y no imponerse a él como condición para su inteligibilidad o comprensión. Razón por la cual, a los terapeutas Gestalt les importa, en vez de encuadrar el ajuste psicótico en un saber previo o en un programa disciplinario, participar en el ajuste (sea cual fuere); de manera que tal participación asegure al consultante la autonomía de, por lo menos, permitir o excluir la presencia del clínico. Encontramos aquí una importante orientación ética y que, tal vez, con el auxilio de la teoría del *self* (que, como vimos, es una tentativa de comprensión de los modos posibles de inserción de los clínicos en los ajustes creadores), nos ayude a pensar nuestra práctica: antes de entender un episodio psicótico, debemos participar en él. Pues, es a partir de la efectiva participación[17] como "creemos" desencadenar, en el consultante y en sus redes sociales, formas creativas para lidiar con aquello que le estaría exigiendo respuestas que, aparentemente, lo excluyen; lo que no significa que la exclusión – cuando es del interés del consultante – no sea también una forma creativa que pueda ser, sino estimulada, al menos protegida. De todas maneras, tenemos conciencia de que esta orientación de la que nos ocupamos, como cualquier otra, está fundada en una creencia. En este caso, la creencia consiste en que nos es absolutamente imposible no participar, o, lo que es lo mismo, no provocar alguna forma de efecto en nuestros consultantes. Y la única garantía – si es que podemos hablar aquí de garantías – de que nuestra creencia no es absurda, es que incluso los autistas de Kanner (de quien, en principio, no esperaríamos ninguna respuesta) reaccionan a nuestra presencia. De donde no se sigue que creamos que esa reacción implique algún tipo de entendimiento o comercio translucido, como si nuestras vidas se encontrasen en un punto común (cual yo trascendental). Lo mejor que podemos decir respecto a nuestra relación con los consultantes – respondan ellos o no de modo psicótico – es que no sabemos decir si nos relacionamos o si no nos relacionamos. Y nuestro desafío – más que tomar partido por los psiquiatras fenomenológicos (para los que nos comunicamos en una dimensión egológica trascendental), o por los psicoanalistas lacanianos (según quienes, tanto en el campo de los significantes como en el campo del gozo, no nos relacionamos de hecho) – es asumir la ambigüedad de nuestra experiencia junto al semejante, con la esperanza de que, al igual que nosotros, él pueda crear alguna cosa, incluso aunque se trate de una creación que no podamos compartir.

Esa postura, evidentemente, no es exclusiva de los clínicos gestálticos. Va al encuentro – por ejemplo – del modo en que Eduarda Mota y Marcus Vinícius de Oliveira Silva (2007, p. 12) se ocupan de establecer una "clínica psicosocial de las psicosis", la cual debe poder ser entendida como una "clínica que se hace donde el sujeto vive y habita, en su domicilio y con su 'comunidad': su familia y sus conocidos, los compañeros con los cuales comparte su vida social". Conforme al texto de Silva, "articulando diversos recursos – atención domiciliaria, acompañamiento terapéutico, colectivos de convivencia, redes sociales, soporte y asesoría, cuidados a la familia, proyectos, paseos, fiestas", esta clínica se pauta por una regla única, a saber, "intensificar los cuidados humanos, realizando las ofertas compatibles con las necesidades de los sujetos, asumiendo las responsabilidades a través de una presencia intensa y orientada". Se trata de una atención al sujeto de la psicosis más allá de los espacios orquestados por los saberes de la autoridad (psiquiátrica, psicológica, psicoanalítica o terapéutica). Los clínicos, según esta propuesta, deberían poder participar de los diferentes tipos de contratos sociales a partir de los cuales los sujetos producen respuestas supuestamente psicóticas. De aquí no se presuma, sin embargo, que defendamos la tesis de que la integración social del sujeto vinculado a las psicosis deba ser una especie de *a priori*. Creemos que hay una diferencia entre 1) participar de un ajuste creador que podamos considerar psicótico, 2) desear que el sujeto de ese ajuste sea aceptado socialmente y, 3) convivir con los muchos matices de la vida de ese sujeto, ya que él no se ajusta de modo psicótico todo el tiempo. En ninguna de estas tres dimensiones presuponemos que la integración social sea una premisa. Más bien se trata de un recurso por cuyo medio podemos autorizar los efectos singulares del contacto con las diferentes formas de presentación de un sujeto en nuestras vidas; efectos estos que no necesariamente significan integración. Puede darse el caso en el que el efecto a ser autorizado tenga que ver con el aislamiento, por ejemplo.

Además, el hecho de privilegiar nuestra inserción concreta en el campo clínico ampliado, no significa desprecio por las conjeturas teóricas – sobre todo aquellas dedicadas a la génesis de las formaciones psicóticas. Al contrario, ellas están provistas de mucho valor para nuestros propósitos clínicos y podemos integrarlas como "marcos diferenciales", referencias críticas a partir de las cuales los clínicos pueden establecer una especie de cartografía del ajuste. Por medio de esta cartografía, los clínicos pueden diferenciar qué construcciones (manifestaciones comportamentales) escapan al repertorio de formulaciones ya sedimentadas por los saberes respecto a la psicosis, lo que es lo mismo que preguntar: ¿qué formulaciones dan particularidad al ajuste producido por el consultante? No se trata, por ejemplo, de pensar la psicosis "a partir de la" tesis de inspiración fenomenológica, según la cual las formaciones psicóticas serían modos singulares en los que los propios sujetos empíricos, forjarían posibilidades existenciales que, por ventura, no pudiesen vislumbrar. O, entonces, no se trata de admitir, "conforme a" la tesis lacaniana para comprender la psicosis en los años 1970, que en cada manifestación psicótica se formularía un modo de gozo único, singular. Aunque estas "tesis" puedan ser – y efectivamente están siendo – consideradas, no se trata de pensar la psicosis "a partir de ellas". Se trata, antes que esto, de usarlas para entender de qué modo podemos participar en un ajuste psicótico, de usarlas como parámetros diferenciales, desde los cuales podamos establecer la crítica a nuestra propia inserción y, sobre todo, la identificación de la singularidad de las producciones de los consultantes.

Y es en este sentido, en el que las formulaciones fenomenológicas y psicoanalíticas serán aquí reconsideradas desde el punto de vista de la teoría del *self*, parámetro fundamental de la clínica gestáltica, siendo necesario precisar que, según entendemos, esta teoría no es un estudio sobre los diferentes ajustes creativos, consistiendo, en cambio en un estudio sobre las diferentes formas de inserción clínica en los diferentes modos de ajuste. Es un estudio sobre la experiencia ética, que es la acogida clínica de los diferentes "otros" – aunque los considere más como un problema, que como una definición. Además, tratándose de los ajustes psicóticos, este estudio todavía está por hacer. Y la utilización de las lecturas fenomenológica y lacaniana será de gran valor para la realización de este proyecto, cuyo horizonte fundamental es la posibilidad de intervenir a favor de la autonomía de nuestros consultantes, como el irreverente "avatar". ¿Qué formulaciones, por lo tanto, favorecen una lectura sobre lo que pasa en nuestra convivencia con él?

HIPÓTESIS RECTORA EN NUESTRA INVESTIGACIÓN: EL "LO OTRO" ENTRE EL OTRO (TRASCENDENTAL) DE LA FENOMENOLOGÍA Y EL GRAN OTRO DEL PSICOANÁLISIS

Según lo que ya anunciamos en el prefacio y hasta la parte de la obra en que ahora nos encontramos, creemos que las diferentes formulaciones sobre lo que quiera que sea la experiencia con los otros, entregan un parámetro de gran amplitud para comprender el lugar ético que podemos llegar a ocupar en los ajustes psicóticos.

Al final, fenomenólogos y lacanianos afirman – a partir de posiciones opuestas – que la psicosis es una forma de posicionarse ante el otro, variando en cada una de las escuelas, todavía, el entendimiento sobre lo que pueda ser el otro, o sobre las funciones que él desempeñaría. Creemos poder hacer un uso de estas concepciones contrarias, demarcando aquello que aprendemos en la clínica:

- a diferencia de lo que podrían pensar los fenomenólogos, las formaciones psicóticas de nuestro consultante "Avatar" no parecen ser tentativas para encontrar, en la realidad empírica, la unidad trascendental (o el yo trascendental) que le valdría comprender el todo de su vida intencional, y que se presentaría ante él como un otro (trascendental).
- Tampoco parecen ser tentativas para establecer, frente a los significantes (siempre empíricos) del otro simbólico-imaginário, un tipo de individuación a la que los psicoanalistas llaman gozo.
- Aparentemente, la dificultad de nuestro "Avatar" consiste en la imposibilidad de determinar hasta qué punto lo que se exige de él tiene que ver con algo individual o habla de la participación en las expectativas de sus familiares.

Es como si el otro empírico exigiese de él la presencia en un plano al mismo tiempo concreto y virtual, que no es exclusivamente social ni individual – y al que decidimos llamar lo otro trascendental, teniendo en cuenta que, a la vez que es exigido en la realidad empírica, no se deja aclarar[18] en ella. Las formaciones psicóticas parecen querer sustituir este lo otro trascendental, que en sus relaciones empíricas los sujetos psicóticos tienen dificultad de vivir.

CONTRA LA PERSPECTIVA FENOMENOLÓGICA

Conforme se puede ver en los capítulos finales, para la tradición psiquiátrica fenomenológica, las construcciones psicóticas son suplencias de la ausencia o de la fragmentación del yo trascendental. En las formaciones psicóticas – alucinatorias o delirantes – los sujetos empíricos operarían como si debieran responder a una exigencia trascendental, que es la inserción en el mundo de las ligazones intencionales entre el pasado y el futuro, aunque ignoren como hacerlo. Estas formaciones psicóticas serían así suplencias de respuesta, tentativas de los sujetos empíricos para establecer – de manera delirante o alucinatoria – la unidad temporal que no consiguen sentir. Y la pregunta que dirigimos a los psiquiatras fenomenólogos se refiere a qué es aquello que exigiría propiamente la producción de estas suplencias.

Aparentemente, para ellos, todo ocurriría como si estas respuestas fuesen una autoexigencia de los sujetos empíricos. Y, entonces, serían una consecuencia de la inserción de los sujetos en el flujo temporal que caracteriza la vida intencional. Sin embargo, en nuestra experiencia clínica, no nos parece evidente que los consultantes se pongan tal exigencia o que se trate de una exigencia espontánea de la propia condición intencional que los caracteriza. Al contrario, si nosotros podemos admitir que, en alguna medida, las formaciones psicóticas parecen mimetizar una dimensión ausente o desarticulada, también es verdad que tales formaciones no comienzan antes de que surja el semejante (como representante del otro social) en la vida de esos sujetos. De tal manera que, mucho más que un evento singular y desvinculado del entorno, las formaciones psicóticas parecen formas de lidiar con las expectativas sociales, con las exigencias de las personas; lo que también incluye al clínico.

CONTRA LA PERSPECTIVA LACANIANA

Eso no significa, para nosotros, una previa autorización del discurso del psicoanálisis. Con ocasión de su elaboración, la teoría del *self* reconoció, en el legado del psicoanálisis freudiano y parafreudiano, una de sus más importantes referencias. Sin embargo, se sirvió de esas referencias de un modo muy peculiar. Habiendo asimilado, precisamente, la lección de Freud, de que no hay verdadera satisfacción en el campo de las verdades establecidas por la cultura; la teoría del *self* se alineó (incluso sin pretenderlo) con las elaboraciones de la primera clínica lacaniana: frente al gran otro gozador no hay salvación. Pero eso no quiere decir que se hubiese adherido a la comprensión estructural, según la cual, para defenderse de ese gran otro, tendríamos la necesidad de un padre, o mejor, de un significante Nombre-del-Padre, que, de manera universal, nos permitiría atravesar la trampa de cada situación empírica de búsqueda de satisfacción. No, para la teoría del *self*, no se trata de renegar del gran otro (entendido como otro social) tampoco de sujetarse a él. Se trata de crear o, conforme al lenguaje propio de la Terapia Gestalt, de hacer contacto.

Y alguien podría aquí ver el contacto como un equivalente gestáltico de la experiencia del gozo del un, en los términos de la segunda clínica lacaniana. Tal sería un gran equívoco. Pues, para la teoría del *self*, la creación no es la adaptación frente al gran otro (primera clínica lacaniana), ni tampoco la separación frente al gran otro en provecho de la vivencia de gozo solitario en el un (segunda clínica). No es ni el gran otro, ni el un de gozo. Se trata, en verdad, de una apuesta por la ambigüedad. El contacto es poder crear en este entretanto, que no es ni el gran otro ni el un. Ni la relación (fallida) a dos, ni el gozo un a despecho del otro. Apenas el intervalo, la salida entre lo que no se detiene como alteridad o como identidad. Este es el momento de rescatar la noción de palabra-principio de Buber, o la noción Merleau-pontyana de ambigüedad para caracterizar el contacto como el fluir por lo indeterminado[19]. Contactar es poder creer en algo que se anuncia a partir de lo que no se sabe, a ciencia cierta, a quien pertenece o de donde proviene; tal como hábito lenguajero o motor. Contactar es vivir la ambigüedad de una relación de campo, contactar es participar de este extraño, insuficiente para asegurarnos una identidad o una alteridad. Contactar es sentir el hacer algo con el "lo otro", este fondo de hábitos que, cual excitación, exige repetición.

NUEVA BASE PARA PENSAR LA PSICOSIS

Y he aquí entonces, una nueva base para pensar la psicosis. Esta no sería una imposibilidad de vivir el yo trascendental (que así se presentaría como otro trascendental), o una individuación radical (frente al gran otro). Si en algún momento la psicosis puede parecerse a alguna de estas alternativas es porque estamos frente a dos indicios diferentes de una misma falencia: la falencia de las relaciones simbólico-imaginarias o empírico-trascendentales por cuyo medio podríamos vivir la ambigüedad entre nosotros y nuestros semejantes (ambas definidas como versiones del otro social).

Más que al fracaso de la espontaneidad unificada (fenomenología), más que al fracaso de la ley de regulación de las relaciones simbólico-imaginarias (primera clínica lacaniana), o a la soledad del gozo en el un (segunda clínica lacaniana), es la ambigüedad (realidad/virtualidad) de la situación de contacto entre el yo y el semejante, donde nuestra práctica clínica parece conducirnos – ambigüedad esta a la que denominamos otro trascendental.

Y esto es lo mismo que decir, que es en presencia o ausencia de lo ambiguo (entendido como "lo otro" trascendental entre nosotros y nuestros semejantes), donde está el parámetro a partir del cual podemos comprender lo que exigiría de nosotros comportamientos psicóticos. La psicosis es una creación frente a la imposibilidad de vivir la ambigüedad entre yo y el semejante, es una creación frente a la imposibilidad de hacer contacto.

AMBIGÜEDAD Y FUNCIÓN ELLO: LO OTRO TRASCENDENTAL

Pues bien, según la teoría del *self*, la ambigüedad realidad/virtualidad (entre el yo y el semejante) es una forma de designar esta importante dimensión del campo relacional que PHG denominan función *ello* (o *ello* de la situación). Lo que equivale a decir que "lo otro" trascendental entre el yo y el semejante es en verdad la función *ello*. Y la psicosis, por lo tanto, una dificultad de vivir la función *ello* (exigida por los interlocutores en la actualidad de la situación de contacto).

Es preciso – y volvemos a insistir en este punto – no confundir "lo otro" (en cuanto función *ello*) con la falencia del yo trascendental (a la cual los psiquiatras fenomenólogos llaman de otro trascendental). Si es verdad que – para pensar la función *ello* en cuanto ese dominio de ambigüedad al cual estamos llamando "lo otro" trascendental – PHG se ocupan de las mismas tesis husserlianas a partir de las cuales Binswanger (1922), muy especialmente, pensó el pasado y el futuro vividos como dimensiones del yo trascendental; también es verdad que, para ellos, las dimensiones temporales jamás fueron pensadas como síntesis egológicas. Se trata, antes que de esto, de un conjunto de operaciones espontáneas y ciegas para sí mismas; que incluyen, por un lado, el repertorio de hábitos motores y lenguajeros que quedaron como formas disponibles y, por otro, la presencia de esos hábitos junto a las producciones que, a partir de la actualidad, descubren un horizonte de futuro (o deseo).

Aun así, PHG parecen simpatizar con la tesis fenomenológica de que – en las psicosis – lo trascendental podría estar comprometido. Lo que significa decir que "lo otro" – y no el yo trascendental – podría estar ausente o aparecer excesivamente. Pues bien, ¿cómo presenta la literatura gestáltica esta relación entre la psicosis y la ausencia o exceso de la función *ello*?

INDICIOS DE NUESTRA HIPÓTESIS EN LA "LITERATURA DE BASE" DE LA TERAPIA GESTALT

EN EL PREFACIO A la edición de 1945 de la *Knox Publishing Company* de la obra *Yo, Hambre y Agresión*, Perls (1942, p. 32) anuncia que en aquél "presente momento" estaba "envuelto en un trabajo de investigación sobre el mal funcionamiento del fenómeno figura-fondo en las psicosis en general y en la estructura de la esquizofrenia en particular". Más que su relevancia clínica, la investigación carga una hipótesis que da continuidad a las intuiciones de Perls relativas a los ajustes neuróticos: que todo ajuste es un fenómeno figura-fondo y que la "psicopatología" es tan solamente un mal funcionamiento de este fenómeno. Lo que, de alguna manera, nos coloca en la dirección del modo en que la psiquiatría fenomenológica comprendía la psicosis; al final, el fenómeno figura fondo es apenas una manera de designar la actividad trascendental de ligazón entre el pasado y el futuro vividos. Mientras tanto, el tratamiento dado a la noción de fenómeno figura-fondo, amilana esta hipótesis; una vez que, diferentemente de la perspectiva fenomenológica, Perls vincula la figura a las necesidades y demandas de la actualidad empírica de los sujetos. Y, como si Perls (1942, p. 32) supiese de antemano que no podría acabar con este proyecto, anuncia: "aún es demasiado temprano para decir cuáles serán los resultados; parece que va a resultar en alguna cosa". Y hasta el día de hoy, estamos esperando esos resultados que, sin embargo, nunca se dieron a conocer.

Algunos años más tarde, por la pluma de Paul Goodman, Perls y sus compañeros de fundación de la Terapia Gestalt afirmaron, en un trecho que trataba de la "neurosis como pérdida de las funciones de ego", que: "como una perturbación de la función-*self*, la neurosis se sitúa a medio camino entre la perturbación del *self* espontáneo, que es el sufrimiento, y la perturbación de las funciones del ello, es decir, la psicosis" (1951, p. 263); aunque para ellos, la psicosis puede ser entendida como "la aniquilación de una parte de lo dado en la experiencia, por ejemplo, las excitaciones perceptivas o las propioceptivas. En la medida en que, allí donde hay alguna integración, el *self* absorbe la experiencia: o está disminuido por completo o inconmensurablemente agrandado, o es objeto de una conspiración generalizada, etc." (1951, p. 263). La psicosis parece aquí asociada, por una vía, a la ausencia o desarticulación de una función trascendental de la experiencia, que es la función *ello*; por otra, asociada a una productividad que se establecería en el campo empírico. Estas asociaciones más de una vez barajan lo empírico y lo trascendental, dando muestras de una forma peculiar de articular la fenomenología y la práctica analítica. Con certeza, el pasaje más profundo escrito por Perls y sus compañeros sobre la psicosis, y, además, más lacónico, para orientar, por ejemplo, una práctica clínica. Ya en el libro *Terapia Gestalt explicada*, Perls (1969, 173-5) escribe:

> yo tengo muy poco, aún, que decir sobre la psicosis. [...] El psicótico tiene una capa de muerte muy grande, y esta zona muerta no consigue ser alimentada por la fuerza vital. Una cosa que sabemos a ciencia cierta es que la energía vital, energía biológica [...], se torna incontrolable en el caso de la psicosis. [...] el psicótico ni siquiera intenta lidiar con las frustraciones; él simplemente niega las frustraciones y se comporta como si ellas no existiesen".

Todo pasa como si, al afrontar las demandas de lo cotidiano, que incluyen tanto las necesidades biológicas como los pedidos formulados en el lazo social, el "psicótico" se viese desprovisto de aquella capa de excitaciones (también denominada función *ello*), a partir de la cual podría operar con su propio cuerpo o responder a las peticiones sociales. Lo que nos lleva al entendimiento de que, para Perls: la psicosis podría ser un ajuste en el que, más que dejarnos conducir por las excitaciones junto a las posibilidades abiertas por los datos en la frontera de contacto, vivimos una tentativa de llenado o de control activo del propio fondo de excitaciones (función *ello* o ello de la situación) que, al decir de Perls, se presenta como una "capa de muerte". Como consecuencia de esa capa de muerte, el contacto asumiría una característica muy peculiar, como si no hubiese, para el sujeto de la experiencia, ni un fondo, ni al menos una orientación intencional a partir del fondo (que asegurase la elección de una figura en cuanto horizonte de deseo). Pues bien, ¿hasta qué punto podemos admitir que el origen de las psicosis tiente relación con la ausencia o con la desarticulación de la camada de excitaciones?; ¿hasta que punto podemos admitir que las respuestas psicóticas son en sí mismas ajustes creadores?

FORMULACIÓN DE LA HIPÓTESIS SOBRE LA GÉNESIS DE LOS COMPORTAMIENTOS PSICÓTICOS SEGÚN LA TEORÍA DEL SELF: COMPROMETIMIENTO DE LA FUNCIÓN ELLO

DECIR QUE LA AUSENCIA – o el exceso – de la función *ello* junto a los actos sociales podría explicar por qué estos actos producirían respuestas psicóticas, no es todavía una conclusión; apenas una hipótesis psicodinámica cuya función es entregar un marco diferencial desde donde los clínicos puedan distinguir lo inédito que esté aconteciendo. Además, para autorizarla, tenemos que aclarar los posibles empleos que los autores dieron a expresiones como "parte de lo dado de la experiencia", "función *ello*" y "mal funcionamiento del fenómeno figura-fondo", entre otras. En este sentido, con el objetivo de, primeramente, especular sobre cuáles serían los motivos que exigirían respuestas psicóticas, proponemos la siguiente pregunta orientadora: ¿Qué quieren decir PHG cuando se refieren a la aniquilación de una parte de lo dado en la experiencia? Conforme se puede percibir por la pregunta orientadora, nuestro trabajo toma partido por las formulaciones sugeridas en la obra Terapia Gestalt (1951). Consiste, por consiguiente, en una tentativa de profundización de las "pistas" legadas por los fundadores de la Terapia Gestalt en el sentido de pensar las psicosis a la luz de los parámetros clínicos entregados por la teoría del *self*. Lo que implica ampliar los rudimentos entregados por tal teoría, especialmente la manera fenomenológica en que trata los fenómenos.

No sucede, por ello, que defendamos la incorporación de las nociones con las cuales los psiquiatras fenomenólogos intentaron especular sobre la génesis de las psicosis. Finalmente, no podemos desconsiderar que la teoría del *self*, aun inspirada en el formato establecido por Husserl (1913), critica el proyecto fenomenológico de reducción de los fenómenos a la evidencia de las esencias que en ellos se manifiestan. En otras palabras: si es verdad que la teoría del *self* anhela las esencias que se manifiestan junto a los diversos actos compartidos por los cuerpos en el mundo social, esto no significa que haya asumido, como programa de investigación, la aclaración de esas esencias en cuanto unidades de sentido transparentes. A PHG les interesa la acogida ética de las esencias que surgen como alteridad, manifestación inaprehensible de lo otro en el contexto clínico.

En el caso especifico de la clínica de las psicosis, aunque podamos simpatizar con la hipótesis fenomenológica de que, en las psicosis, las esencias parecen "no donarse" o donarse de modo "fragmentado", desde la perspectiva de la teoría del *self*, nuestro mirar no está regido por la pretensión de restablecimiento de esas esencias como unidades de sentido transparentes; como si, por ejemplo, nuestro consultante avatar, en algún momento de su proceso clínico, pudiese "comprender" claramente qué posibilidades existenciales lo facultarían para elaborar la ausencia del padre. Incluso porque la demarcación de todas las esencias involucradas parece algo imposible: ¿Hasta qué punto la elaboración en torno a la ausencia del padre es una motivación trascendental que nuestro consultante reconoce como suya? ¿No podría estar ésta relacionada con el modo en que la enfermedad de la madre lo alcanzaría, de suerte que el desamparo tal vez fuese antes de la madre que de nuestro consultante? ¿Aquella elaboración no sería tal vez el efecto de un determinado estilo de interpretación que nosotros como clínicos repetiríamos en la expectativa de lograr una solución para las demandas de los familiares, o la confirmación de nuestras teorías? De modo que, más prudente, tal vez fuese decir que las elaboraciones son todas ellas tentativas de habitar esa región indecidible entre yo y el gran otro. Si ellas hablan en relación a las esencias, entonces debemos concluir que, tal vez, las esencias sean versiones sobre las que no podemos decidir. Tal vez ellas sean lo indecidible entre yo y el semejante. He aquí en qué sentido, para PHG, las esencias deben poder ser comprendidas como una especie de espontaneidad inaccesible, cuya donación no implica algún tipo de transparencia. Lo que no significa, para ellos, suscribir la tesis sartreana (Sartre, 1942, p. 20), según la cual, más acá de la aparición de las esencias en cuanto fenómeno de ser, existiría lo inaccesible en cuanto aquello que aseguraría, a la serie de apariciones (de las esencias), unidad ontológica (Sartre, 1942, p. 20). Finalmente, para el interés clínico, las esencias no se presentan como cuestión ontológica, tampoco la exigen. Más al estilo de Merleau-Ponty (1945, p. 487), podríamos decir que – en vez de apariciones transfenoménicas unísonas y tributarias de una trascendencia inequívoca que las fundamentaría – son manifestaciones de la ambigüedad fundamental de nuestra vida temporal, lo que incluye no solo la temática de origen de cada esencia, sino también los límites dentro de los cuales podemos distinguirlas entre sí y en relación a cada acto que de ellas se ocupa. Motivo por el que, después de una lectura merleau-pontyana de PHG, sí podemos decir que las esencias se manifiestan; se manifiestan como un otro, como "lo otro".

Y, si por un lado, esta presentación de la noción de "esencia" (en cuanto dominio de ambigüedad empírico/virtual entre yo y el semejante) nos obliga a abandonar la pretensión fenomenológica de una presentación translúcida de los fundamentos de la ciencia, al menos nos entrega un criterio diferencial de mucha relevancia para el contexto clínico. Al final, al decirse un avatar, nuestro consultante "parece querer" decidir, como mínimo, alejarse de todo tipo de esencia, de todo tipo de discusión ambigua sobre los hechos que lo vinculan a los semejantes. O, por lo menos, da muestras de que se siente más seguro manteniendo cierta distancia en relación a las hipótesis que los familiares y amigos plantean para explicar lo que pasa con él. Es como si – en la "piel" de un avatar – ninguna de las elaboraciones (o, conforme a lo que estamos diciendo, ninguna de las esencias) lo alcanzase verdaderamente. De donde, entonces, nos arriesgamos a inferir – apoyados en lo que ya leímos sobre la psiquiatría fenomenológica y sobre las clínicas lacanianas – que el delirio "fijaría" a nuestro consultante en un punto de "certeza impenetrable", como si ninguna esencia (o ambigüedad) ahora lo pudiese alcanzar. En otras palabras: la impresión que tenemos – y que va al encuentro de la hipótesis de PHG – es de que nuestro "avatar" se fija a una imagen para no necesitar ocuparse de la función *ello* (dominio de las esencias que emergen como ambigüedad en la experiencia de contacto). Pero, ¿qué es exactamente lo que PHG entienden por función *ello*?[20] ¿Por qué nuestro consultante necesita separarse de tal función?

Conforme ya mostramos en otros lugares (Müller-Granzotto & Müller-Granzotto, 2007), la función *ello*, por un lado, es la previa disponibilidad – para nuestros actos – de los hábitos motores y lenguajeros. Dado que no podemos decir con precisión el origen de estos hábitos, ellos constituyen para nosotros un fondo impersonal. Desde otro ángulo, la función *ello* habla de la relación con la síntesis pasiva entre estos hábitos y nuestra actualidad – lo que significa que la función *ello* es la repetición de los hábitos motores y lenguajeros junto a nuestra actualidad como una suerte de excitación. En ambas perspectivas, *ello* significa la "imposibilidad" de desligarme del mundo, la manifestación "invisible" del mundo en mí, la "generalidad" de mi inserción en la vida de los semejantes y de las cosas, la "ambigüedad" permanente de mi existencia. Pero, también, *ello* significa el efecto de las excitaciones en nuestra vida actual, específicamente, los sentimientos incipientes (o afecciones). En síntesis, se trata de aquello que PHG (1951, p. 263) denominaron "parte de lo dado en la experiencia".

Para nuestros propósitos actuales – los cuales tienen que ver con la profundización en la pista legada por PHG respecto a la posible ligazón entre el funcionamiento de la función *ello* y la producción de respuestas psicóticas – interesa remarcar estas dos operaciones intencionales fundamentales implícitas en la función *ello*, que es la previa disponibilidad de los hábitos retenidos y la síntesis pasiva entre los hábitos retenidos y nuestra actualidad. Para decir algo más sobre la previa disponibilidad de los hábitos retenidos, vale recordar que la retención no es diferente de la asimilación de parte de la experiencia de contacto, precisamente, de aquella parte denominada "forma". Cómo hábitos asimilados, las formas no tienen un autor que podamos precisar – aunque podamos hacer muchas fantasías con el objetivo de representarnos una titularidad. Al final, como ellas son resultado de las experiencias de contacto anteriores, dado que estas experiencias son sociales, no podemos determinar con precisión de qué acto son el resto. Aun así, las formas se dejan fijar en cuanto patrón motor, sensitivo o de articulación verbal. Lo que no nos debe llevar a confundir las formas con registros individuales, como si fuesen algún tipo de representación (judicativa, imaginaria, de memoria, en fin, psíquica). Las formas no son representaciones. Son recursos motores y lenguajeros relativos a una situación de campo, pertenecientes a esa situación, y que se nos ofrecen en ese campo apenas en la medida en que nos situamos en él.

Ya la síntesis o repetición de las formas retenidas junto a los actos de la realidad actual supone una condición especial, a saber, que en la actualidad de la situación haya un dato, alguien o alguna cosa capaz de producir una demanda de repetición. Lo que no quiere decir que esta demanda sea condición suficiente para que una forma se repita. Al final, que la mirada busque, en el cuerpo del interlocutor, alguna señal de intimidad, no es garantía de que el interlocutor vaya a contraer la musculatura. Aun así, la acción de contracción muscular – aquí presentada como un ejemplo de hábito o excitación motora disponible – no se repetiría en caso de que no hubiese en la actualidad de la situación vivida por los involucrados, una demanda más allá de los contenidos semánticos y de los ceremoniales sociales que pudiesen estar compartiendo[21].

Y, conforme a nuestro entendimiento, cuando PHG (1951, p. 263) afirman que la psicosis es la "aniquilación de una parte de lo dado en la experiencia" es al comprometimiento de las operaciones elementales de la función *ello*, a la que ellos se refieren. Pues bien, con el objetivo de comprender lo que pasa en una sesión terapéutica en la cual no nos sentimos movilizados por excitaciones, podríamos decir que, posiblemente, a pesar de nuestra demanda de tales excitaciones, los actos sociales que compartimos:

a   o no pueden contar con las formas habituales retenidas en las vivencias de contacto anteriores b   o las reciben en abundancia, de tal manera que no logran una orientación intencional dominante, que les indique un objeto de deseo entre otros.

Todo pasa como si el consultante, por alguna "causa" que no nos interesa aclarar en el momento de la atención, no pudiese encontrar, para las preguntas que nosotros (como clínicos) le dirigimos, las excitaciones que pudiesen responderlas. O, entonces, incluso, que nuestras demandas desencadenasen en él una serie de excitaciones. Es como si el consultante no pudiese soportar la ambigüedad provocada por la abundancia de ellas. Por ese motivo, en ambos casos, el consultante se vería obligado a fijarse a algún dato de realidad (a algún acto, demanda o valor del orden de la función personalidad), como si, de esa forma, pudiese soportar la angustia de no encontrar un lugar en esa dimensión trascendental, que es la presencia ambigua de las excitaciones (*awareness* sensorial, según el leguaje propio de la Terapia Gestalt). De donde se desprendería la constatación de PHG (1951, p. xliii), según la cual, en los comportamientos psicóticos, observamos un tipo de "*rigidez (fijación)*".

En cuanto a la referencia que hemos hecho a la abundancia de excitaciones como posible motivo para la fijación psicótica a la realidad, nosotros necesitamos aclarar lo que queremos decir cuando afirmamos que tal exceso genera una angustia vivida como "falta de orientación intencional dominante" que faculte a una función acto para "escoger una fantasía (u objeto de deseo) entre otras". Al final, esta alternativa supone que, a partir de las excitaciones, las funciones acto escogen objetos de deseo. Pero, en este caso, ¿qué diferenciaría los objetos de deseo de los objetos de la realidad, ante los cuales, como consecuencia del exceso de excitaciones, la función acto se defendería? Aunque no podamos decir que se trata de un objeto determinado (tal cual *noema*, para la fenomenología), los deseos articulados a partir de las excitaciones son un tipo de objeto. Su característica – y que los distingue de los objetos de la realidad – es que no tienen un contenido semántico que pudiésemos, por ejemplo, explicar. Razón por la cual, cuando nos referimos a ellos (en el campo de la realidad), lo hacemos a partir de un objeto de la realidad, como si este pudiese ilustrar aquel, aunque eso sea imposible. En este sentido, a veces intentamos explicar a alguien los "motivos" por los cuales nos gusta tanto determinado paisaje. El paisaje es un objeto de la realidad, formulado como un valor semántico frente al otro social; pero los "motivos" por los que nos gusta, nunca se dejan decir exactamente. Estos corresponden a los objetos de deseo, que son una articulación de excitaciones, o, lo que es lo mismo que decir, que se trata de un objeto ambiguo. Sin embargo, si estas excitaciones faltan o acaso se presentan en exceso, es posible que la función acto pueda no vislumbrar objetos de deseo. La angustia es la ausencia de estos objetos. De donde inferimos que la fijación en los objetos de la realidad pueda ser un tipo de defensa contra la angustia, defensa esta, a la que denominamos psicótica. De todos modos, vale destacar una vez más esta importante distinción que hacemos entre un objeto de deseo (eminentemente incierto) y un objeto fijado a la realidad (y, por lo tanto, del orden de la certeza). Mientras el primero indica relación con nuestra capacidad para dejarnos llevar por una excitación y, en ese sentido, por la ambigüedad que estemos viviendo frente a las demandas de nuestro semejante; la fijación a la realidad es un comportamiento que busca simular en la realidad la excitación que por ventura falta (caso en el que tenemos la alucinación) o el objeto de deseo que el exceso de excitación inviabiliza (caso en el que tenemos un delirio, tal cual el delirio del consultante avatar).

No es todavía nuestro objetivo profundizar la discusión sobre las formaciones psicóticas. Apenas solo especular sobre lo que habría de exigir tales respuestas. Y desde el punto de vista de la génesis de los comportamientos psicóticos, creemos haber ampliado la comprensión de PHG, para quienes los comportamientos psicóticos están relacionados con un comprometimiento de la función *ello*. Entendida como una función de campo (y no como característica de los individuos tomados como personalidades), la función *ello* hace relación a la disponibilidad y a la movilización del fondo de excitaciones, lo cual, por no poder ser atribuido a alguien específicamente, fue denominado por nosotros "lo otro". Nuestra hipótesis es la de que las psicosis son respuestas sociales a la ausencia o a la presencia excesiva del "lo otro" revelado (o no) a partir de las demandas de los semejantes. Esta ausencia o este exceso desencadenarían, en las funciones acto demandadas, una angustia; lo que exigiría de ellas una suerte de fijación a la realidad, a la que llamamos psicosis. La génesis de esta *"rigidez (fijación)"* (PHG, 1951, p. xliii) – por lo tanto – no tiene que ver con la imposibilidad de vivir un yo trascendental (conforme a la psiquiatría fenomenológica), o con la ausencia de un defensor frente a las demandas ajenas (conforme pensaba Lacan en la década de 1950).Tampoco tiene que ver con la desarticulación entre los actos que nos permitirían producir una forma de poder sobre el outro (según el Lacan de 1970). Ella, tal vez, englobe todos esos motivos. O, según preferimos, la psicosis es una respuesta social a las demandas de excitación en ocasiones en las que las excitaciones no vienen, o vienen en exceso.

BREVE COMENTARIO DE LAS PREGUNTAS SOBRE LAS "CAUSAS"

LA HIPÓTESIS QUE MÁS arriba presentamos respecto a la posible génesis de los ajustes asociados a la psicosis no debe ser, sin embargo, confundida con una especulación sobre las "causas naturales" de una patología denominada psicosis. Nuestra hipótesis tiene una aplicabilidad restringida tan solamente a conjeturar, para una determinada situación de campo, específicamente clínica, cuales son los elementos ausentes o presentes que estaríamos exigiendo, a los sujetos (o actos) involucrados en respuestas que pudiésemos considerar psicóticas. Por consiguiente, la génesis que proponemos no pretende ser una explicación universal y definitiva que, al fin, aclare por qué alguien puede ser considerado loco. Al contrario, se trata apenas de mostrar que, en experiencias en las que son producidas respuestas delirantes o alucinatorias, percibimos la ausencia o presencia ostensiva de excitaciones – lo que no significa que en otros contextos las mismas personas no produzcan respuestas diferentes, o que para ellas, aparezcan excitaciones, o no se hagan sentir tan ostensivamente. Vale recordar lo que ya dijimos antes: para la Terapia Gestalt, los ajustes no deben ser considerados atributos o lecturas de los atributos de las personas. Los ajustes son lazos sociales. Y el interés clínico que tenemos por ellos tiene relación con las diversas facetas de los "otros", que son demandadas, pero no necesariamente vividas por los sujetos involucrados.

En este sentido, aunque podremos aprovecharlas en nuestras intervenciones, las especulaciones sobre las causas naturales (directamente relacionadas con la biografía o con la constitución anatomofisiológica de los sujetos en quienes suponemos una psicosis) no se han mostrado relevantes para nuestros propósitos clínicos. Y no se trata aquí de reproducir la posición del psiquiatra fenomenólogo, según quien, los datos empíricos no tienen casi ninguna relevancia para la comprensión de las formaciones psicóticas. Hay que percibir la diferencia entre las demandas empíricas por excitación y las especulaciones desvinculadas de los acontecimientos o episodios psicóticos que estén aconteciendo en la actualidad de la situación, como por ejemplo, la existencia o no de otros casos de psicosis en la familia, la ocurrencia o no de accidentes prenatales o puerperales envolviendo a nuestro consultante, la presencia o no de anomalías bioquímicas como la galactosemia o fenilcetonuria, la caracterización o no de disturbios endocrinos, como el hipertiroidismo congénito, la posibilidad de anomalías cromosómicas, como la trisomía del 21 o la trisomía del 18, la ingestión sistemática o no de determinadas sustancias, la presencia o no de un virus que hubiese sobrepasado la barrera hematoencefálica, y así en adelante.

Evidentemente, la poca relevancia de las especulaciones sobre las causas naturales de la psicosis para el contexto clínico gestáltico no significa que no reconozcamos la importancia de las investigaciones que intentan mapear, por ejemplo, qué transmisiones nerviosas podrían estar comprometidas o infrautilizadas con ocasión de un delirio. El descubrimiento de factores genéticos[22] y psicosociales envueltos en la deflagración de un comportamiento psicótico, así como el mapeamiento de posibles circuitos nerviosos relacionados con la pérdida de la autonomía psicosocial de los sujetos pueden – en el futuro – ayudar a producir una especie de terapia definitiva. Pero, para el interés clínico de aquel que necesita lidiar con comportamientos psicóticos en el momento en que estos estén aconteciendo, poca o ninguna utilidad hay en saber si la transmisión dopaminérgica o serotoninérgica está alterada o no.

Alguien aquí podría protestar y decir que la acción de los medicamentos sobre las transmisiones nerviosas sí ejerce una gran influencia en el modo de reaccionar de quienquiera que sea. Lo que es absolutamente verdadero. La abundancia o escasez de sustancias endógenas o administradas en forma de medicamentos altera significativamente, a veces de una manera previsible y otras de manera imprevisible, el modo en que nuestros consultantes pueden enfrentar determinada demanda (de excitación o de inteligencia social) a ellos dirigida. Razón por la cual juzgamos apropiado el uso de sustancias, sobre todo cuando van acompañadas del consentimiento de los propios consultantes. La utilización de herramientas como la electroconvulsoterapia es para nosotros muy problemática. Electrodos alimentados por una batería implantada en la clavícula de los consultantes, inhiben en ellos el potencial de acción de regiones neuronales asociadas a determinadas reacciones músculo-esqueléticas, sobre todo en cuadros degenerativos (como en el síndrome de Parkinson). Ya en su utilización para la inhibición de formaciones psicóticas ostensivas o brotadas, los resultados son altamente cuestionables. ¿Se hace esto a favor del sujeto o de la comodidad negligente de quien no quiere responsabilizarse de su papel en las respuestas psicóticas producidas por determinado sujeto? Lo cierto es que la electroconvulsoterapia y las medicaciones no tienen el poder de actuar sobre la disponibilidad o indisponibilidad de excitaciones, una vez que estas no son atributos de los actos (sean movimientos, sinapsis, órganos, tejidos, células...), sino formas de interacción social que se imponen a nuestro cuerpo de actos, cual "lo otro" sobre quien no tenemos control, ya que es él quién se infiltra en nuestros comportamientos, incluso cuando nuestro cuerpo está anestesiado. Los medicamentos tampoco tienen poder para cesar o alterar las demandas sociales que, a partir del gran otro, exigen aquellas excitaciones. De modo que, aunque los medicamentos constituyan – cuando son bien administrados – poderosos aliados en favor de la ampliación de la autonomía de los sujetos asociados a la psicosis, son incapaces de controlar al otro social (de donde parten las demandas por excitación) así como al "lo otro" (buscado por aquellas demandas), incluso porque éste no necesariamente responde a aquellas, como suele suceder en las psicosis, según nuestra hipótesis. En otras palabras: si las excitaciones vienen en exceso o no vienen a nuestro consultante, ello no tiene relación con una limitación anatomofisiológica. Pues ellas son trascendentales, del orden de "lo otro".

En fin, la meta del clínico gestáltico – que acompaña a alguien que se esté comportando de modo psicótico – consiste en validar la acción creadora que este individuo es capaz de producir a partir de su propio discurso o a partir de nuestras hipótesis clínicas o de los tratamientos anatomofisiológicos a que esté sometido.

HIPÓTESIS SOBRE EL ESTILO DE LOS COMPORTAMIENTOS PSICÓTICOS: AJUSTES DE BÚSQUEDA

Si ANTES PRODUJIMOS, CON base en las exiguas referencias de la teoría del *self* en relación a las psicosis, una hipótesis sobre lo que exigiría un comportamiento psicótico, llegó el momento de establecer, apoyados una vez más en esta teoría, una hipótesis sobre lo que serían las respuestas psicóticas. Conforme ya dijimos en otras ocasiones (Müller-Granzotto, M.J., 2010a, e Müller-Granzotto & Müller-Granzotto, 2007, 2008, 2009a, 2009b,) como consecuencia de la orientación ética que asumimos, nuestro desafío es reconocer, en las respuestas psicóticas, ajustes creadores. Pero, ¿cuál es la creación específica de estas respuestas? ¿En qué medida ella está articulada en la forma en que concebimos hipotéticamente los motivos que la exigirían?

Si vamos a considerar los comportamientos psicóticos como modos de ajuste, inevitablemente tenemos que reconocer en ellos la presencia de aquella función que, en el sistema *self*, designa el poder de creación, a saber, la función acto. Según PHG, la función acto se define por las acciones que mi consultante y yo desempeñamos en el contexto clínico de manera irreflexiva, lo que también significa decir, de manera inconsciente. La función acto, por un lado, es nuestra pasividad ante aquello que se impone en el campo como "lo otro" (fondo de hábitos o excitaciones). Pero la función acto también es activa, puesto que introduce, a partir de los hábitos disponibles en el lazo social, fantasías sobre el posible origen, así como sobre los posibles efectos de los mismos.

Y, conforme a la hipótesis que nosotros elaboramos para pensar la génesis de los comportamientos psicóticos, a veces puede suceder que los hábitos no se presenten, como si "lo otro" se ausentase. Pero también puede ocurrir que se presenten en abundancia y con una intensidad tal que la función acto no pueda dejarse orientar por ninguno específicamente. Y he ahí entonces – sea en un caso o en otro – lo que justificaría la aparición de comportamientos psicóticos. Estos – según la hipótesis que ahora formulamos – serían ajustes creadores en donde la función acto – una vez demandada a operar con excitaciones – se fijaría a la realidad empírica, con el fin de que ésta pudiese sustituir:

a el fondo de vivencias retenidas que, espontáneamente, la función *ello* no ofreció o no pudo articular como base para los procesos de contacto;

b   o el horizonte de fantasías (u objetos de deseo) que, a cuenta del exceso de excitaciones entregadas por la función *ello*, la función acto no puede producir.

O, entonces, la psicosis podría ser un ajuste en el que, en vez de responder a las demandas (de excitación) creando objetos capacitados para prospectar, más allá de la realidad social, un horizonte de virtualidad (para las excitaciones que se hubiesen manifestado); la función acto buscaría:

a   o llenar de manera alucinatoria el propio fondo (función *ello*) que, al decir de Perls, se presentó como una "capa de muerte", utilizando para esto los datos en la frontera de contacto;
b   o emprender el control activo sobre las excitaciones por medio de la utilización delirante de los datos en la frontera de contacto, como si ellas mismas fuesen la virtualidad (o, lo que es la mismo, el deseo).

En ambos casos, es como si la función acto "buscase", en la realidad empírica, un sustituto a las excitaciones – bien porque ellas no se presentaron, o, porque se presentaron de un modo tal que la función acto no puede escoger ninguna. Por lo que la función acto operaría con diversos ajustes, distintos entre sí, como consecuencia del exceso o escasez de excitaciones demandadas en el lazo social (frontera de contacto). Y la pregunta que se nos ocurre hacer ahora es: ¿En qué medida esas acciones van al encuentro de aquellos recursos por cuyo medio, según PHG (1951, p. 263), el *self* "absorbe" la experiencia, constituye un objeto de conspiración total, se queda "disminuido" o "agrandado" inconmensurablemente? ¿Se trata de una referencia a los cuadros clásicos de la esquizofrenia, de la paranoia, de la melancolía y de la identificación positiva?

PSICOSIS COMO AJUSTE Y BROTE

AQUÍ ES NECESARIO INTRODUCIR un paréntesis en el que podamos distinguir nuestra hipótesis sobre la psicosis como un ajuste de la noción psiquiátrica de psicosis. Finalmente, de un modo general, la psiquiatría se ocupa más del malogro de nuestras tentativas de elaboración social de las excitaciones que no se manifestaron, o de las que se manifestaron en exceso, y menos de nuestro esfuerzo para establecer un ajuste capaz de sustituir, junto a los datos en la frontera de contacto, el fondo (*ello*) demandado por los interlocutores. En otras palabras: la psiquiatría no describe aquello que, aquí, estamos llamando ajuste de búsqueda propiamente dicho, sino la falencia social de él.

Excepto para la psiquiatría fenomenológica descriptiva de Minkowsky (1927), Straus (1960) y Von Gebssathel (1968); para la fenomenología genética (o daseinanalítica) de Binswanger (1922), Von Baeyer (1955) y seguidores (Kisher 1960; Häffner, 1961; Tellenbach, 1960 y Tatossian, 1979); para la antropología comprensiva de Zutt (1963) y Kullemkampf[23], para la antipsiquiatría de Maxwell Jones (1953), John Rosen (1978) y Franco Basaglia (1985). Excepto también para la psiquiatría fenomenológica de inspiración existencialista de J. H. Van Den Berg (1955), Ronald Laing (1976), David Cooper (1976) y Wilson Van Dusen (1972), o de inspiración gestáltica como Guillermo Borja (1987) y Sérgio Buarque (2007). De un modo general, podemos decir que todos estos autores, así como Jacques Lacan (1932) en sus muchos trabajos dedicados a pensar la psicosis[24], se preocupan de hacer la distinción entre: i) la psicosis en cuanto un modo de funcionamiento o estructura y ii) la psicosis como un fenómeno propiamente patológico, o sea, como un cuadro en el que los involucrados pierden la capacidad para administrar el propio estado psíquico.

Hecho este registro, volvemos a insistir en la importancia de no confundir el "brote" psicótico con el "ajuste" de búsqueda, tal como proponemos aquí. El brote psicótico consiste en el estado aflictivo que acomete a aquellos que no encuentran, en los diversos lazos sociales de los cuales participan, condiciones para establecer ajustes de búsqueda. Los ajustes de búsqueda, a su vez, son tentativas socialmente integradas de producción de una suplencia del fondo de excitaciones o del horizonte de deseos demandados en el lazo social.

En este sentido, cuando decimos que, en los ajustes de búsqueda, notamos una especie de rigidez, lo que en verdad queremos sugerir es que: esta rigidez no está relacionada con aquellas respuestas comportamentales, aparentemente desorganizadas, con las cuales, la mayoría de las veces, se acostumbra a caracterizar la psicosis en cuanto una "enfermedad". La rigidez tiene antes relación con la "repetición" de las tentativas de llenado del fondo de excitaciones que no se presenta o con la "repetición" de las tentativas de articulación del horizonte de deseo que no se forma. En la ausencia de las excitaciones o en la presencia ostensiva de ellas, alucinamos, deliramos y nos identificamos, con los datos materiales presentes en nuestro campo de relaciones, posibles representantes de aquello que los demandantes esperan que hagamos con las excitaciones. Muchos consultantes, por ejemplo, insisten en preguntar, al terapeuta, si lo que ellos están haciendo es cierto o equivocado, adecuado o no adecuado. Los terapeutas pueden confiar en que, en esas solicitudes, pueda estar sucediendo un ajuste de búsqueda. Es verdad que, algunas veces, los consultantes hacen esas preguntas porque intentan manipular al clínico, atribuyendo a éste una responsabilidad de la que quieren desembarazarse, lo que podría perfectamente bien ser entendido por el clínico como un ajuste evitativo (o neurótico)[25]. Pero, otras veces, los consultantes las hacen porque simplemente no consiguen comprender lo que les es solicitado en el día a día, u organizar lo que sienten ante las solicitudes. No consiguen vivir la ambigüedad implicada en el interés que los interlocutores tienen por ellos. Y es posible que puedan "identificar" en la palabra del terapeuta un modo de llenar el fondo de excitaciones que no se presentó o el horizonte de deseos que no se formó.

Razón por la cual, por más rígidos que sean, en los ajustes de búsqueda, hay un intenso trabajo de creación en la frontera de contacto. El ajuste de búsqueda no es una enfermedad, es también un ajuste creador[26]. Para usar la letra de Jean-Marie Robine[27], es una forma de vivir frente a las condiciones de campo que a él se imponen y que tiene relación con un funcionamiento atípico de la función *ello*. En los ajustes de búsqueda, el *self* inventa – junto a los datos en la frontera de contacto – "lo otro" exigido por el Otro Social, pero que, en rebeldía con esta exigencia, no se presentó o se presentó de tal manera que la función acto no pudo acogerlo. Cuando es exitosa, esta invención viene a sustituir las excitaciones que, frente al dato, i) o no se presentaron de ninguna forma, ii) o se presentaron de modo parcial, iii) o se presentaron en demasía.

ACCIONES DE LA FUNCIÓN ACTO EN LOS AJUSTES DE BÚSQUEDA

El AGENTE DE ESTA invención es el aspecto del *self* denominado función acto. La función acto, mientras tanto, no opera del mismo modo como operaría si tuviese a su disposición un fondo en el que se dejasen reconocer dominancias. No se trata de encontrar, en los datos sociales (que son las figuras elegidas por los actos intersubjetivos), posibilidades de expansión del fondo de excitaciones disponible (fondo este al que también denominamos lo otro o, simplemente, función *ello*). Al final, en las relaciones de campo en que son exigidos ajustes de búsqueda, o ese fondo no está disponible, o se presenta de forma tal que no le es posible a la función acto reconocer una jerarquía de hábitos que dejen identificar por la intensidad de la afección que provoquen. En otras palabras, en los ajustes de búsqueda, la función *ello* está comprometida (ausente, fallada o en exceso) y, consecuentemente, ella no se constituye como base, como motivo para la acción de la función acto junto a los datos en la frontera. A la función acto le resta entonces operar de un modo diferente. En vez de buscar, a partir de los actos sociales (datos), objetos de deseo o posibilidades de expansión de las excitaciones disponibles, busca transformar aquellos actos (sean el propio cuerpo, el cuerpo del semejante, una palabra o una cosa mundana) en:

- defensas contra las demandas por excitación;
- alucinaciones (en sustitución de las excitaciones que la función *ello* no entrega);
- producciones delirantes o identificadoras (en sustitución a los objetos de deseo que la función acto no puede constituir a consecuencia del exceso de excitaciones copresentes).

Todo pasa como si los actos intersubjetivos:

- pudiesen ser utilizados como estrategias de aislamiento frente a las demandas por excitación;
- pudiesen llenar el fondo de hábitos, imitando las excitaciones que fueron demandadas, pero que espontáneamente no se presentaron;
- pudiesen sustituir o desplazar el objeto de deseo que, a cuenta del exceso de excitaciones que se presentaron, no puede ser formulado.

Hasta el presente momento, nuestra investigación puede identificar tres tipos fundamentales de acción de la función acto en los ajustes de búsqueda: los ajustes de aislamiento (autismos), los ajustes de llenado del fondo y los ajustes de articulación de horizonte. La diferencia en esas acciones tiene relación con el modo en que el fondo ("lo otro" o función *ello*) se caracteriza en el momento de la vivencia del contacto.

2. Ajustes de aislamiento social

AISLAMIENTO COMO DEFENSA

Conforme a la experiencia que pudimos reunir hasta aquí, los comportamientos de aislamiento social, muy frecuentes en personas a las que solemos diagnosticar como "autistas", no son ocurrencias aisladas, como si una interioridad sin sentido se manifestase aleatoriamente – tal como postulan las representaciones sociales respecto al autismo. Al contrario, creemos que los comportamientos "extraños" producidos por las personas diagnosticadas como autistas están íntimamente ligados a los acontecimientos del campo social en el cual están insertas. Lo que tal vez explique por qué, en determinados momentos, el embotamiento afectivo, la agresividad inespecífica (sin motivación aparente), la forma pueril (hebefrénica) de lidiar con afectos y pensamientos, o el comportamiento mutista, sin ningún tipo de interacción social, se vuelve más frecuente que en otros momentos. Pero, ¿en qué momentos, exactamente, notamos el recrudecimiento de estos comportamientos? En aquellos en los que las demandas sociales son más ostensivas, especialmente las demandas por "eso" que sobrepasa la dimensión de nuestra inteligencia social, precisamente, la excitación. A veces en forma de pedido de afección, otras como una invitación a la fantasía más allá de las representaciones sociales disponibles, las demandas de excitación son corrientes en el día a día. Y frente a ellas los "autistas" parecen tener mucha dificultad. De donde inferimos una hipótesis, según la cual, los comportamientos producidos por los "autistas" – pero no exclusivamente por ellos – son formas de defensa contra las demandas de excitación. Denominaremos a estas formas de defensa ajustes de aislamiento.

El uso del significante aislamiento está inspirado en algunos casos que pudimos acompañar. Recordamos especialmente el de un consultante joven diagnosticado como autista (de Asperger), que solía venir a la clínica todas las semanas para sesiones individuales, en las cuales pasaba el tiempo repitiendo su "historia de vida", por haber aprendido que, ante los psicólogos, debía contarla. Una vez terminado el relato – que nunca pasaba de treinta minutos –, daba por cumplida su tarea, se levantaba y se iba. Y así durante varios meses seguidos. Un cierto día, sin embargo, en la sala de espera, la camarera lo sorprendió con una oferta: "¿No quieres una taza de café? O ¿prefieres un vaso de agua?". Al oírla, interrumpió su paso en dirección a mí, que lo esperaba en la puerta de la sala de atención. Volvió al sofá, se sentó y comenzó a balancearse hacia adelante y hacia atrás, repitiendo las palabras café/agua, café/agua... Lo que allí supuse fue que él no consiguió encontrar – no exactamente una preferencia – sino la respuesta adecuada a una posible demanda que la oferta de la camarera le dirigió, por ejemplo: apreciemé, reconozca mi simpatía... Se quedó allí por horas, sin que cualquier esfuerzo mío para establecer comunicación lo moviese de su aislamiento. La camarera terminó su jornada de trabajo, pasó otra vez por la recepción, despidiéndose de los que allí estaban. Algunos instantes después, el joven se levantó y se fue a su casa. En la sesión siguiente, mencioné lo ocurrido, preguntándole qué había sucedido. Él dejó de ir a la clínica durante cuatro meses. Después de su retorno, dispuesto por los padres, nunca más tocamos el asunto.

Algo parecido le sucedió a una niña de diez años, diagnosticada como autista (de Kanner), atendida por una profesional de nuestro equipo. Como consecuencia de un largo trabajo de acompañamiento clínico, iniciado cuando la consultante todavía tenía seis años, ésta consiguió asimilar un vocabulario con el cual lograba al menos decir cuando algo le molestaba. Buena parte del éxito de este trabajo se debió a la tía, que además de traer a la niña a las sesiones con la psicóloga, actuaba como pedagoga de la sobrina. Sucedió entonces que la niña no vino más a las sesiones. La psicóloga no fue informada del motivo. Dos meses después la niña volvió a la institución, ahora acompañada por su madre, que se quejó a la profesional mostrando los hematomas en la pierna como consecuencia de las patadas propinados por la hija. Conforme a la hipótesis de la madre, la niña no conseguía "echar fuera" (sic) la tristeza resultante de la pérdida de la tía, que había fallecido hacía dos meses – lo que explica la ausencia de la consultante, desde entonces, a las sesiones. Frente a la terapeuta, la madre interpela a la hija, ahora entretenida con los lápices de cera, de los que no se había olvidado: "¿Tú no estás triste como nosotras? ¿Cómo puedes no llorar la muerte de tu tía, que era para ti casi como una sombra? ¿No vas a decir nada?". A lo que la consultante respondió: "No sé decir. Solo hablar". Mientras la madre no desistía de demandar (más que hablar) una excitación (sin siquiera saber cuál era), la niña se levantó, haciendo mención a que iba a patearla nuevamente. A lo que la terapeuta intervino, diciendo, "cálmese señora, no pida a su hija lo que ella no tiene para darle". La madre se calló, la hija volvió a dibujar. A la semana siguiente, con un aire intrigado, la madre acompañó a la hija a la sesión, para informar que las patadas habían cesado. Pero no entendía exactamente lo que había sucedido. No entendía por qué la conmoción familiar desencadenaba en su hija reacciones agresivas.

Sin saberlo a ciencia cierta, creemos que, en los dos casos arriba mencionados, las respuestas "autistas" denotan una incapacidad de los sujetos para lidiar con las demandas de excitación. Pero, ¿por qué exactamente la demanda de excitación provocaría este tipo de ajuste? ¿Cuál es la peculiaridad de la creación que observamos en él? ¿Qué lugar nos reserva a los clínicos, si es que podemos hablar aquí de lugar?

DIFERENCIA ENTRE EL AUTISMO COMO SÍNDROME Y LOS AJUSTES DE AISLAMIENTO

Es NECESARIO NO CONFUNDIR aquí el autismo y los ajustes de aislamiento que las personas diagnosticadas como autistas – pero no solo ellas – realizan. Nuestro interés al hacer esta distinción es realzar la actividad de la función acto incluso en los casos en que juzgamos encontrar algún tipo de limitación o privación. En este sentido, si podemos admitir que el autismo se parece a un síndrome cuyas características fundamentales son aparentemente irreversibles, también debemos reconocer en la sintomatología autista una productividad original frente a las demandas sociales.

El término autismo, antes de merecer del psiquiatra austriaco radicado en Estados Unidos Leo Kanner (1943) una primera delimitación científica, era utilizado para designar una de las características específicas de la esquizofrenia. Según el psiquiatra – también austriaco – Eugen Bleuler, la esquizofrenia es una enfermedad mental diferente de las demás demencias (por lo que antes de Bleuler las enfermedades eran denominadas demencias, según la sugerencia terminológica de Ernst Kraepelin). Se trataba de una demencia precoz (*Daementia Praecox*), en la que la pérdida de lucidez, de capacidad de deliberación y de elección ya se podían observar en los más jóvenes. En otras palabras, la división (*Schizo*) de la mente (*Phrenos*) ya se podía observar en niños con menos de tres años. Ellos presentaban, además de la alteración en la asociación de ideas, ambivalencias y afectos incongruentes, un tipo de "ensimismamiento" al que Bleuler entonces denominó autismo (del griego *autós*, que significa comportamiento de volverse hacia sí mismo). Pero Kanner, después de acompañar once casos de aparente esquizofrenia infantil, concluyó, por la radicalidad de estos cuadros, que el "ensimismamiento" era constante (conforme demuestra en el artículo "Alteraciones autistas del contacto afectivo", 1943). Decidió entonces diferenciarlos de las esquizofrenias, denominándolos autismos, entendiendo por estos un cuadro de disturbios del desarrollo caracterizado por "1) incapacidad para establecer relaciones con las personas, 2) un amplio conjunto de atrasos y alteraciones en la adquisición y uso del lenguaje y 3) una insistencia obsesiva en mantener el ambiente sin cambios, acompañada de la tendencia a repetir una gama limitada de actividades ritualizadas" (conforme Rivière, 1995, 273).

Desde Kanner hasta nuestros días, fueron establecidos muchos estudios sobre las características comportamentales relacionadas con el autismo. El manual diagnóstico de la Asociación Americana de Psiquiatría (DSM-IV, 1949) buscó sintetizar estos estudios, presentando un cuadro sinóptico de las definiciones y sintomatologías autistas. Según el cual, los autismos se definen, en primer lugar, por la incapacidad de los sujetos para establecer relaciones sociales, tal como se puede observar en la falta de respuesta e interés por las personas, en el contacto visual exiguo, en las expresiones faciales empobrecidas, en la indiferencia y aversión al afecto y contacto físico, y en la inexistencia de relaciones de amistad. Pero los autismos también incluyen un deterioro de las prácticas comunicativas mediadas por el lenguaje: los autistas, cuando hablan, revelan estructuras lingüísticas inmaduras, con inversión de pronombres, afasia nominal, ausencia de términos abstractos, con presencia ostensiva de ecolalia y entonación anormal. Finalmente, la integración de los autistas en labores sociales es muy difícil. Se resisten a pequeños cambios ambientales, permaneciendo excesivamente vinculados a determinados objetos, especialmente los giratorios, por los cuales tienen verdadera fascinación y en relación a los cuales desempeñan comportamientos rituales.

Estas características son observadas en mayor y menor grado ya a partir de los seis meses de vida de un niño, aunque el diagnostico solo pueda ser confirmado después de los treinta y seis meses. A los seis, el bebé no anticipa conducta, no reacciona a la salida o llegada de los padres, aunque responda de modo exagerado a los estímulos ambientales. Entre los seis y los doce meses, rechaza retener o masticar alimentos, y no demuestra afecto por sus cuidadores. Entre el primero y el segundo año, es frecuente que el niño se golpeé y balanceé la cabeza constantemente. En sus juegos, el niño nunca asume el "lugar" del otro, como si fuese un personaje. Usa los juguetes de un modo raro, manteniéndose indiferente a la presencia de extraños. En la segunda infancia, presenta serios problemas en el uso del lenguaje. Repite palabras y frases fuera de contexto, manteniéndose siempre inquieto, lo que hace que se parezca a alguien afectado por una enfermedad mental. Las deficiencias intelectuales e interpersonales se profundizan en la adolescencia y la vida adulta, de suerte que prefieren una vida aislada, refractaria a los estímulos sociales. Se vuelven personas frecuentemente agresivas con aquellos que le demandan integración social.

Hasta hoy no se ha logrado encontrar una causa decisiva que explique los síntomas autistas. En el mundo entero existen diversas asociaciones de padres y amigos de personas autistas empeñadas en el patrocinio y desarrollo de investigaciones que puedan localizar los factores anatomofisiológicos que podrían estar involucrados en la dificultad que los autistas tienen para encontrar, en el campo social en el que están insertos, las respuestas afectivas a las demandas, a veces formuladas de manera primitiva, en forma de comunicación intercorporal no lingüística, como la que establecemos por medio del mirar, de las expresiones faciales y de nuestra gestualidad pragmática. No obstante, buena parte de esta militancia a favor de la vinculación del autismo con una patología orgánica tiene una motivación política; a saber, desvincular los autismos de las enfermedades mentales, especialmente de la esquizofrenia. Este tipo de posición, además de revelar un prejuicio en contra de aquello que a veces denominamos enfermedad mental, como si la asociación entre el autismo y la psicosis fuese algo indigno, también desconsidera lo creativo en las producciones que genera el autista en la actualidad de las situaciones en las que está envuelto. Y es en este punto, exactamente, donde creemos necesaria la distinción entre autismos – entendamos por ellos una enfermedad mental o un supuesto síndrome invasivo, sin trazos típicamente psicóticos, como la alucinación y el delirio – y ajustes de aislamiento, los cuales, independientemente de la presencia de delirios o alucinaciones, se refieren a las producciones de defensa que incluso los autistas producen en función de la insistencia del medio social para adaptarse a las conductas dominantes y, sobre todo, a que compartan vivencias afectivas (excitaciones).

Conforme a lo que creemos, tal como los esquizofrénicos, los autistas producen respuestas que, más que demostrar un entendimiento o acogida, intentan detener las demandas afectivas en provecho de un modo de satisfacción totalmente ajeno a las expectativas abiertas por los demandantes. Todo pasa como si, en ambos casos, la función acto de los sujetos involucrados debiese aplacar la angustia que, a partir de la demanda ajena, se anunció como ausencia de fondo de respuestas espontáneas (hábitos). No se trata, por lo tanto, de comportamientos que surgirían a cualquier hora, sin motivo aparente, como si debiesen su génesis a una cuestión endógena. Razón por la cual, el estudio de los comportamientos autistas a la luz de las hipótesis vigentes para entender los ajustes de búsqueda amplía la comprensión sobre las posibilidades de intervención.

Es verdad – como vimos más arriba – que podemos encontrar asociado al ajuste autista un cuadro de deficiencia cognitiva como consecuencia de una falla anatómica o neurofisiológica. Pero, a diferencia de lo que dice el DSM-IV (1994), no creemos que esas "deficiencias" se confundan con el ajuste de aislamiento. Al final, incluso, entre personas anatómicamente "normales" o fisiológicamente "compensadas", podemos verificar comportamientos atribuidos a los autistas; lo que nos hace creer que los comportamientos autistas podrían ser tratados a partir del significado social que puedan tener.

De todas formas, somos partidarios de entender que – por motivos no muy aclarados, tal vez relacionados con una condición anatomofisiológica distinta – los sujetos autistas parecen ser personas especiales, que, independientemente de las diversas adquisiciones culturales que puedan hacer, cuando necesitan enfrentarse a las demandas por excitación, producen siempre ajustes de aislamiento. Cosa que no verificamos en otros sujetos, que, para lidiar con las demandas de excitación, pueden producir, además de los ajustes de aislamiento, otros ajustes: de llenado, de articulación, evitación, por citar algunos.

HIPÓTESIS SOBRE LA GÉNESIS DE LOS AJUSTES DE AISLAMIENTO

¿POR QUÉ LOS AUTISTAS producen ajustes de aislamiento frente a las demandas de afección propuestas en el medio social? Nuestra hipótesis para responder esta pregunta es la de que, una vez demandada, la función acto (que produce ajustes de aislamiento) no consigue encontrar las excitaciones requeridas por el interlocutor, lo que ocurre porque la función *id* parece no presentarse. Como consecuencia de esto, la alternativa para la función acto es apartar al demandante.

Nuestra hipótesis está apoyada en la observación del comportamiento de nuestros consultantes, especialmente de aquellos diagnosticados como autistas – como los referidos más arriba. Ellos parecen no tener a su disposición hábitos relativos a las vivencias primitivas de interacción con el medio. Todo pasa como si los hábitos motores – por medio de los cuales retomamos, más allá de los actos compartidos en la actualidad de la situación, una especie de complicidad en torno a algo indeterminado que aquellos actos estarían por realizar – no se presentasen entre nosotros. O, más aún, es como si los gestos desempeñados por los sujetos de acto en la frontera de contacto no buscasen una dimensión inactual. En este sentido, ellos parecen no "esperar" algo inédito, tampoco "vibrar" con la repetición.

Si los consultantes dicen que les gusta o les disgusta algún cosa, quieren o rechazan algo, estos sentimientos no están acompañados de afección, tratándose antes de un ceremonial social, como si buscasen de esta forma acomodar – en un gesto seguro, desprovisto de misterio – lo que de indeterminado pudiese surgir en el "mirar", en la "voz", en la "malicia", en las "segundas intenciones" que les dirigiésemos.

Nuestra hipótesis busca agregar a la descripción de los síntomas autistas una comprensión sobre lo que los motivaría. De tal manera que, más relevante que la supuesta incapacidad de los sujetos autistas, es el objeto de esta incapacidad, precisamente, las afecciones demandadas en las relaciones sociales. Éstas, al mismo tiempo que ponen de manifiesto los límites en las producciones que envuelven a los sujetos autistas, nos permiten ver, en esas producciones – a las que también llamamos síntomas de la ausencia de excitaciones – la presencia de una capacidad creadora. Lo que – además – cambia nuestra manera de ver los síntomas. Además de indicar la flagrante ausencia de excitaciones, los síntomas son legítimas creaciones, cuya figura es la producción de defensas (contra las demandas de excitación). Según creemos, las manifestaciones sintomáticas de los autistas (la falta de respuesta e interés por las personas, el contacto visual exiguo, las expresiones faciales empobrecidas) son formas de evitar las demandas afectivas ante las cuales los autistas no encuentran respuestas. Y, aunque, algunos autistas se vuelvan capaces de manifestar determinados sentimientos, no se sigue de ello que estas formaciones sean respuesta a las demandas afectivas. Sentimientos determinados no son afecciones (provocadas por la presencia de excitaciones). Como mucho, podemos decir que determinadas manifestaciones sentimentales (como la rabia, la sonrisa, el abrazo...) son caricaturas de afección, constituyendo, antes que eso, formas de defensa frente a las demandas afectivas. Razón por la cual, en estos casos, los sentimientos recuerdan reacciones mecánicas, sin espontaneidad, verdaderos ecos destinados a aplacar el afán del interlocutor.

DISTINCIÓN ENTRE SENTIMIENTOS Y AFECCIONES

Y AHORA ES EL momento de fijarnos en la importante distinción entre los sentimientos determinados y los sentimientos incipientes, que son las afecciones, las cuales denuncian la copresencia de una excitación. Se trata, en verdad, de una de las más difíciles distinciones que podemos hacer en el campo de la clínica, lo que nos desafía a transgredir el modo natural según el cual vemos los fenómenos. Con esa distinción, en verdad, queremos hacer una separación entre: i) aquello que es del orden de nuestros contenidos (semánticos, naturales, morales...) y ii) aquello que indica relación con la presencia de lo inactual en nuestras relaciones, lo cual, a su vez, no tiene que ver con algo determinado (como contenido) en la actualidad de la situación y, sí, con aquello que, en esta actualidad, señala lo indeterminable. En este sentido, mientras los sentimientos siempre caracterizan comportamientos claramente definidos en el ámbito de cada cultura, las afecciones indican relación con aquello que, incluso junto a los sentimientos, señala la copresencia del no-claro, del no-sentido. Hablan de la relación con lo inexplicable de los objetos, de los sentimientos, de los pensamientos. Ellas son, según la terminología de la teoría del *self*, el indicio de que algún hábito se está repitiendo. O, lo que es lo mismo: las afecciones indican que una forma se presentó desde el pasado reclamando el contenido perdido (razón por la cual somos remitidos a una expectativa, a un futuro también indeterminado, que es la fantasía que podemos hacer sobre el objeto perdido). Se trata, por tanto, de la presencia, en la actualidad del cuerpo empírico, de un exceso que no se deja explicar por las manifestaciones comportamentales ni por las definiciones que seamos capaces de producir. Es ese exceso, el que, por ejemplo, nos ayuda a distinguir el llorar verdadero de un llorar teatral: mientras el primero conlleva, junto a las razones alegadas para el comportamiento manifiesto, un tipo de "satisfacción" misteriosa, a veces contradictoria con aquellas razones; el segundo es integralmente coherente con los motivos sociales alegados por el sujeto, de donde se sigue una impresión de artificialidad. Ahora bien, en los ajustes de aislamiento, hay sentimientos determinados. Los autistas – por ejemplo – manifiestan desprecio, cariño, apego, rabia, miedo... Pero no percibimos "afecciones": no percibimos una "curiosidad" en torno a aquello que podríamos querer de ellos, o una "expectativa" sobre lo que pensamos que podrían hacer, tampoco interés sobre lo que nosotros podríamos "desear" de ellos. He ahí por qué en los ajustes de aislamiento, frente a nuestra insatisfacción o expectativa exagerada – que no son más que demandas de excitación – los autistas frecuentemente se comportan como si se estuviesen defendiendo. Lo que, una vez más, nos llevó a comprender los comportamientos autistas como ajustes de aislamiento. De donde no se sigue que solamente se comporten así, como veremos a continuación. De todas maneras, la habilidad más importante requerida a un clínico de sujetos autistas es la capacidad de reconocer la diferencia entre sentimientos y afecciones (derivadas de la presencia de excitaciones).

MÁS ALLÁ DE LOS AJUSTES DE AISLAMIENTO: LA DIVERSIDAD DE LAS PERSONALIDADES AUTISTAS

SI ES VERDAD QUE la producción de ajustes de aislamiento indica, en los sujetos autistas, la falencia de las relaciones en torno a las demandas de excitación, tal no significa que estos sujetos no puedan establecer otros tipos de relaciones sociales. Este es el caso de las relaciones constituidas en torno a demandas por inteligencia social, a las que los autistas responden perfectamente bien, como prueban los sujetos diagnosticados como autistas de Asperger[28], que son capaces de desempeñar una vida moral, responsabilizándose de sus actos, así como tienen capacidad para asumir determinadas identidades sociales, en las que desarrollan sentimientos diversos, como orgullo, desprecio, etc. De esa manera, según la terminología de la teoría del *self*, los autistas pueden perfectamente desarrollar la función personalidad.

Aún así, la falencia de las relaciones sociales (establecidas en torno a las demandas de afección) puede estorbar el desarrollo de la función personalidad. Este es el caso, por ejemplo, de los cuadros tradicionalmente descritos a partir de los criterios diagnósticos de Leo Kanner (1943). La función acto es refractaria a los pedidos o necesidades procedentes de los semejantes, razón por la cual su acción parece suceder sin meta, como si estuviese acometida por una desorientación. El aislamiento, concretado en forma de mutismo, parece ofrecer un tipo de blindaje en contra de las demandas (por excitación), pero también en contra de las demandas por inteligencia social. Lo que es lo mismo que: la presencia intensa de ajustes de aislamiento parece obstruir no solo las demandas de excitación, sino también el desarrollo de identidades sociales (función personalidad).

Además, de diferente manera, en el caso de los sujetos clasificados como síndrome de Asperger, hay participación en las situaciones sociales, soportando la demanda de inteligencia social. Son sujetos perfectamente bien integrados en los diversos contextos en los que el objeto de cambio es algún contenido semántico determinado, como una regla prudencial, una regla jurídica, un valor estético o moral, un pensamiento, o cualquier forma de representación social que no tenga connotación afectiva. Aun así, en estos casos, el sujeto autista no logra agregar a esa producción cultural un fondo emocional. Incluso disponiendo de un verbalismo, se trata de un verbalismo abstracto que raramente acompaña las sutilezas del uso cotidiano, como el empleo metafórico, por ejemplo. De todos modos, podemos identificar una forma metonímica de producir ligazones entre determinadas clases de abstracción, donde se deja verificar cierta satisfacción, que, en verdad, es del orden de la función personalidad.

INTERVENCIÓN EN LOS AJUSTES DE AISLAMIENTO

El reconocimiento de que los sujetos autistas, además de producir ajustes de aislamiento, pueden desarrollar personalidades, abre una doble posibilidad de intervención, cuya meta, en última instancia, es el favorecimiento del proceso de socialización de estos sujetos. Para el clínico, tan importante como reconocer, en los síntomas de aislamiento, posibles defensas frente a las demandas de excitación, es identificar las posibilidades de aprendizaje que valdrían, al sujeto autista, el desarrollo de personalidades.

De hecho, la primera preocupación de los clínicos que se ocupan de sujetos autistas es reconocer los ajustes de aislamiento producidos en el campo clínico. O de la misma forma, que la primera tarea de los clínicos es observar, a partir del contacto directo, cuáles son las demandas que los propios clínicos dirigen a los sujetos autistas. Importa reconocer, en la rutina familiar, en el trabajo, en la escuela y, especialmente, en la relación directa con el sujeto autista, indicios de demandas afectivas repetitivas que estarían provocando reacciones de aislamiento. Y la idea de la intervención es justamente poder suspender estas demandas, una vez que, como tesis, los autistas no consiguen luchar con cualquier tipo de afecto proveniente de la presencia de excitaciones. El clínico ha de poder actuar objetivando el auxilio a los familiares, amigos y colegas en el reconocimiento de los recursos sociales y de los rituales comportamentales en los que son elaboradas demandas afectivas, y en el reconocimiento de aquellos comportamientos que caracterizan propiamente un ajuste de defensa para el sujeto autista. Se trata de un trabajo sutil, como aquel desarrollado por un estudiante de psicología en prácticas curriculares en una escuela (en la función de acompañante terapéutico de un sujeto autista que frecuentaba la enseñanza básica, sexto año). Después de haber aprendido como simplificar fracciones para hacer cálculos elementales (adición, sustracción, multiplicación y división), el sujeto acompañado mostró mucha irritación con la insistencia de la profesora en que aprendiera a operar con números decimales. El acompañante percibió entonces, que el problema no estaba en el "contenido" de la materia, sino en la forma insistente según la cual la profesora intentaba enseñar al alumno autista. Es como si la profesora, en todo momento, quisiera que el alumno "entendiese" la "importancia" de la conversión de las fracciones en decimales. En este sentido, intentaba ilustrar el contenido con situaciones del día a día donde los decimales parecían "útiles". El alumno comprendía, sí, los decimales, pero no la "importancia", la "utilidad" y otras demandas de este tipo que motivan a los alumnos en general, pero que despertaban una gran molestia en el alumno autista. El trabajo del acompañante terapéutico fue advertir de esto a la profesora, como manera de elaborar con ella un lenguaje más objetivo y menos cargado de peticiones afectivas.

Pero los clínicos deben también darse cuenta de que, a veces, los sujetos autistas tienen disponibilidad para lidiar con las demandas. Ciertamente no son demandas de excitación y, sí, demandas de inteligibilidad social. Así, los sujetos autistas pueden aprender informaciones, prácticas sociales; pueden manifestar valores y sentimientos. También pueden participar de los modos de producción, siempre que esa participación esté pautada por la presencia objetiva de los contenidos y suceda en la realidad simbólicamente determinada – y no en la virtualidad de las excitaciones y elaboraciones del orden del deseo. Buena parte del trabajo del clínico, en este sentido, es equiparable al trabajo del educador social, del pedagogo o del acompañante terapéutico. El clínico debe poder colocarse entre el sujeto autista y las demandas sociales, como manera de favorecer una comunicación objetiva, plena de objetos, que suceda al nivel de las cosas y de las palabras. Al mismo tiempo que es un guardián de los ajustes de aislamiento contra las demandas afectivas, el clínico opera como alguien que apoya al consultante en las actividades en las que éste ensaya la asimilación de papeles y valores sociales.

Pero no se trata de un "jugar" a enseñar, como si los contenidos efectivamente entregados o enseñados fuesen solo un motivo o pretexto para intervenciones que busquen algo más (por ejemplo, del orden de los deseos o las expectativas sociales acerca del consultante). El uso de recursos educativos en la atención a consultantes autistas no puede ser transformado en un "juego", pues el juego siempre implica una participación en algo imprevisible más allá de la regla; éste algo que los autistas no consiguen acompañar. Por el contrario, la tarea del clínico es promover una especie de inclusión pedagógica en el sistema de valores y creencias que define, según el lenguaje de la Terapia Gestalt, la función personalidad (el otro social). Se trata, por lo tanto, de una actuación psicopedagógica, cuya nota característica es la transmisión de un saber sin demanda de excitación o deseo. En la práctica, tal significa decir que el clínico no debe tener esperanzas de rendimiento, no debe nutrir expectativas. Tampoco demostrar decepción o conmemorar el avance en los procesos de aprendizaje. Estas manifestaciones podrían ser escuchadas por los sujetos autistas como demandas, lo que sería desastroso para el progreso del proceso de inclusión pedagógica.

E incluso, en el caso de los ajustes más graves, como los de Kanner, observamos una tolerancia a las intervenciones terapéuticas que buscan establecer una especie de inclusión pedagógica. La propuesta de intervención consiste en la colaboración del terapeuta en la ampliación del cuerpo social de aquel que se ajusta de manera autista; o sea, colaborar en la ampliación de la forma más elemental de la función acto en el autista. De esta manera, el autista tendrá la oportunidad de "responder", no a partir de un fondo de excitaciones intercorporales, sino a partir de lo que fue fabricado, producido pedagógicamente como lenguaje. Además de eso, es importante destacar que, en estos ajustes, difícilmente esas fabricaciones pedagógicas consiguen agregar algún valor afectivo. Pueden, no obstante, favorecer el aprendizaje de sentimientos, los cuales, como vimos, son recursos sociales aprendidos y compartidos en lo cotidiano.

Vale por fin agregar, que la discusión sobre la eficacia de los procedimientos de inclusión o segregación de los sujetos autistas en los sistemas educativos no es una preocupación clínica. Tal discusión, en verdad, está vinculada a un objetivo más amplio, a saber: la elaboración de políticas públicas de atención a las personas "diversificantes", para usar la letra de Michel Foucault (1975). Mientras estas políticas se preocupan – por ejemplo – de la eficacia en los procesos de aprendizaje de contenidos semánticos, los propósitos clínicos se refieren solo a la salvaguarda de los ajustes de aislamiento y de los procesos de ampliación de la socialización de los sujetos autistas. Y no es nuestro objetivo, aquí, entrar en el mérito de la discusión pedagógica sobre qué estrategia es la más apropiada para el éxito del aprendizaje. Únicamente mostrar que, en cualquiera de los sistemas (de inclusión o segregación), la presencia de demandas afectivas puede interrumpir el proceso de socialización y, en consecuencia, el aprendizaje. Tanto si está inserto, el sujeto autista, en un sistema educativo especial, dirigido exclusivamente a la enseñanza de autistas, como si está incluido en un sistema regular, en compañía de otros sujetos no autistas, en ambos casos, creemos que el éxito del proceso de aprendizaje está vinculado – entre otros factores cuyo mérito analítico pertenece a la pedagogía – a la no presencia de demandas afectivas. Si los profesores, acompañantes y cuidadores supieran reconocer y desvincular la transmisión de saberes de aquello que aquí denominamos demandas de afección, aumentan las posibilidades de ampliación de la inteligencia social de los autistas.

3. Ajustes de llenado de fondo

MÁS ALLÁ DEL AISLAMIENTO: LAS ALUCINACIONES

No ESTÁ FUERA DE lo común, que reconozcamos, junto a los ajustes de aislamiento, otro tipo de producción, también desvinculada de las personalidades sociales rutinarias. No se trata, en este tipo de producción, de compartir representaciones sociales, lo que implicaría alguna suerte de placer/displacer como en el caso de los sentimientos (rabia, amor, esperanza, alegría, tedio...). Se trata – como en el caso de los ajustes de aislamiento – de una manera de lidiar con las demandas de excitación. Pero, a diferencia de lo que sucede en los ajustes de aislamiento, en esta nueva producción, los sujetos no buscan aniquilar la demanda propiamente dicha. Al contrario, es como si tales sujetos – a los que ya no podemos denominar más autistas – se ocupasen de "inventar" una respuesta para aquella demanda. Es como si procurasen indicar, en algún lugar de la realidad social, la vigencia de la excitación que esta misma realidad demandaría. Pero este recurso no logra éxito social. Al contrario, genera mucha extrañeza en los demandantes, ya que estos "saben" que las excitaciones no pueden ser localizadas exactamente. A los ojos de los demandantes, las "invenciones" de los sujetos demandados parecen, por lo demás, curiosas. Ni confirman las representaciones sociales ya sedimentadas en la cultura (función personalidad), ni tampoco introducen, más allá del sentido, una inactualidad a la espera de significación. Por el contrario, el sujeto demandado fija en la realidad algo que no tiene sentido y que, a cuenta de esta fijación, ni siquiera puede aspirar a tener una. He ahí entonces la alucinación. Conforme a nuestra lectura, más que un comportamiento de defensa contra la demanda de excitación, más que una respuesta inadecuada a las demandas de inteligencia social, las alucinaciones son ajustes creadores, en los que los sujetos procuran encontrar, en la realidad, un sustituto a la excitación que no sucedió. O, lo que es lo mismo, los sujetos buscan llenar el fondo con fragmentos de realidad, como si estos fragmentos pudiesen valer como excitaciones. ¿Pero en qué medida la realidad puede llenar de manera alucinatoria el fondo de excitaciones?

Desde el punto de vista de quienes observan los comportamientos alucinatorios, estos parecen tener relación con una percepción equivocada de la realidad. Se trata, entonces, de falsas percepciones sobre la realidad. Sin embargo, esta definición – además de problemática en sí misma, comenzando por la idea de falsedad y verdad que transmite – no tiene ninguna relevancia para el manejo clínico de las alucinaciones. Ella no considera que los sujetos que alucinan, aunque no consigan explicar lo que les pasa, tampoco tienen dudas sobre la relevancia epistémica de su producción. Parecen antes que ello, presos de una serie de fenómenos para los cuales no tienen explicación. Lo que no significa que quieran librarse de estos fenómenos. Muchos sujetos buscan a los profesionales para poder continuar caminando de un lado a otro en el consultorio o en la plaza vecina, sin que nadie les pida que paren. O para continuar practicando aquel "lenguaje privado", a veces escrito otras veces vociferado frente a un micrófono ficticio, ya que nadie de la familia quiere saber de ello. Lo que nos lleva a conjeturar que, tal vez, las alucinaciones cumplan una función social, casi nunca comprendida por el medio social, ni siquiera por los propios sujetos que alucinan. Nuestra hipótesis para entenderlas – si es que eso es posible – está relacionada con la formulación anteriormente expuesta para pensar los motivos que exigirían ajustes de aislamiento, precisamente, la ausencia de las excitaciones demandadas en el lazo social.

Es decir, conforme creemos, las alucinaciones son invenciones sociales cuya meta es suplir las excitaciones que no se presentaron cuando fueron demandadas. Más allá de los comportamientos de aislamiento, que son defensas contra las demandas de excitación, las alucinaciones parecen tentativas de respuesta, aunque las excitaciones continúen ausentes. Todo pasa como si, en los términos de una utilización extraña de la realidad, los sujetos pudiesen simular, ante los interlocutores demandantes, las excitaciones que no se presentaron. Lo que no conlleva que se haya presentado alguna excitación. La observación clínica nos lleva a conjeturar que las alucinaciones son respuestas a determinadas demandas (de excitación). Precisamente, aquellas en las que el demandante solicita del demandado una afección relativa a un tercero, como si la excitación requerida tuviese relación con algo de lo que el propio demandado estuviese excluido. Pues bien, ¿cuáles son esas demandas?

DIFERENCIA ENTRE DEMANDAS DE EXCITACIÓN MOTORA Y DEMANDAS DE EXCITACIÓN LENGUAJERA

CONFORME YA VIMOS UN poco más arriba, las excitaciones son las formas retenidas relativas a los eventos sociales anteriores que, en la actualidad de la situación, vuelven como hábito impersonal, modo de actuar cuya titularidad es indecidible. El retorno de estos hábitos siempre moviliza una curiosidad en torno a sus orígenes y destinos, curiosidad ésta que se manifiesta en la forma de una fantasía, a la que también denominados deseo. Ahora bien, conforme a nuestra suposición hasta aquí, puede ocurrir que las excitaciones no se presenten. Lo que justificaría el aislamiento de los autistas frente a las demandas de excitación. Pero, otras veces, como en los comportamientos alucinatorios, es como si los sujetos intentasen "buscar" en la realidad la excitación que del fondo no emergió. Sin embargo, las alucinaciones no parecen querer mimetizar toda y cualquier excitación. Son respuestas a demandas de excitación muy específicas. De donde se nos ocurrió diferenciar las excitaciones según el tipo de demandas que las solicitan. Aunque no podamos descartar la selectividad de nuestra escucha, estamos obligados a reconocer, a consecuencia de la frecuencia con que aparecen en el consultorio y en nuestra inserción en el territorio, cierta regularidad de las alucinaciones en torno a demandas de hábitos relacionados con el enfrentamiento a terceros – denominadas anteriormente hábitos lenguajeros. En otras palabras: las alucinaciones parecen siempre ser suplencias de un tipo específico de excitación demandada, que es la excitación lenguajera. Pero, ¿Qué es una excitación lenguajera?

HÁBITOS MOTORES: ÍMPETUS CORPORALES

Los hábitos motores son ímpetus corporales que emergen espontáneamente en respuesta a las demandas de afección producidas en nuestra convivencia social. Se trata de afecciones corporales vividas en forma de "sensaciones" indescifrables provenientes de algo o de alguien. Están relacionadas con los medios de socialización que nos vinculan directamente a otro cuerpo; por ejemplo, el mirar, el toque, la voz, el escuchar a alguien (o alguna cosa) que se presentan en el campo de la percepción. Los hábitos motores no son este alguien (o esta cosa) que se presenta en el campo de la percepción, sino la propia expectativa de que la aparición de estas personas (o de estas cosas) no sea algo inédito. Son la retracción frente a un puño cerrado que se mueve en nuestra dirección, como si pudiésemos anticipar la "sensación" del impacto que nuestro rostro sufriría. Son el retorno del juego de pierna y mano cuando todavía no estamos acostumbrados a conducir un automóvil con transmisión automática. O, también, la contracción de los hombros y la inclinación de la cabeza cuando el semblante cerrado del semejante anuncia un grito o, tal vez, una amonestación. Podemos incluso mencionar el salivar ante el aroma del asado, el inclinarse contra la ráfaga de viento, equivocarse de lado al despertar en un cuarto desconocido, así como la atención o el insinuarse ante alguien atractivo. Son todos ellos, aquí, ejemplos de "formas" que regresan del pasado como apertura a un acontecimiento inminente, en la frontera entre el futuro y el instante. Inclusive los gestos y las alocuciones, las melodías y las expresiones faciales que brotan en nuestro cuerpo – en respuesta a un interlocutor – constituyen ejemplos de hábitos o excitaciones motoras. Son, además, ejemplos de hábitos que "no" vemos surgir "espontáneamente" en los autistas. Para hablar, canturrear, anticiparse a una broma o a un cambio en la orientación espacial, los autistas necesitan antes "pensar". Ellos necesitan buscar en a las representaciones ya asimiladas como función personalidad, posibles soluciones. De donde surge la impresión de artificialidad, como si los comportamientos de los autistas fuesen robotizados, previamente ensayados.

HÁBITOS LENGUAJEROS: SUPOSICIONES DE INTENCIÓN

Los hábitos lenguajeros tienen relación con las demandas que buscan algo más allá de la sensación indecidible que podría surgir como hábito motor. Son referencias hacia esto que los hábitos motores habrían de buscar intencionalmente – de donde surge la suposición de la existencia de un blanco, un tercero más allá de la sensación vivida como hábito motor; como si la demanda quisiera no solamente la sensación, sino también su sentido. Lo que no supone que los hábitos lenguajeros sean significaciones claras (como lo son las significaciones del orden de la palabra hablada, de la inteligencia social compartida). Los hábitos lenguajeros consisten justamente en esta búsqueda del tercero, que explicaría (sea como causa o finalidad) la sensación desencadenada como hábito motor, de forma que cada inminencia motora todavía guardaría otra, y así infinitamente. Lo que hace de los hábitos lenguajeros inminencias significantes de otras inminencias, de otros cuerpos significantes. Lo que es lo mismo que admitir que: los hábitos lenguajeros funcionan como una especie de lenguaje, aunque no determinado, no estabilizado en torno a un sistema de significaciones (función personalidad). Como mucho, se trataría de un lenguaje en construcción, que no sabe exactamente su meta, cual palabra hablante – para usar el término de Merleau-Ponty (1945, p. 216). O bién, se trata de una "lalengua" – para usar el término de Lacan (1972, p. 188) –, dominio de trazos sin sentido, consagrados a la producción sintomática todavía por venir. En este sentido, si el hábito motor es mirar una imagen que pueda aparecer en mi campo visual, el lenguajero consiste en buscar, en el "mirar" esta imagen, aquello que ella podría mostrar, o lo que la amedrentaría, movilizaría, etc. Podríamos resumir diciendo que, cuando yo busco ver algo, movilizo el hábito motor. Cuando busco ver lo que lo visto intenta ver, movilizo el hábito lenguajero.

Son muchas las experiencias en las que podemos reconocer la vigencia de hábitos lenguajeros. A diferencia de los hábitos motores, compartidos por una buena parte de los seres vivos, en especial los animales, los lenguajeros son eminentemente humanos. Como bien mostró Perls (1942) en la obra *Ego, hambre y agresión*, los humanos comparten – con prácticamente todos los seres vivos – la capacidad de ver, en los otros cuerpos, algo a ser dominado, poseído, en fin, incorporado (lo que equipara la sexualidad al hambre y a todas las formas de agresión por cuyo medio un organismo lograría crecimiento). Incluso, más allá del ímpetu de dominancia en relación a otros cuerpos (lo que define al hábito motor), en los humanos verificamos la existencia de una "suposición": la suposición de que los otros cuerpos también quieren dominar y, por consiguiente, de que yo puedo dominar el ímpetu de dominancia que supongo en el otro. En este sentido, hay que decir que, tal vez, la palabra "suposición" sea la mejor forma de definir un hábito lenguajero. Además del ímpetu de dominar algo o a alguien, los hábitos lenguajeros nos habilitan para suponer que exista en las cosas y en los otros cuerpos el mismo ímpetu, que de este modo pasaría a ser buscado como un sentido, una significación lenguajera. Este es el caso de vivencias como la seducción, los celos, la ironía, el juego, etc., típicamente lenguajeras.

ALUCINACIÓN COMO RESPUESTA A LAS DEMANDAS LENGUAJERAS: EL SEÑOR PURA SANGRE

PARA NOSOTROS, LA PRESENCIA de las alucinaciones está muy vinculada a las relaciones sociales en las que los hábitos lenguajeros, a pesar de demandados, no comparecen. Es lo que pasa cuando somos interpelados por alguien, por ejemplo un policía que nos toma declaración como testigos en un accidente de tráfico. Se nos puede ocurrir en un determinado momento del interrogatorio que el policía perciba una contradicción en nuestro discurso, pasando a interrogarnos con un "aire" desconfiado, que se manifiesta antes en la mirada que en las palabras. Es como si el policía supusiera que supiésemos u omitiésemos algo que no logramos comprender; o más aún es como si él vislumbrara una consecuencia que nosotros no podemos adelantar intuitivamente, ni siquiera formularla en forma de una pregunta. En ese momento empezamos a tartamudear, temblar el mentón, las piernas y, dependiendo de la intensidad afectiva de la situación, pasamos a hacer cosas muy raras, como si fuésemos dominados por parte de nuestro cuerpo o por algún estimulo que se nos impusiese desde las cercanías, como un sonido o una imagen. Nuestro comportamiento en ese momento no es más que una respuesta alucinatoria a una demanda por hábito lenguajero, mientras el hábito lenguajero no se presenta, no comparece ante nosotros como orientación intencional para nuestras respuestas. De donde se concluye que las alucinaciones no son comportamientos infrecuentes. Cuando somos sometidos a intensas demandas por hábitos lenguajeros, en situaciones en que los hábitos lenguajeros demandados no se presentan espontáneamente, no es imposible que respondamos por medio de una fijación a aspectos primitivos de la realidad social (sonidos, imagines, movimientos...).

Algunas personas, mientras tanto, viven experiencias de ausencia de los hábitos lenguajeros demandados con relativa frecuencia. Este parece ser el caso de un consultante masculino, 32 años, que nos buscó con motivo de su dificultad para lidiar con las mujeres. Desempeña con maestría y mucha responsabilidad su función como profesional redactor en un órgano público. Es simpático con los colegas y superiores, pero se vuelve afásico cuando se da cuenta de que alguna colega "quiere algo más". Cierto día, cerca del dispensador de agua, en la recepción de la clínica donde hace análisis gestáltico, fue sorprendido por una joven de cabellos largos, también consultante en la misma institución, que esperaba el momento de servirse agua. De acuerdo con lo que relató más tarde, el consultante tuvo la impresión de que el movimiento de las manos de la joven solicitaba alguna cosa que él no lograba reconocer y de pronto sintió un hormiguear en el cuello, como si las palabras retumbasen en la garganta, no pudiendo salir. Fue presa de una angustia que lo condujo a una parálisis total. Su cuerpo quedó enteramente contraído, parado, con la mirada fija en un punto distante, la boca abierta, mostrando los dientes. En el momento en que llegamos, aflojamos su corbata y le pedimos que se concentrara en la respiración. Paulatinamente logramos que el movimiento de la respiración muscular se ampliase hacia los brazos, hacia la cara, hasta que, al fin, volvió a hablar. Ya en el consultorio, al narrar lo sucedido, se acordó de un acontecimiento juvenil; cuando tenía 14 años, algunos meses antes de su primer internamiento en una institución psiquiátrica. Estaba en un sarao de adolescentes, en una casa de fiestas para celebrar el cumpleaños de un primo. A media luz y al ritmo de una balada romántica, bailaba con una también adolescente, de cabellos largos, bastante osada en su modo de tocarle con las manos. El consultante no recuerda exactamente qué pasó, solo el momento siguiente, en que los primos le cercaron exigiendo los motivos por los cuales él no había "pillado" con la muchacha. Sin mucha certeza, el consultante especula frente a mí que, en aquella ocasión, tal vez los primos lo acusaran de ennegrecer la buena fama familiar, de la cual se vanagloriaban, y que hacía de ellos verdaderos "sementales de pura sangre". Recuerda solo el malestar que sintió, pues su voz no podía superar la risa de los primos. Y con aire estupefacto me pregunta: "¿Qué es ser un semental pura sangre". Pone la mano sobre el pantalón en la región genital y dice: "¿Cómo se usa esto?" El consultante sabe perfectamente bien lo que es una erección. Pero no logra reconocer lo que los primos, en el pasado, y las prostitutas, en la actualidad, "quieren" de aquel órgano. Así como no logra entender lo que las colegas de trabajo esperan que haga. Según su propio relato: "es como si ellas esperasen que yo fuese otro. ¿Pero quién?". Por el momento solo se le ocurre hacer con el cuerpo entero la imagen de un semental inmóvil. Según nuestra lectura, él alucina en el cuerpo las excitaciones lenguajeras que las insinuaciones sexuales le demandan.

BREVES CONSIDERACIONES CLÍNICAS SOBRE LAS DEMANDAS DE EXCITACIÓN LENGUAJERA: EL "CASO KAFKA"

ESTIMAMOS QUE EXISTE UNA íntima vinculación entre las alucinaciones y la presencia ostensiva de demandas en el seno de la vida familiar de los sujetos que alucinan y, por eso, son considerados esquizofrénicos. Aunque no podamos inferir la existencia de una forma típica, podemos, al menos, mencionar la gran incidencia de aquellas demandas cuya característica sociológica es la de responsabilizar al esquizofrénico del malestar de la familia (o de uno de sus miembros) ante los patrones comportamentales sociales. Sin embargo, tan o más importante que esa característica sociológica, es el hecho de que esas demandas comportan una ambigüedad fundamental: al mismo tiempo que solicitan algo de nuestro consultante, por ejemplo, que "sea gentil", se tratan de solicitudes calcadas de los valores y expectativas del demandante en relación al tercero, o sea, "hay gente mirando"; lo que claramente caracteriza una demanda de significación lenguajera. Según nuestra evaluación, es justamente esta ambigüedad la que el consultante no logra soportar, razón por la cual se ve obligado a alucinar. La alucinación, en este sentido, no es una ocurrencia aleatoria; e incluso su contenido está directamente relacionado con el tipo de objeto formulado en la demanda[29] de excitación lenguajera, a saber, un "tercero inespecífico", que no tiene identidad determinada y que, por tanto, no es un pensamiento, mas bien la "suposición" de que pueda haber algún sentido. Y he aquí en qué términos, pues, al buscar en la realidad algo que pueda satisfacer la demanda – una vez que este tercero inespecífico no se da espontáneamente al sujeto de las formaciones psicóticas –, tal sujeto elige fijarse a partes aisladas, desligadas de todos a quienes puedan pertenecer. A estas fijaciones las denominamos alucinaciones.

No es novedad alguna decir que los sujetos considerados psicóticos son, en sus contextos familiares, los "consultantes identificados" – y que la supuesta enfermedad psicótica concierne en verdad a todo el sistema familiar. La psicología familiar sistémica tiene mucha tradición en el estudio de este tema. El consultante identificado sería el eslabón débil de esta cadena (Carvalho, 2006). Pero, ¿cuál es su debilidad? En la literatura de la psicología sistémica hay más reflexiones sobre el funcionamiento, o el fracaso del proceso comunicativo familiar, que especulaciones sobre las razones que harían de determinado sujeto el eslabón débil de la cadena con problemas de comunicación. Por ejemplo, la teoría de la pragmática de la comunicación humana de Watzlawick (1967), según quien, es imposible no comunicarnos, especula que los esquizofrénicos intentarían no comunicarse, lo que les remitiría a una paradoja, a saber: incluso cuando intentan no comunicarse aun así se comunican, desencadenando un ciclo infernal, un ciclo de "juegos sin fin". La cuestión es, ¿por qué intentarían no comunicarse?

Nuestra sospecha es que la comunicación entre los familiares de los sujetos identificados como esquizofrénicos consiste en una práctica eminentemente marcada por la presencia de demandas lenguajeras, a las que éstos sujetos no logran responder. Es el caso de las demandas de responsabilización, a las que las alucinaciones son un esbozo de respuesta. Todo pasa como si alguien en la familia debiese asumir la responsabilidad por los fracasos personales, profesionales, afectivos vividos por los otros miembros de la familia. Y el sujeto responsabilizado es generalmente aquel que justamente no consigue responder a las demandas lenguajeras.

Ilustremos más nuestra hipótesis con un caso clínico. Si la madre no consigue sacar adelante su carrera como abogada, tal se debe a aquel hijo problemático, a quien debe dar su tiempo integral. Si junto al marido no consigue tener vida social, el responsable es ese hijo, que siempre que sale de la casa comienza a oír voces. Pero, ¿qué voces escucha? ¿Cuándo las escucha? En una visita a la residencia de esta familia, pudimos observar el orgullo de la madre al mostrarnos su biblioteca jurídica. Como asimismo, su molestia frente a las ironías del marido sobre el hecho de que ella nunca habría podido pagar con recursos propios la inscripción en la OAB (Orden de los Abogados de Brasil). Y cuando las señales de tensión del matrimonio comenzaban a estar fuera de control, fuimos interrumpidos por los dichos enigmáticos y repetitivos del consultante: "Mosca muerta. ¿Dónde está el proceso? Mosca muerta. ¿Dónde está el proceso?". A lo que la madre respondió intentando abrazar al hijo ya bastante alterado: "éste aquí es mi verdadero caso, el proceso que nunca logro concluir, mi abogacía", haciéndonos comprender algo sobre la función de la novela *El Proceso* de Franz Kafka, siempre presente entre los objetos traídos por el joven cuando viene a nuestro consultorio o al

CAPS. Es como si, en algunos fragmentos de frase aparentemente extraídos de la obra de Kafka, nuestro consultante se ocupase de elaborar los pedidos de la madre, que alegaba haber abandonado la abogacía para cuidar de su "verdadero caso", aunque con eso no mereciese el reconocimiento del marido, que pasaba más días en viajes de negocios que en compañía de los familiares. Por consiguiente, los 24 años del hijo no eran motivo para dejarlo solo en su cuarto, cuando ella, la madre, tenía que dormir sin compañía. Más allá de encargarse de los cuidados de la higiene genital del hijo, es como si la ambigüedad materna en el uso de los significantes demandase algo que nuestro consultante no parecía saber. Del discurso sobre la frustración con la abogacía hasta el discurso sobre la soledad conyugal, la noción de "caso" – por ejemplo – sufría una ampliación polifónica que el consultante no lograba acompañar, aunque se sintiese demandado a resolverlo, sea como compañero de sueño cuando el padre estaba ausente, sea en las horas de biblioteca al lado de la madre abogada.

Según nuestra evaluación, no hay que responsabilizar al padre, a la madre o al hijo individualmente, como si el ajuste alucinatorio tuviese su génesis en atributos personales de cada uno. Tampoco reducir el análisis del ajuste al modo de funcionamiento de la familia, al sistema de creencias y valores cambiados, o secretos omitidos. Razón por la cual, concordamos con Calligaris (1989, p. 28), según quien, cuando miramos a la familia de un psicótico tenemos la impresión que "en el discurso de sus miembros, la psicosis ya está inscrita, de forma brutal, inclusive". Esto no significa, sigue Calligaris, "que la psicosis sea el efecto de esa relación familiar". Como mucho, podemos decir que en las relaciones familiares "vemos exaltados los elementos en torno a los cuales una psicosis se estructura: la brutalidad". Es en esta brutalidad, confía Calligaris, donde el psicótico encuentra las referencias con las cuales intentará organizar lo que hasta allí no se organizó para él. Digamos que la psicosis no es un efecto social. Es un lugar social.

Sería un equívoco, no obstante, imaginar que la brutalidad fuese solo una oferta, una ocasión para que el psicótico se organice. Al final, – y ciertamente Calligaris nos acompaña en este punto –, la brutalidad también introduce una demanda. O, por otro lado, las demandas familiares de excitación lenguajera acostumbran a presentarse de modo brutal, como una suerte de violencia que intenta arrancar del sujeto demandado una comprensión sobre un tercero, generalmente encarnado en una norma o institución social. Por tanto, preferimos decir que, si la brutalidad es un medio para que el psicótico se organice, esto se debe a que ella es, en primer lugar, una demanda de organización. El psicótico se sirve de la brutalidad para mimetizar lo que ella demanda.

En fin, tal como mencionamos anteriormente, creemos que la psicosis es el esfuerzo de un sujeto para buscar una suplencia de respuesta a aquellas demandas ambiguas establecidas en el medio social. Ambiguas en cuanto que exigen, de los sujetos demandados, valores personales (del orden de la función personalidad) y excitaciones impersonales (del orden de la función *ello*). Ante estas demandas, sin embargo, es como si los sujetos (de las alucinaciones, por ejemplo) no fuesen alcanzados por las excitaciones demandadas, de suerte que la alucinación sería una tentativa de respuesta. Lo que, finalmente, enfoca nuestra atención hacia tres dimensiones copresentes con ocasión de un ajuste alucinatorio:

a hay una demanda social, ya presente en el sistema familiar, que exige de cada individuo una participación en una dimensión al mismo tiempo personal e impersonal,
b hay un fondo de excitaciones demandadas, aunque algunas excitaciones puedan no presentarse, por ejemplo, las lenguajeras (como sucede en los casos que acaban generando ajustes alucinatorios) y,
c hay un sujeto de actos que, en la ausencia de las excitaciones demandadas, crea una suplencia del ajuste, a la que denominamos alucinación.

Dicho de un modo sintético, el otro social (función personalidad) exige un " lo otro" (función *ello*) que, muchas veces, se hurta, exigiendo del cuerpo individual (función acto), una utilización alucinatoria (ajuste de llenado de fondo) de la realidad.

LAS ESTRATEGIAS DE LA FUNCIÓN ACTO FRENTE A LA AUSENCIA DE EXCITACIÓN LENGUAJERA

EN LOS CASOS EN que aparentemente hay ausencia de hábitos lenguajeros, la función acto actúa como si estuviese por llenar, por medio de alucinaciones de todo orden (auditivas, visuales, cenestésicas y verbales, como las logolalias y las ecolalias), la inexistencia de las excitaciones con las cuales podría responder al pedido del semejante en la frontera de contacto. La demanda del semejante, en la frontera de contacto, desencadena en el sujeto demandado la comprensión de que, en esa experiencia específicamente (en ese sistema *self*, particularmente), él no tiene como responder, no tiene como cesar el pedido a él dirigido. A diferencia de lo que sucedería si se ajustase de modo autista, comprende que se quiere algo de él, tiene a su disposición un fondo intercorporal que le permite comprender que está habiendo entre él y el semejante, una situación de contacto. Aun así, no dispone de parámetro para interactuar con ese pedido que, de alguna manera, solicita algo respecto de un tercero. Comprende que algo le es pedido, pero no sabe cómo dar ese algo al interlocutor, al final, ese algo es un tercero. La alternativa es hacer uso de las palabras, de los gestos, de las acciones del interlocutor, como si ellas mismas pudiesen ser el tal tercero. Pues bien, aquí, como en los ajustes autistas, la función acto está involucrada en la ausencia de una excitación que no se presentó. Sin embargo, a diferencia de los ajustes autistas, las excitaciones relativas a las experiencias intercorporales que constituyen nuestra intersubjetividad primaria (la percepción del mirar, de la voz, del gesto del semejante y así consecuentemente) están presentes. El ausente indica relación con las vivencias de contacto instituidas por el lenguaje, específicamente con las vivencias culturales en las que se busca llevar, al campo simbólico, las excitaciones primitivas originalmente vividas de manera corporal. En otras palabras, lo que no se presenta es el simbolismo en la forma en la que transformamos en "valor social" el afecto, la agresividad, la curiosidad, en fin, todo orden de experiencias hasta entonces vividas como una intersubjetividad primaria, intercorporal. O, más aun, lo que está ausente son las excitaciones lenguajeras.

Pues bien, si los hábitos lenguajeros no vienen, la función acto necesita producirlos o, lo que es la misma cosa, alucinarlos. En este sentido, es frecuente observar acciones en las que el agente de contacto parece fijarse a la realidad de modo anacrónico. Es como si él hiciese con la realidad el cuerpo del tercero exigido por la demanda del semejante. Un consultante relata su gran molestia al cruzar por donde hay hombres más viejos, dondequiera que esté. Si, por un instante, uno de esos hombres le dirige la palabra, siente su cuello hormiguear, como si la respuesta estuviese presa en la garganta. Él produce con la garganta la respuesta que no encuentra en su lenguaje, no porque no domine el idioma, o esté atacado por cualquier disturbio fonológico o cognitivo. No llega desde el fondo una representación que pueda ser repetida en aquel instante. La alternativa de la función acto, en aquel momento, es responder por medio de una alucinación sinestésica. El comportamiento que aquí – como en todos los ajustes de llenado de fondo – podemos observar parece algo desconectado, dividido, lo que podría justificar el empleo del término clásico "esquizofrenia" para designarlo. Sin duda, la fenomenología clásica de los comportamientos esquizofrénicos nos ayuda a comprender ciertas características típicas, que juzgamos constitutivas de estos ajustes, especialmente, la respuesta simbólica y la residual. Sin embargo, para no correr el riesgo de ver confundidos los ajustes de búsqueda y los cuadros psiquiátricos de esquizofrenia, optamos por denominar los ajustes de llenado de la siguiente forma: alucinación simbólica (también conocida como paranoide) y alucinación residual (o catatónica). Al final, más que la supuesta "división", es la presencia de la alucinación lo que da especialidad a los ajustes de llenado.

ALUCINACIÓN SIMBÓLICA (O PARANOIDE)

En el caso de la alucinación (o esquizofrenia) simbólica, lo que fundamentalmente caracteriza la acción de la función acto es la ostensiva tentativa de utilización del dato en la frontera como un medio para llenar la ausencia de la excitación lenguajera que no se presentó. Este dato, la mayoría de las veces, es el propio cuerpo en el cual se verifica la presencia de una función acto. Ésta usa el cuerpo (el propio y el del semejante) para hacer las veces de aquellas formas (o hábitos) que se ocupan de un tercero más allá del interlocutor. Así, el cuerpo es empleado para representar un "extraño", el extraño que el interlocutor demandante parece reivindicar.

En los contextos en los que verificamos la presencia de alucinaciones simbólicas, el cuerpo (objeto de la alucinación simbólica) asume aires de signo, signo bruto, sin significado. Asume el valor de un cuerpo-palabra, tal como en aquel episodio en el que, frente a una chimenea, después de oír del amigo que la pasión quema como las llamas, nuestro consultante puso su mano en el fuego, como si así pudiese dar muestras de entendimiento. O, entonces, después de leer un testimonio en el Orkut dejado por una amiga virtual diciendo que a ella le gustaría siempre estar cerca de su corazón, nuestro consultante arrancó la tarjeta de memoria del computador para llevarla en el bolsillo izquierdo de la camisa.

La reacción inmediata a las demandas sociales, sin embargo, está precedida por el uso del cuerpo para hacer eco. Es el caso de las ecolalias, logolalias y todas las formas de repetición, por medio de las cuales la función acto, en estos ajustes, hace un duplicado de los semejantes en el lazo social. En las ecolalias, el ajuste consiste en hacer de la pregunta la propia respuesta a la demanda de excitación transmitida por el demandante. En las logolalias, los consultantes suelen repetir una representación social asimilada (en cuanto función personalidad) en otra ocasión, como si ésta pudiese satisfacer la demanda de excitación implícita o explícita en el lenguaje del interlocutor. Las alucinaciones producidas a partir del cuerpo parecen ofrecer, en este tipo de ajuste, una suerte de satisfacción, porque detienen, por un instante, la demanda simbólica que viene del semejante.

ALUCINACIÓN RESIDUAL (O CATATÓNICA)
Esta alucinación es un desdoblamiento de la esquizofrenia simbólica. Configurándose como un ajuste en el que la función acto, en vez de continuar produciendo nuevas alucinaciones que puedan detener las demandas sociales en la frontera de contacto, busca en ese momento fijarse a aquellas ya producidas. Se trata de una cronificación de las alucinaciones simbólicas, que quedan parcialmente fijadas como un aprendizaje social, cual función personalidad.

La fijación de la función acto a las alucinaciones corporales ya establecidas es la forma típica de este tipo de alucinación (o esquizofrenia). Si, en la simbólica, el cuerpo era, simultáneamente, un cuerpo-palabra, ahora éste aparece como un resto de palabra, un vestigio de una alucinación que otrora tal vez habría funcionado. De esta manera, testificamos en la actualidad de las relaciones intersubjetivas, comportamientos repetitivos, como si fuesen rituales. En verdad, se trata de recursos que, alguna vez, obtuvieron algún éxito. Pero que, después, fueron perdiendo su consistencia, volviéndose representaciones débiles, desprovistas de características que permitiesen una interacción social mínima. En otras palabras, son representaciones que permanecerán solo como vestigio de un contenido remoto; y no como una forma, como un hábito, que pudiese ser retomado como fondo de nuevas creaciones. Es por esto, por lo que observamos, en el transcurso de los años, un deterioro de las alucinaciones, que quedan reducidas a un contenido mínimo, a un gesto mínimo.

Ese deterioro se agrava hasta el punto de alcanzar el ostracismo, el desistimiento o abandono de la palabra-cuerpo. En estos casos, el embotamiento y el aislamiento social son constantes. El cuadro evoluciona hacia un estado de mutismo, que se asemeja mucho al mutismo del autismo. Pero, a diferencia de éste, en el que no hay respuesta a los pedidos elementales constituidos en el campo de nuestra intersubjetividad primaria (mirar, gestualidad...); el mutismo de las alucinaciones es siempre una deliberación, una respuesta a los pedidos sociales. La función acto efectivamente delibera a favor del aislamiento y del mutismo, razón por la cual empleamos el término "mutismo secundario" para designarlo.

INTERVENCIÓN

EL SENTIDO GENERAL DE la intervención en ajustes de llenado, tiene siempre dos direcciones elementales. La primera consiste en la acogida al ajuste propiamente dicho, que es la alucinación, a fín de que pueda ser movida de la condición de lenguaje, privada, a la condición de "juego", forma lúdica de socialización. La segunda dirección consiste en la escucha e identificación de las demandas que podrían estar exigiendo tales ajustes. Lo que lleva al profesional a un trabajo con la red social, especialmente con la familia con la que el consultante vive. La idea, es, además de la neutralización de las demandas, la enseñanza de estrategias de intervención que promuevan la inclusión lúdica de las alucinaciones.

INTERVENCIÓN EN EL AJUSTE PROPIAMENTE DICHO
Existen muchos tipos de alucinaciones, como vimos. Todas ellas son producciones del consultante con el objetivo de llenar, con fragmentos de realidad, la ausencia de las excitaciones lenguajeras demandadas por los semejantes. La realidad es tomada como si fuese la excitación. Sin embargo, eso no quiere decir que el

sujeto de la alucinación ejerza un control activo de la realidad. Él la elige como representante de la excitación. Pero no la transforma de modo que constituya un objeto que pueda ser compartido socialmente, como en el caso de los delirios y de las identificaciones activas, que veremos un poco más adelante. Paradójicamente, en las alucinaciones, el consultante se mantiene pasivo frente a la realidad, limitándose a nombrarla como algo inusitado que no tiene fuerza para cambiar. Con todo, en tanto que ese inusitado está fijamente señalado en la realidad, no puede valer, de hecho, como inusitado, al menos para aquellos que lo esperan como algo más allá de la realidad. Pues bien, la intervención terapéutica, cuando se está en presencia de una alucinación, consiste en colaborar para que la función acto en el consultante pueda sustentar esta producción, al menos mientras no haya condiciones para localizar en el campo la demanda que la exigiría. El clínico, en este momento, "presta" su percepción y su lenguaje para que los consultantes puedan, en un primer momento, apropiarse de las formas con las cuales crean respuestas. Se trata de un trabajo de puntuación de los movimientos, repeticiones, logolalias, en fin, de cualesquiera alucinaciones que estén siendo producidas. La idea es ampliar esas alucinaciones y tratarlas como si fuesen un "juego", una "actividad" en la cual el propio terapeuta pueda participar. Un consultante, por ejemplo, siempre que los colegas del CAPS insistían para que parase de caminar, se sentaba a la mesa de actividades y comenzaba a balancear las manos. La impresión que teníamos era la de que él intentaba participar en las conversaciones, apenas con las manos. Fue entonces cuando tomamos la decisión de colocar, un día, un lápiz entre sus dedos. Paró, miró fijamente el lápiz, y nos pidió una "hoja". Continuó moviendo las manos, pero como si escribiese. Y guardábamos cada producción, sin atrevernos a decir nada. Con el pasar de los meses, fue paulatinamente transformándose en un sujeto más hablador, aunque no todas sus palabras perteneciesen a nuestro idioma. Creemos que esa estrategia no solo validó la función acto en el consultante sino que amplió enormemente la capacidad de contrato social de los ajustes que producía. De donde inferimos que, en ninguna hipótesis, debemos descalificar, o incluso interpretar, la alucinación producida como si tuviese un sentido, algo por descubrir. Al contrario, es necesario percibir que la alucinación es indicio de la autonomía de la función acto del consultante, autonomía ésta que debe ser apoyada, protegida y, en la medida de lo posible, ampliada. Al final, no se sabe exactamente cuál es la demanda que la exige.

La intervención en las alucinaciones residuales no es diferente de la recomendada en el caso de los ajustes alucinatorios simbólicos. Valen las mismas orientaciones. El trabajo consiste en la ampliación del vigor creativo de la función acto en el consultante. Aquí, no obstante, el clínico dispone de un fragmento de simbolización, lo que justifica, no una interpretación, sino una suerte de trabajo "arqueológico", como si la alucinación original pudiese ser rescatada. Este trabajo es importante en la medida en que puede favorecer la validación de los ajustes anteriores. Todo pasa como si, al prestar su "memoria" al consultante, el terapeuta favoreciese la transformación de la alucinación en juego y, en este sentido, en producción social.

INTERVENCIÓN CON LOS FAMILIARES Y CON EL MEDIO SOCIAL EN QUE VIVE EL CONSULTANTE

El clínico, sin embargo, no debe atenerse solo a la formación alucinatoria en cuanto tal. Más allá de ella, necesita poder localizar de donde vienen las demandas que la exigen. No siendo imposible que la propia alucinación, a veces, ofrezca algún indicio de cuál pueda ser la demanda. Pero eso no es muy frecuente. Si la rigidez muscular del consultante frente a la joven de cabellos largos en la recepción de la clínica, en parte recuerda al "pura sangre" demandado por los primos años antes, ésta es una asociación que hacemos *a posteriori*, después de todo el trabajo de desplazamiento de la alucinación hacia un discurso – en el caso en cuestión, hacia un discurso recordatorio (que muy bien podría ser un delirio). En otras palabras, la asociación entre la parálisis muscular y el decir de los primos sobre el linaje sexual de la familia, fue construida con la ayuda del clínico. De un modo general, la demanda no está expresada en la respuesta alucinatoria. Es necesario que el clínico mire alrededor, se acerque a las variables que intervienen en aquel campo, hasta localizar la persona u objeto cuya presencia, mención o memoria, recrudece la formación alucinatoria. En ese momento, tal vez, haya encontrado la demanda. Y es, entonces, cuando se inicia la segunda etapa de intervención en los ajustes de llenado alucinatorio.

Esta etapa consiste en la neutralización de la demanda, buscando favorecer el desplazamiento de la alucinación hacia el "juego". El clínico trabaja en el sentido de neutralizar al agente demandante. De un modo general, tal significa orientar a los demandantes para que se den cuenta de la ambigüedad en sus posturas y dichos. Este trabajo conlleva:

a   aclarar qué es una demanda por excitación y en qué se distingue de una demanda por inteligencia social,
b   aclarar qué es una alucinación y en qué medida estabiliza al consultante,
c   informar sobre cómo se puede manejar la alucinación con el objetivo de trasladarla al campo de juego,
d   y, sobre todo, auxiliar a los familiares en el reconocimiento de todas las demandas que, en la actualidad de la situación, estén dirigiendo al sujeto que alucina.

Esta etapa del trabajo de intervención también puede incluir el alejamiento o separación entre el consultante y el agente demandante (frecuentemente algún familiar, amigo próximo o, incluso un colega, por ejemplo), sobre todo en las situaciones en que el carácter ostensivo de las demandas implique riesgo de imposición capaz de llevar al consultante al brote. La separación, de una manera general, equivale a la introducción de un tercero, de una persona que pueda hacer mediación entre el demandante y el consultante. No se trata de introducir al representante de la figura paterna – según la primera formulación clínica de Lacan – que pudiese descifrar para el consultante las demandas para las que no encuentra respuesta, lo que podría representar para él una nueva demanda; al final, al pedido de los familiares se sumaría la expectativa del clínico acerca de la comprensión que el consultante pueda tener de lo ocurrido. Al contrario, la inclusión del tercero significa la elección de alguien que pueda representar al tercero demandado, como si la presencia de éste satisficiera a los demandantes, haciendo cesar la presión sobre los consultantes. En estos casos, es como si el tercero (que puede ser el propio clínico, o preferentemente un acompañante terapéutico – AT) pudiese hacer las veces de la excitación demandada.

Pero no está descartada la hipótesis de que, algunas veces, el alejamiento físico entre los familiares y el consultante sea necesario. El ideal es que el AT pueda llevar al consultante hacia una actividad fuera del recinto, como por ejemplo, a una taller de artes en un CAPS I y II, o a un CAPS III, el cual, por disponer de camas y de un equipo permanente, viabiliza el alojamiento del consultante[30]. Después de algunas horas, o turno de actividades, es posible que la demanda ya no perturbe más al consultante (si en el CAPS no encuentra otras demandas por excitación, lo que podría agravar el cuadro). Ya el internamiento es una medida muy drástica y cuestionable, una vez que siempre somete al consultante a las demandas institucionales y, frecuentemente, a imposiciones que provocan brote. Sin embargo, cuando no haya posibilidad de aislamiento entre el consultante y el medio que lo amenaza, el internamiento en residencias terapéuticas o en un CAPS III puede ser entendida como oferta de seguridad. Es importante, incluso ahí, que el AT o el clínico continúe acompañando al consultante, buscando acortar la permanencia del consultante fuera de su casa y, principalmente, el mantenimiento de una vinculación entre el consultante y el ambiente de donde vino. Además, por más ágiles que sean los profesionales del CAPS, no consiguen acompañar tan de cerca los desarrollos de las intervenciones, especialmente aquellos que tienen lugar en el contexto familiar. Aquí, una vez más, vale recordar la importancia de pensar en una atención ampliada, en una clínica ampliada, como sugiere Silva (2007), que facultase al profesional (generalmente un AT), más que a sacar al consultante de su medio, a participar de las situaciones cotidianas en las que se hiciesen necesarias maniobras de desplazamiento (de las demandas y de las respuestas alucinatorias).

DESAFÍOS EN LA INTERVENCIÓN EN AJUSTES DE LLENADO

EN NUESTRA CLÍNICA SUELEN producirse las siguientes preguntas: ¿hasta qué punto el clínico debe simplemente proteger al consultante de las demandas por excitación? ¿No podría el clínico trabajar en el sentido de provocar, en un contexto seguro, el surgimiento de la excitación? ¿no podría demandar él? ¿Pero eso no va contra toda la orientación ética asumida hasta este punto?

Estamos obligados a confesar que con cada nuevo consultante, por no decir en cada nueva sesión, entramos en crisis con las posiciones teóricas y las orientaciones éticas asumidas hasta aquel momento. Nada que no pudiese esperarse en función de la forma en que nos servimos de la teoría: como marco diferencial que nos ayuda a postular la diferencia entre lo ya elaborado y lo sorprendente. Sin embargo, ante un acontecimiento, tenemos que tomar una decisión. Y si el éxito siempre acompañó a las intervenciones en las que suspendimos cualquier tipo de demanda dirigida a los consultantes que aparentemente alucinaban, en otras situaciones, ese exceso de prudencia parecía equivocado. Al final, algunas veces, lo que juzgábamos como una alucinación no parecía ser una suplencia de respuesta a la demanda por excitación lenguajera. Parecía, más bien, la presencia rudimentaria de la excitación. ¿Qué sucedió? ¿La consultante pasó de un momento más insensible a un momento más sensible a las excitaciones lenguajeras?

No podemos monitorear todas las variables que pueden interferir en el comportamiento de nuestra consultante. Luego, no podemos decir a ciencia cierta si aconteció o no algo que justificase nuestra impresión de cambio. Apenas decir que, en la relación con nosotros, es como si ella hubiese comenzado a operar con las excitaciones que antes no le ocurrían. Es cierto que todavía no lograba éxito en la formulación de un deseo. Todo pasaba como si el mirar de los colegas en las asambleas del CAPS la incumbiese y la hiciese vibrar. Pero no sabía bien como operar con ello. ¿Sería ya un ajuste de articulación? Aparentemente no, pues no estaba perdida entre muchas excitaciones – como veremos más adelante, cuando estudiemos los ajustes de articulación. Ella estaba, sí, envuelta en "una" excitación, aunque le faltase el tino para transformarla en un deseo, en una fantasía. Le preguntamos (autorizándonos para demandar) si no había hecho ninguna tentativa de aproximación en relación a aquellos que la miraban, especialmente uno, por quien mostraba evidente preferencia. Ella respondió diciendo que, cada vez que ensayaba decir algo más "íntimo", se veía perturbada por las voces, que la insultaban como si no tuviese el derecho de importunar al joven; al final, él también oía voces. Hasta el día en que nos sorprendió diciendo lo siguiente: "si al menos tú estuvieses allí, tal vez yo tendría coraje". ¿Qué es lo que la consultante quería decir con eso? ¿Qué necesitaba ella de un intermediario, hecho metáfora del padre? ¿o qué parte éramos de una construcción maniaca, por cuyo medio se fijaría nuevamente en un cuerpo (en este caso, el nuestro) que la dispensaría de desear? o, ¿sería que necesitaba al clínico como alguien que encarnase la ambigüedad de la situación, como un tercero por medio del cual pudiese distinguir entre las excitaciones motoras y las excitaciones lenguajeras?

El joven por quien ella se interesó era también consultante nuestro. Se trataba de nuestro lector de Kafka. Y él también ya había notado la mirada atenta de la joven. Pero no decía nada que pudiese insinuar algún deseo por ella. Y aunque no tuviésemos certeza sobre los efectos que podríamos provocar, tomamos la decisión de hacer una maniobra radical en el tratamiento de ambos consultantes. Les sugerimos que se encontrasen en la sesión clínica de alguno de los dos. El joven nos dijo que le gustaba la idea; prefería ir a la sesión de ella. A lo que la consultante reaccionó con mucho entusiasmo, lo que prácticamente nos aseguró que lo estaba deseando. La sesión, al fin, aconteció. Cada cual preguntaba al otro directamente: "¿Cómo me ves tú? ¿Qué te dicen las voces? ¿Ya besaste?..." Lo curioso fue que, para oír las respuestas, me miraban fijamente a mí, el clínico, como si yo debiese constatar lo que cada frase respondida quería decir. Tenía la impresión de que mi cuerpo era como una caja de resonancia: no necesitaba decir nada, apenas permitir ser mirado. Cuando intervenía, preguntando a uno de ellos si había entendido la respuesta emitida por el otro, inmediatamente se desinteresaban de mí y hacían entre sí nuevas preguntas. Entendí que mi silencio en aquel momento era la mampara que necesitaban para conseguir diferenciar la realidad de la excitación o, conforme a nuestra hipótesis, la excitación motora (con la cual operaban vivamente por medio de preguntas) de la excitación lenguajera (que buscaban en mis reacciones).

La experiencia tuvo muchos efectos en la vida de la muchacha. La relación con su cuerpo, su sociabilidad, principalmente su relación con la hermana mayor, dieron saltos de calidad increíbles. Por fin, ahora tenía cosas que confiar acerca de un tercero. Conforme al relato de los padres: "es como si, de repente, la adolescente que nunca fue hubiese surgido". Y quedamos exultantes con la posibilidad de pensar que, en algún momento del tratamiento, los esquizofrénicos pudiesen, por fin, ser atravesados por excitaciones lenguajeras, hasta el punto de transformarse en sujetos deseadores. ¿Sería una sanación? Pero nuestra alegría no duro mucho. Incluso habiendo conseguido invitar a la joven a una sesión de cine, el muchacho no soportó la interferencia de la madre, abogada, que lo esperaba en la salida, acompañada de una amiga. "¿Qué quería mi madre que yo dijese a aquella mujer?", preguntó el consultante en una sesión que hizo con nosotros algunos días después. Incluso nos confió que, después de haber sido sorprendido por la madre y la amiga de ella, comenzó a oír voces extrañas, que amenazaban con matar a los "mitschs". Imaginamos que esa entidad sería una nueva alucinación en respuesta a las demandas de la madre respecto a la relación. Y no importa a qué demandas fuera sometido nuestro consultante por la madre; la responsabilidad del fracaso fue enteramente nuestra, como siempre. Finalmente, deberíamos haber instruido a la madre sobre la necesidad de que también ella actuase como nosotros, haciéndose caja de resonancia muda.

Algunas semanas después, el consultante nos preguntó que podría hacer para atenuar la fuerza de las voces. Y, una vez más, fallamos, al sugerir que se quedase callado. Permaneció así cuatro largos meses. La madre-abogada no soportó este silencio. Decidió "subdelegar" el tratamiento a un psiquiatra, que prometió sacarlo de este embotamiento profundo con medicamentos de última generación y un moderno tratamiento de electroconvulsoterapia. Como todo iba de mal en peor, la madre-abogada nos recondujo el caso. Solicitó nuestra ayuda para sacarlo del internamiento, donde permanecía callado, con el agravante de que era mantenido doblemente amarrado: por las cuerdas y por las visitas diarias de la madre. En el vestíbulo de la institución la madre-abogada nos confió algo que hizo toda la diferencia: "sabes que mi hijo dijo a un amigo lo siguiente: 'aquella chica no era mi tipo'". Llamó nuestra atención el hecho de que la madre repetía la supuesta frase del hijo en primera persona. Comenzamos a sospechar que, tal vez, no fuese una frase de nuestro consultante kafkiano. Y comprendimos algo sobre por qué, meses antes, nos había dicho que los "mitschs" corrían riesgo de morir. No habíamos percibido que el nombre de la familia de la joven correspondía a la inversión de las sílabas de estas entidades: "Schmit". Después de algunas semanas comunicándose con nosotros apenas por medio de los alimentos que aceptaba que le diésemos y que gustaba de compartir con nosotros – lo que nos dio la seguridad de que autorizaba nuestra presencia –, comenzó a hablar. Sus primeras palabras: "yo no podía decirle que mi madre no la quería. Ella moriría". Algunas semanas después él nos confió: sabes que, al fin, morimos todos. Hechos moscas. ¡No quiero saber más del Ca(p)stillo! (risas). Perdí el proceso". Hasta hoy nunca más volvió. Cuando tiene un brote, su madre nos llama. Pero nuestra presencia le amenaza. En contrapartida, para aumentar nuestra confusión, la chica trae constantemente a las sesiones la fantasía sobre el fin de esta relación, producida por nuestra intermediación. Recuerda cada detalle. Pero, se dice convencida de la imposibilidad de llevarla adelante. Y todavía no estamos seguros si es el caso de arriesgarnos con demandas por excitación lenguajera o no.

Lo que juzgamos haber alcanzado como definitivo, se relaciona con la importancia de incluir a la red social del consultante en el tratamiento de los ajustes de búsqueda. La construcción colectiva de un entendimiento sobre lo que es un ajuste, la transmisión de técnicas de intervención a los familiares, así como la discusión ampliada a la red social, de los desdoblamientos del tratamiento, son construcciones que no solo atenúan el sufrimiento en torno a los síntomas del consultante, sino también amplían la operatividad social de este. Las diferentes producciones de los consultantes pasan a merecer una atención mucho más cualificada de lo que los clínicos y los profesionales de la salud podrían ofrecer. Además, esa colaboración de los profesionales y de la red social permite el establecimiento de un patrón crítico sobre el éxito del tratamiento – como desearía Foucault (1963). Sobre todo, tal colaboración constituye un terreno fértil para la creación de nuevas estrategias de tratamiento, como manera de beneficiar la clínica como un todo.

4. Ajuste de articulación de fondo

DISCURSO ARTICULATORIO

Nuestra hipótesis para comprender el mutismo y la alucinación fue conjeturar la ausencia de algo exigido en el medio social, precisamente, las excitaciones. Mientras que en las respuestas mutistas la estrategia era el aislamiento en relación a las demandas, en las alucinatorias, todo pasaba como si la propia realidad pudiese ser utilizada como semblante de respuesta, respuesta a las demandas de afección relacionadas con un tercero ausente. A diferencia del primer caso, en el segundo, es como si la función acto buscase responder, aunque se trate de una pseudorespuesta, al menos en los casos en que la demanda era por excitación lenguajera (una vez que los hábitos motores estaban aparentemente disponibles). Sin embargo, aun así, la respuesta alucinatoria tenía una sociabilidad limitada. Aunque se tratase de una respuesta vinculada a algún aspecto de la realidad (voz, eco, logos, repetitivo, movimiento...), no vehiculaba ninguna nueva interrogación, como acostumbramos a observar en los diálogos con personas que, por ejemplo, establecen con nosotros un ajuste evitativo (o neurótico). En esos contextos se introduce, en cada respuesta, una expectativa de continuidad, como si hubiese todavía algo por decir, sea por parte del interlocutor, sea por parte del propio hablante. Y ya sabemos que esa diferencia se debe al hecho de que, en las alucinaciones, la preocupación no consiste en operar con las excitaciones lenguajeras (incluso porque están ausentes), sino apenas mimetizarlas. La operación (o repetición) de las excitaciones en forma de nuevas demandas es un proceso más complejo, que implica la apertura de un horizonte presuntivo, al que llamamos deseo. Es el que sustenta el diálogo, independientemente de los contenidos semánticos (o representaciones sociales) que estén siendo compartidos por los interlocutores; tal cual la conversación en una mesa de bar: cuando hay deseo, no importa mucho el asunto, siempre que nos mantengamos conversando. Pero, ¿qué sucede cuando algunas personas hablan demasiado, a tal punto que perdemos el interés por lo que hablan? ¿Qué sucede cuando los contenidos semánticos, los asuntos propiamente dichos, se vuelven más importantes que el propio decir? ¿Qué pasa cuando algunos de esos contenidos fragmentan la comunicación? ¿O fijan a nuestro interlocutor en un determinado contexto semántico, como si nada más lo hiciera cambiar, en fin, desear?

Sin duda, siempre podemos recordar que estos recursos pueden estar relacionados con la forma evitativa en que cierta función acto opera en el campo relacional. Tal función puede estar intentando desentenderse de desear, dado que se siente amenazada por algo que ni ella misma sabe de qué se trata. En todo momento, se mantiene vigilante en cuanto a los deseos que puedan acometerla. Todavía, en ese caso, siempre somos solicitados por ella para desear en su lugar; nos sentimos manipulados para ejercer, solos, algo que también podríamos esperar de ella. Lo que no es el caso de las personas que describimos en el párrafo anterior. En cuyo caso, si hablan demasiado, fragmentan la comunicación, o se fijan en determinado asunto, no es porque soliciten que deseemos por ellas. Ante ellas no nos sentimos exactamente manipulados para privarlas de desear, prestándoles nuestros deseos. Al contrario, la impresión que tenemos es que se fijan a la realidad para que no haya deseo. No se aíslan del medio social, como hacen los autistas, tampoco se fijan a fragmentos de la realidad, como hacen los esquizofrénicos. En vez de eso, circulan por contenidos semánticos amplios, respondiendo a las demandas de excitación, como si comprendieran que estuviera siendo abierto un horizonte de deseo – lo que los diferencia de los autistas de Asperger, por ejemplo. Solo que sus respuestas no demandan otras excitaciones, no dan continuidad a lo "interesante" que pueda haber más allá de los contenidos semánticos, como si el dominio que tuviesen del asunto, la forma prolija como se comunican, o la evidente falta de interés, impidiese la posición del interlocutor. No se trata de un fastidioso – lo cual tiene más relación con los comportamientos de manipulación típicos de los ajustes evitativos –, sino de alguien cuya "capacidad de articulación de los contenidos de la realidad" causa en el interlocutor un extrañamiento del orden del espanto. Lo que, en fin, nos llevó a conjeturar la existencia de un tipo de ajuste creador al que denominamos "de articulación". A veces, en forma de delirio, otras, en forma de identificación con la realidad, los ajustes de articulación comprenderían una amplia gama de ajustes de búsqueda, de búsqueda de suplencia de las respuestas demandadas por los interlocutores en el lazo social; específicamente, de las respuestas que tuviesen relación con los deseos. O, lo que es lo mismo, que los delirios y las identificaciones serían creaciones cuyo propósito tendría relación con la suplencia de los deseos, en forma el medio social esperaría que yo operase con las excitaciones. Pues bien, ¿qué los motivaría, cuál es la génesis de estos modos de ajuste?

GÉNESIS DE LOS AJUSTES DE ARTICULACIÓN: LAS EXCITACIONES AL POR MAYOR Y LA SUPLENCIA DEL HORIZONTE DE DESEO

TAL COMO MENCIONAMOS EN nuestra discusión sobre la hipótesis rectora para comprender la psicosis como ajuste creador, nosotros creemos que el exceso de excitaciones también podría ser catalogado como motivo posible para la producción de respuestas psicóticas, específicamente delirantes e identificadoras. Pero, ¿qué nos faculta para afirmar que alguien estaría acometido por un exceso de excitaciones? ¿cómo esa mayor presencia se dejaría notar?

No creemos que sea posible decir a ciencia cierta si alguien es alcanzado por un exceso de excitaciones. Se trata aquí de una hipótesis cuyo objetivo es ensayar una estrategia de intervención que facilite al sujeto de actos delirantes e identificadores un espacio de emancipación que le valga, a él mismo y a sus familiares, como posibilidad de ampliación de su "contratabilidad" social. Nuestra motivación al afirmar que hay en tales sujetos un exceso de excitaciones, está relacionada con la observación del medio social en que viven, cuya característica dominante, en el momento en que los actos delirantes e identificadores estén sucediendo, es la presencia ostensiva de variados tipos de demandas. En otras palabras, en los contextos en que observamos actos delirantes e identificadores siempre encontramos demandas diversas, cuya satisfacción implica un grado de dificultad elevado, de donde inferimos que estos actos puedan ser formas de suplencia de las respuestas exigidas.

Pero si la cantidad de demandas fuese así tan amenazadora, ¿Por qué los sujetos de acto no intentarían aislarse, como los autistas? No pensamos que esté descartada la alternativa del aislamiento. Pero, a diferencia de los autistas, tenemos la impresión de que los sujetos de actos, esta vez, tienen a su disposición las excitaciones. Sin embargo, dado que las demandas no dan tregua, presentándose todas ellas con el mismo grado de insistencia, la cantidad de excitaciones amenaza a la función acto demandada. Esta no consigue "dejarse llevar" por una de ellas, no consigue decidirse por la adhesión pasiva a una de estas excitaciones, adhesión ésta que es condición para que él pueda dar continuidad al flujo de demandas, lo que caracteriza la experiencia de la creación o el deseo.

Dicho de otra manera, frente a la abundancia de excitaciones desencadenadas por el exceso de demandas, es como si la función acto no consiguiese decidirse por una, como si no consiguiese ejercer la pasividad característica de aquellos que se enredan en una cadena de demandas o, simplemente, en una experiencia deseadora. Son muchas vías o posibilidades al mismo tiempo. Y nuestra hipótesis es que ninguna de ellas da tregua. De donde inferimos que la función acto pueda querer una vez más fijarse a la realidad.

Esta vez, sin embargo, la realidad no es utilizada para sustituir las excitaciones. Al final, ellas están copresentes (y en exceso). La realidad es utilizada para sustituir el flujo de demandas que pueda abrirse a partir de alguna excitación. O, entonces, la realidad es utilizada para hacer la suplencia del horizonte de deseos que el interlocutor espera que el sujeto de actos pueda crear más allá de la excitación disponible.

La realidad, en este sentido, es utilizada como si ella misma fuese un objeto de deseo, o esa totalidad indeterminada más allá de los objetos de la realidad. O, incluso, la función acto articula los objetos de la realidad entre sí, como si esa articulación hiciese las veces de la indeterminación que caracteriza a los objetos del deseo. Pero, como tal articulación no consigue trascender la esfera de los objetos de la realidad, de hecho, no hay indeterminación. No hay lugar para la duda, para la curiosidad o interés del interlocutor. Todo queda estrechamente determinado por el uso que la función acto hace de los objetos de la realidad, como si el deseo no existiese. Y, tal vez, fuese aquí el caso preguntar: ¿Cuál es la característica de ese uso de la realidad típico de los ajustes de articulación? ¿En qué son diferentes de los usos alucinatorios de los ajustes de llenado?

DIFERENCIA ENTRE ALUCINACIÓN Y DELIRIO

TAL COMO YA MENCIONAMOS más arriba, los ajustes delirantes son diferentes de los ajustes alucinatorios. Y la diferencia se relaciona, esencialmente, con el modo en que la realidad es utilizada en un caso y en otro.

En los ajustes alucinatorios, la función acto utiliza fragmentos de la realidad. No se sirve de los objetos en cuanto totalidades determinadas, o de las relaciones complejas que los objetos tienen con otras partes de la realidad. Al contrario, en las alucinaciones, la función acto escoge una pequeña parte, elección que es fundamental para que se pueda crear la impresión de una excitación. Al final, las excitaciones no tienen sentido, tal como partes desvinculadas de sus todos. No se trata, en este sentido, de una falsa fe o falsa percepción y, si, una fijación a un fragmento de la realidad, el cual, por ser un fragmento, impone una impresión de "incompletitud", tal cual en las excitaciones. Pero este recurso – conforme dijimos más arriba – no convence a los interlocutores (que desean excitaciones). Para los interlocutores, la fijación del sujeto a algunos sonidos, imágenes, palabras, movimientos o pensamientos (utilizados de forma repetida, independientemente del contexto), no logra formular un discurso que pueda ser compartido (en el campo de la función personalidad), tampoco abre un horizonte de expectativas más allá de la realidad. En otras palabras, la fijación a fragmentos de realidad no caracteriza objetos que puedan ser discutidos en el campo de la inteligencia social. Tampoco caracteriza excitaciones, una vez que los demandantes saben que las excitaciones no pueden ser localizadas, sea en objetos de la realidad o en fragmentos de ella, como quiere el sujeto que alucina. Desde el punto de vista de los demandantes, la fijación del sujeto de actos psicóticos en las partes aisladas de la realidad, da la impresión de que éste no goza de autonomía, como si fuese atacado por algo que verdaderamente se impone a él, aunque no se trate de una excitación. De donde se sigue la impresión de que, en las alucinaciones, los sujetos de acto son "pasivos" a sus propias creaciones. Y es exactamente esta pasividad de los sujetos de actos a sus propias producciones alucinatorias aquello que más significativamente permite establecer una distinción en relación a los delirios y a las formaciones identificadoras.

En los ajustes de articulación, a su vez, los actos delirantes e identificadores toman los objetos de la realidad como un todo. Más que eso, establecen conexiones complejas entre los diversos objetos, como si los dominasen completamente; originando la impresión de que los sujetos de actos delirantes e identificadores son personas activas en relación a la realidad. Mientras los que alucinan parecen rehenes de las voces o demás producciones con las cuales intentan responder a las demandas por excitación, las personas cuando deliran o producen identificaciones diversas se muestran dueñas de aquello que pasa en la realidad; aunque también aquí, como en el caso de las alucinaciones, los interlocutores no sienten que la realidad esté siendo utilizada de modo fluido. Dicho de otra forma, también en el campo de la utilización delirante o identificadora de la realidad, los interlocutores (interesados en servirse de las excitaciones para sobrepasar la realidad) no se sienten contemplados, una vez que los sujetos de aquel uso confinan a sus interlocutores en una red de relaciones objetales cerrada, sobre la cual tienen poder, independientemente de las intervenciones ajenas. Las diferentes relaciones creadas en la realidad no abren un horizonte virtual, un dominio de trascendencia junto al cual pudiésemos instituir nuevas demandas, nuevas expectativas. La utilización "delirante" e "identificadora" que los sujetos hacen de la realidad no abre espacio para lo sorprendente, como si todo ya estuviese establecido en el campo de una certeza impenetrable, en el que los sujetos psicóticos se sienten seguros. La realidad se vuelve, en sí misma, una metáfora de deseo, como si cada conexión entre objetos tuviese un carácter fantástico.

De todos modos, aunque sean de naturaleza muy diferente, las alucinaciones y los delirios, ambos son formas de lidiar con las demandas de excitación. Dado que en las alucinaciones la realidad es utilizada como si impusiese algo al sujeto, podemos deducir que allí no hay excitación, apenas una imitación de ellas. Ya en los delirios, teniendo en cuenta que la realidad es utilizada como si en ella ya estuviese contenido todo lo que podríamos esperar, podemos deducir que haya excitaciones demás, para las que la realidad parece ser la mejor articulación. Pero, ¿de qué modo, exactamente, la función acto articula la realidad supliendo los deseos que no puede escoger o a los que no puede entregarse?

LA DOBLE ESTRATEGIA DE LA FUNCIÓN ACTO
FRENTE AL EXCESO DE EXCITACIONES

PARA ARTICULAR LA REALIDAD sustituyendo los objetos de deseo (que pudiesen reunir en una síntesis presuntiva las excitaciones disponibles), el sujeto demandado puede establecer diferentes estrategias. Nuestra modesta experiencia de acompañamiento a consultantes que, con frecuencia, producen delirios e identificaciones, indica dos estrategias principales, que, además, van al encuentro de los estudios clásicos de la tradición psiquiátrica fenomenológica y del psicoanálisis. Por un lado, está la estrategia que consiste en articular los datos de la realidad, como si tal articulación contuviese en ella misma la virtualidad deseada por los interlocutores. Lo "interesante" buscado por los demandantes estaría realizado en los objetos de la realidad o, más precisamente, en las asociaciones y disociaciones que el sujeto de actos delirantes propondría respecto al entorno. Tales asociaciones y disociaciones, sin embargo, nunca lograrían incluir al demandante y, por consiguiente, jamás abrirían verdaderamente un horizonte de deseo. Se trataría de creaciones cerradas a la intervención del semejante, limitadas a la lógica asociativa elegida por el sujeto de los actos delirantes. Por otro lado, está la estrategia que consiste en compartir, con alguien o con algún objeto, el trabajo de articulación de la realidad, como si ese compartir asegurase al sujeto de actos una identidad deseable a los semejantes. En este caso, las excitaciones encontrarían, todas ellas, un destino en la identificación del sujeto con otro sujeto de actos.

En la primera estrategia, la función acto modifica la realidad, estableciendo con absoluto control divisiones y ligazones entre pensamientos, imágenes, valores y comportamientos, con el objetivo de simular con ellos un deseo que, sin embargo, no es reconocido por los interlocutores demandantes. Estos necesitan someterse a la "autoría" o "autoridad" productiva del sujeto delirante; autoridad productiva que, a su vez: i) o fragmenta, de manera delirante, la realidad disponible en múltiples partes, de modo que pueda atribuir a cada una de ellas las múltiples excitaciones que se presentan (en este caso tenemos el delirio disociativo, frecuente en aquellos cuadros que la psiquiatría denomina trastornos obsesivo-compulsivos); ii) o unifica diferentes partes de la realidad en una unidad imaginaria investida de mucho poder (sea un poder persecutorio, que haría de la función acto demandada una víctima; sea un poder inclusivo, el cual fijaría la función acto demandada a un lugar de grandeza, como si así estuviese dispensada de responder a las demandas).

Desde otro ángulo, la función acto puede intentar "identificarse" con las síntesis y posibilidades ya establecidas en el campo de la realidad (función personalidad), asumiendo para sí valores, imágenes y pensamientos corrientes en su cotidiano, como si ellos fuesen, en fin, los deseos esperados por los demandantes. Para entonces, la función acto demandada puede buscar, en un episodio trágico, accidente o personalidad impotente, enferma o convalecida, la pérdida de la unidad, de la integración espontánea de la experiencia de contacto. Es como si, en esas imposibilidades de la realidad, ella encontrase la muerte de la excitación (en este caso tenemos la identificación negativa, que es mucho más que un episodio melancólico). O, entonces, la función acto puede tener la intención, en una función acto bien sucedida en su forma de enfrentar las demandas, de ampliar al infinito su propia capacidad de hacer contacto (caso en el que tenemos la identificación eufórica, tal cual la ocurrencia psiquiátrica denominada identificación positiva).

Por medio de estas dos estrategias (de alienación y de identificación), lo que la función acto intenta hacer es localizar (o en una realidad modificada o en la realidad misma) el deseo reclamado por el medio social. En otras palabras, ante el exceso de excitaciones provenientes de la abundancia de demandas, o la función acto se fija a una realidad modificada (reinventada por actos de asociación y disociación), o se fija a las posibilidades ya disponibles de la realidad. En ambos casos, la función acto demandada opera como si la realidad (modificada o disponible) fuese en sí misma la articulación de excitaciones esperada por los demandantes.

Ilustremos esta discusión con un caso clínico. Aquel mismo consultante, cuyo cuerpo se endurecía ante una demanda lenguajera proveniente de una mujer, en otra ocasión llegó a la clínica sin saber exactamente lo que quería de aquel lugar. La pasante, a la cual veía semanalmente, le invitó a tomar un café en el refectorio de la institución. Él encontró allí a la trabajadora doméstica con la que, a esas alturas, ya tenía una relación de amistad. Sucedió que apareció un gato, que rápidamente atrajo la atención del consultante hacia el área externa de la institución. Entonces vio cachorros de perro labrador en el terreno del vecino. Y ya no sabía si estaba allí para comprar un cachorro, adoptar un gato, contar las novedades a la amiga doméstica, tomar café con la pasante, o hacer terapia. Hasta que, ya en la sala con su clínico gestáltico, el consultante reconoció, en el ruido producido por el aire acondicionado, la regularidad de un lenguaje, el cual, una vez decodificado, le revelaría un mensaje. A la semana siguiente, llegó a la sesión diciendo que no tenía nada más que hablar, porque sus palabras eran palabras muertas, "literalmente" muertas que no surtirían efecto alguno ni siquiera en su analista. Y, de la nada, en medio de la sesión, se da cuenta de que las palabras del clínico son verdaderas soluciones para sus problemas, verdaderas epifanías, de donde infiere entusiasmadas conclusiones sobre la importancia de ese clínico en su vida. Pues bien, ¿Qué pasa aquí?

Con un propósito didáctico, vamos a hablar de las dos estrategias antes mencionadas como si pudiésemos dividirlas en cuadros separados (delirios disociativo y asociativo, identificaciones depresiva y maniaca). Pero, lo más frecuente es el deslizamiento de un modo de ajuste en otro; deslizamiento éste también provocado por el tipo de intervención establecida por el clínico. Lo que quiere decir que, en el campo de la clínica, es la demanda del clínico la que acaba definiendo las diferentes respuestas con las cuales el consultante, a quien el fondo de excitaciones parece no presentarse, no logra lidiar.

DELIRIO DISOCIATIVO

CARACTERÍSTICAS GENERALES
La principal característica de este tipo de ajuste, es la fragmentación imaginaria de la realidad en múltiples partes desconectadas entre sí. Tal fragmentación corresponde a un delirio disociativo, lo cual permite a la función acto atribuir, a cada parte, uno de los codatos (excitaciones) que esté sintiendo de manera desarticulada. En otras palabras, se trata de una estrategia delirante en la que el dato disponible, sea el propio cuerpo, una cosa o el cuerpo del semejante, es descompuesto en tantas partes como sean necesarias para que los múltiples codatos (excitaciones) puedan ser disipados.

Como consecuencia de ese recurso, es frecuente que seamos testigos de tentativas de ajuste en las que alguien, por ejemplo, fragmenta su cuerpo en varias partes aisladas, cual comunidad de sujetos separados. Los brazos, el cabello, las piernas, los pulmones, el corazón, son tratados como si fuesen entidades diferentes. Cada órgano tiene su enfermedad, convalece de una excitación diferente. Por cierto, la enfermedad es siempre algo buscado, pues es una forma de decretar que la excitación se está desvaneciendo, se está yendo. En este sentido, podemos hablar aquí de una disociación hipocondriaca.

Aún en ese tipo de ajuste, podemos frecuentemente observar el errar comportamental. El sujeto, a cada momento, está asumiendo una actividad nueva, dejando atrás las otras y así sucesivamente. Se desliza metonímicamente de una tarea a otra, de una dirección a otra, por muchas deudas, relaciones, empleos, etc. No porque él lo quiera todo, sino para poder librarse de lo anterior y, uno por uno, de todos. Al final, cada vía, cada dato que se le presenta es ocasión para eliminar eso que siente, que no consigue comprender como suyo, precisamente, el fondo de excitaciones.

En cierta medida, esos delirios de fragmentación aseguran a la función acto demandada cierto alivio, una disipación de las excitaciones, lo que nos permite hablar del delirio disociativo como la satisfacción posible de este tipo de ajuste.

UN CASO CLÍNICO: "LA MUJER DE LAS GOLONDRINAS"
No utilizamos la noción de disociación para caracterizar un tipo especifico de trastorno, como si hubiese personas disociativas, tal como se dice que hay personas investidas de un trastorno obsesivo-compulsivo. La disociación comportamental es un ajuste creativo y solo puede ser pensado teniéndose en cuenta un campo relacional, cuyas características apuntan hacia la presencia ostensiva de demandas de excitación. Este fue el caso de una mujer, 32 años, usuaria del CAPS. La conocimos en una fiesta de San Juan, organizada por la Asociación de usuarios, en la que bailaba con un colega usuario, muy torpe, cuyo brazo, en una de las vueltas del baile, tropezó con el modesto equipo de sonido comprado por la asociación. El súbito silenciar de la música fue atravesado por los gritos incontenibles de nuestra futura consul-

tante. Se puso inconsolable al lado del equipo tirado en el suelo. La invitamos a acompañarnos hasta una sala de atención individual. En el trayecto, hacía movimientos con los brazos, como si buscase separar algo, algo invisible para nosotros. En el interior de la sala, miraba en dirección al techo, como si en él hubiese una amenaza. Los puñetazos al aire dieron lugar a una postura de recogimiento. Se cobijó debajo de la camilla utilizada para exámenes médicos. Nos preguntó si no teníamos miedo de los pájaros. Nos colocamos debajo de la camilla también. Quisimos saber por qué los pájaros estaban allí. Ella no sabía exactamente. Le dijimos entonces que, tal vez, los pájaros nos quisiesen decir alguna cosa. Sin saber a ciencia cierta lo que estábamos haciendo, comentamos: "ojalá pudiésemos aprender el 'lenguaje' de ellos". Ella salió de donde estaba, se subió en una silla, abrió los brazos y comenzó a decir, al mismo ritmo con que imitaba el batir de alas: "un pedazo de mi cuerpo para cada uno, un pedazo de mi cuerpo, cada uno, cada uno…".

Algunas semanas después del incidente con el equipo de sonido, hice referencia al día en que fracasó en su intento de registrar en un grabador de cintas casete el asedio del hermano. Ella tenía nueve años en esa época y recuerda ser tocada por cuatro de sus cinco hermanos desde que tenía seis años. Cuando iba al campo para llevar el almuerzo a sus padres, en mitad del camino, los hermanos la hacían acostarse en el pasto. Y ni la madre ni nadie podían creerla, pues desde los tres años, cuando fue atacada de meningitis, todos tenían la certeza de que había quedado "tonta". En esa época, no se distinguían las meningitis bacteriana y viral. Suponían que todas provocaban daños irreversibles. La grabación sería una prueba, pero la almohada no logró ocultar el aparato, tirado al suelo por la rabia del hermano. Ya en la adolescencia, cuando vino a vivir con otro hermano establecido en la ciudad, despertó en la madrugada sintiendo frio. Le habían quitado la ropa de la cama. Estaba en las manos del hermano, que la observaba, bajo el pretexto de "vine a ver si estabas tapada". Así que pudo, se casó. No le interesaban los hombres. Buscaba seguridad, que una vez más no encontró. Los hijos no venían. La adopción de uno no fue suficiente para que el marido la respetase. La infidelidad y drogadicción del compañero la hicieron reencontrar la violencia doméstica. La separación no le trajo sosiego, menos aún privacidad. La casa de la pareja estaba construida en un terreno perteneciente a la familia del ahora ex marido, que se sentía así autorizado a visitarla. Además, la vigilancia de la suegra y de las cuñadas – en cuyo supermercado trabajaba como controladora de los stocks – mantenía a nuestra consultante rehén de aquella familia. Fue entonces cuando decidió cambiar de empleo.

Era un depósito de mercancías. Su función era también controlar, esta vez, la salida de productos. Hacía el máximo de horas extras que podía. Y la ventaja de pasar menos tiempo en el domicilio, no pagaba el dolor de ver disminuidas las horas de convivencia con el hijo. Al final de la jornada, lavaba en cuclillas el piso inmundo por donde los camiones habían circulado. Lo que fue interpretado por el empleador como una tentativa de seducción. Atacada por él, solo podía ver las golondrinas volando bajo el techo del depósito. Al volver a su casa, su desorientación llamó la atención del hijo, que fue en dirección a ella, probablemente para calmarla. Pero aquel niño preadolescente le pareció "lo otro", tal vez algún hermano de entonces. La puñalada al hijo fue, bajo cierto punto de vista, legítima defensa, bastante menos fatal que las vejaciones que sufrió en el Hospital de Custodia. Y todas las veces que se sentía solicitada en exceso, se ponía a ahuyentar pájaros. Ellos se llevaban las demandas y también la ambigüedad de aquello que afectaba a nuestra consultante, indecisa entre la repugnancia y la atracción.

INTERVENCIÓN

La estrategia de intervención, en estos casos, consiste primeramente en acoger las producciones disociativas de los sujetos.

Tal significa oírlas como si, de ellas, pudiésemos inferir algún tipo de hilo que nos asegurase otra posibilidad en la realidad; ésta, a su vez, menos amenazadora para la integridad del consultante y de su medio. Estamos hablando aquí, de un desplazamiento de formas delirantes menos sociables hacia formas delirantes más sociables.

Al hablar de desplazamiento, no estamos refiriéndonos a una especie de desautorización del delirio. Al contrario, se trata de asegurar, al consultante, la oportunidad de que pueda disfrutar de muchas alternativas. El terapeuta cela para que el consultante pueda continuar "caminando", "buscando" nuevas formas de dispersión del exceso de excitaciones provocadas por las demandas a que está sujeto.

No se trata de hacer que el consultante se responsabilice de sus elecciones, sino, al revés, que pueda desobligarse de ellas en provecho de otras nuevas. De esta manera, él amplía las posibilidades de atenuar la angustia venida de la presencia incesante de excitaciones que, a cuenta de su exceso, no se articulan según un orden de prioridad en cada instante de su vida. El terapeuta debe poder fluir de un asunto a otro, de un lugar a otro, sin preocuparse de asegurar ninguna cosa en una totalidad de sentido.

El desplazamiento metonímico no es, para este tipo de ajuste, una disimulación proyectiva de excitaciones inhibidas. Es, al contrario, una tentativa de poner límite en las excitaciones que, así, se vuelven soportables, sin que el consultante tenga que desistir de la sociabilidad. Además, en algún momento, esta estrategia posibilita al consultante para dejarse deslumbrar por una excitación. La dispersión disminuye la presión de las demandas, hasta el momento en que estén reducidas a un número soportable para el consultante. En ese momento él puede entregarse a este "extraño" (función *ello*) en provecho de la producción de una fantasía que pueda compartir en el medio social.

DELIRIO ASOCIATIVO

CARACTERÍSTICAS GENERALES

En este tipo de ajuste, la estrategia asumida por la función acto no es fragmentar el dato de realidad en múltiples partes (de forma que se distribuyan entre ellas las múltiples excitaciones que se imponen a partir de las demandas establecidas por los interlocutores). Al contrario, esta vez, la función acto articula los datos de la realidad, como manera de agruparlos en una unidad muy peculiar, dado que está totalmente sometida a las decisiones de la función acto. Al mismo tiempo que se parece a un deseo (una vez que consiste en una articulación de la realidad), esa totalidad no admite ningún tipo de ambigüedad, lo que denota que no incluye ninguna excitación y, en consecuencia, la virtualidad que pudiese atraer el interés del interlocutor, tal como sucede en las experiencias de deseo. A diferencia de lo que se podría esperar en una experiencia de deseo, el delirio asociativo es una producción totalmente controlada por la función acto. Mejor sería decir que en el delirio asociativo la función acto "imita" estar involucrada con un objeto de deseo.

Este es el caso de los delirios persecutorios. La función acto produce un objeto amenazador ante el cual reacciona por medio de la fuga y del conflicto. De esta forma, no necesita hacer la elección de ninguna excitación. Se exime de la tarea de lanzarse en un flujo más allá de la realidad, fijándose una vez más a la realidad, ahora en la posición de alguien que necesita defenderse. Ella hace la guerra, como si la guerra pudiese valer como una respuesta a la demanda de los interlocutores. De donde se desprende cierta satisfacción, cierta limitación de la angustia; consecuencia de la presentación excesiva de las excitaciones.

Algo semejante pasa cuando la función acto asocia las excitaciones en un delirio de grandeza. Para librarse de las excitaciones desencadenadas por las ostensivas demandas en el lazo social, la función acto se atribuye a sí misma una serie de prerrogativas oriundas de una articulación artificial de los datos de la realidad. Es como si esta articulación – sobre la cual la función acto tiene pleno poder – fuese suficiente para despertar el deseo en los interlocutores (o, lo que es lo mismo, responder a las demandas de deseo). No obstante, dado que excluye la ambigüedad, no cumple su función, cayendo en descrédito frente a la evaluación de los interlocutores. Aunque, en algunos casos, la función acto sea capaz de cumplir lo que delira, de un modo general, los delirios son refractarios a la colaboración y participación de los interlocutores. De todos modos, los delirios de grandeza cumplen la función de postergar el enfrentamiento de la tarea que define el deseo, precisamente, articular la realidad de las excitaciones, una vez que el exceso de excitaciones vuelve prácticamente imposible desear.

En todos los casos, la función acto demandada utiliza la realidad para satisfacer la demanda social de deseos. En forma de un delirio persecutorio o de grandeza (por citar algunos), tal función demandada ofrece a los demandantes la realidad articulada como si se tratase de un deseo. Las muchas excitaciones provocadas por la demanda de los interlocutores, son sustituidas por engañosas articulaciones entre los datos de realidad disponibles a la función acto demandada.

UN CASO CLÍNICO: "EL SEÑOR DE LA LUZ"

Este es el caso de un joven usuario del CAPS, con quien teníamos una relación mediada por muchos discursos delirantes. Cierto día, él apareció en la institución buscando a alguien que le confeccionase una nueva cédula de identidad, una vez que la actual no tenía su verdadero nombre, que era Raiden, el señor de la luz. Conforme a su propio relato, ya había estado en la Secretaría de Seguridad Pública, en la Comisaría de Policía, en la Municipalidad con la vana esperanza de que alguien le ayudase. Pero nadie le prestaba oídos. La primera vez que nos trajo la cuestión, no le dimos mucha importancia. Se alejó una semana hasta reaparecer mucho más agresivo. Estaba casi con brote. Por eso, tratamos de restablecer el delirio. Sugerimos que nos dejase a nosotros su cédula de identidad. Abriríamos un nuevo protocolo cuya finalidad sería "conseguir su identidad". Pero le explicamos que eso llevaría mucho tiempo y que él tal vez debiese comparecer diariamente para acompañar la evolución del proceso. Mientras tanto, él podría participar de las actividades lúdicas y laborales ofrecidas por nuestra institución. Raiden estuvo de acuerdo y durante sus visitas entregó muchos detalles sobre su "verdadera identidad". Según él, tenía un poder especial, que era el de entregar energía eléctrica a todas las residencias, tiendas y fábricas. La producción de monitores, televisores, máquinas de lavar, hornos de microondas, entre otros aparatos, dependía de la energía que él, el señor de la luz, entregaba a las fábricas. Sin embargo, según él, nadie era capaz de reconocer tamaña generosidad. Nadie daba crédito a Raiden, menos aún dinero por sus actos maravillosos. Lo que le dejaba, a veces, enfurecido. Cuando eso sucedía, salía por las calles pidiendo a las personas que le devolviesen la energía. Les mostraba la identidad, pero nadie le reconocía. Razón por la cual era apremiante introducir, en la cédula de identidad, su verdadero nombre: Raiden, el señor de la luz. Solamente así sería reconocido y valorado en su generosidad.

No sabíamos exactamente de lo que Raiden estaba hablando. Le invitamos a participar en un grupo que hacía visitas a los usuarios que estaban imposibilitados para frecuentar las actividades del CAPS, por ejemplo, en razón de alguna enfermedad. En cierta ocasión, acompañamos al grupo hasta el barrio de Raiden, lo que nos dio el pretexto para por fin visitar su casa. Ya en la puerta de entrada sentimos un olor muy malo, como si algo estuviese descomponiéndose. La casa no tenía energía eléctrica y algunos alimentos se descomponían en el refrigerador. Notamos la ausencia de la madre y del padrastro. Raiden nos respondió que hacía dos semanas se fueron a visitar unos familiares a un apartamento distante. Volverían en dos semanas. Sobre la mesa de la cocina había algunas cuentas de energía eléctrica, en las que se anunciaba el corte de luz por falta de pago. Las cuentas estaban a nombre del padrastro. "¿Se olvidó de pagar?", interpelamos. "No. Él y mi madre están sin dinero. Fueron despedidos". Una televisión de pantalla plana nos llamó la atención. Lo mismo que el horno de microondas nuevo. "Fueron comprados con el dinero de mi pensión[31]", nos dijo Raiden, como si pudiese leer en nuestra expresión la extrañeza. Se quejó a nosotros por no poder llevar la televisión a su cuarto, y por no poder conectar en ella la consola de juegos. "Mi padrastro cree que voy a reventarla". Para no expresar nuestra indignación, que podría llegar a Raiden como una nueva demanda afectiva, le hicimos otra pregunta: "¿Qué juegos son los que más te agradan?". La respuesta fue reveladora; dado que aclaró el origen del nombre que había adoptado. Se trataba del personaje principal del juego preferido, respectivamente, "Raiden – el señor de la luz" y "Mortal Kombat"[32].

La presencia de tantos electrodomésticos en la casa de Raiden comprobó una queja antigua, formulada por la madre de Raiden en una de las visitas que hizo al CAPS: el padrastro usaba el dinero del beneficio del hijastro en provecho propio. Además, la presencia de aquellos electrodomésticos, amplió nuestros parámetros para entender lo dicho por Raiden respecto a que "las personas no reconocen que es por causa de mi energía por lo que ellas tienen electrodomésticos". En alguna medida, la queja de Raiden por la no gratitud podría ser una referencia a la actitud del padrastro. Así como la queja de Raiden por el no reconocimiento de su nombre, podría estar relacionado con la titularidad de la cuenta de energía eléctrica. Al final, como supimos después, Raiden intentó pagar las cuentas atrasadas. Había recibido el pago de su pensión y fue a pedir la reconexión de la energía eléctrica. Pero en la compañía de electricidad fue informado de que solamente el titular podría solicitar el procedimiento. Se aclaraba para nosotros su agonía para que cambiásemos su identidad. Pero el nombre escogido por él no podía ser un nombre cualquiera. Debería ser bien poderoso, al menos más poderoso que el del padrastro. Tal vez así pudiese llevar la televisión a su dormitorio y ver sus juegos tranquilamente, de entre ellos el propio "Mortal Kombat". O, más que eso, podría atender a los pedidos (lenguajeros) de la madre para que se impusiese contra el padrastro tirano, a quien la madre paradójicamente amaba.

Ahora es el momento de volver a la discusión que antes, en el capítulo primero, hicimos sobre una posible génesis de las formaciones psicóticas, para diferenciar las posiciones fenomenológicas, lacaniana y la nuestra. Tal como aprendimos con los fenomenólogos contra los psicoanalistas, se hacía evidente para todos nosotros que Raiden no estaba lidiando solo con las prohibiciones sistemáticas promulgadas por los varios representantes del otro social (padrastro, compañía de electricidad...). Si ese fuese el caso, Raiden podría simplemente salir de casa, pues tenía condiciones económicas para vivir solo o con algún compañero. Sin embargo, algo le ataba a aquella casa. Había algo trascendental, más allá de la realidad, una especie de búsqueda de fuerza, de posición; cosa que nuestro consultante realizó por medio de una articulación de su realidad en torno a una figura perteneciente a la misma realidad, precisamente, el personaje Raiden. Desde otra perspectiva, como nos exigiría una lectura lacaniana contra la fenomenología, no podríamos ignorar que la búsqueda de ese "guerrero iluminado" tenía relación directa con las demandas concretas de la madre, de las tías e, incluso, del propio padrastro. Se trataba de una respuesta a una serie de exigencias formuladas en el medio social. Aun así, más allá de lo que podríamos comprender a partir del psicoanálisis lacaniano o de la fenomenología psiquiátrica, es como si Raiden no consiguiese operar ese paso de lo empírico a lo trascendental. Por ejemplo, es como si Raiden no consiguiese autorizar, en el plano trascendental, fantasías de destrucción en relación al padrastro; fantasías estas que, en el plano empírico, tendrían como origen la expectativa de la madre y de los profesionales del CAPS. Por consiguiente, para este joven muchacho, lo mejor que podía hacer era fijarse en un juego de entretenimiento que, por su contenido, podría simular la realización de un deseo. De donde se sigue nuestra posición según la cual las formaciones delirantes de Raiden, más que respuestas a demandas empíricas o suplencias de un impulso trascendental, son fijaciones a la realidad empírica con el propósito de simular, para los demandantes (empíricos), un simulacro de deseo (trascendental).

INTERVENCIÓN

La intervención en estos casos tampoco se pauta por la descalificación del delirio. Al final, es por medio del delirio como el consultante consigue posicionarse frente al volumen excesivo de demandas y, por extensión, de excitaciones; aunque tal posicionamiento no signifique exactamente la producción de un deseo a partir de esas excitaciones. Más le vale al clínico caracterizar, para su consultante, el valor de cambio social que el delirio producido representa. En la posesión de ese saber sobre sí, el consultante puede reivindicar "protección", "soluciones", en fin, contratos sociales que validen sus construcciones. En algunos casos, además, no es posible que el soporte social del delirio establezca las condiciones para que una excitación en especial pueda ser escogida. En el caso de Raiden, la intervención que obtuvo más éxito, fue aquella en la que le propusimos que hiciese un mapeo de sus propias características psicológicas, físicas, morales y políticas. Lo que nos valió la oportunidad de decirle que él tenía el perfil de alguien que podía integrar la dirección de la Asociación de Usuarios. Esta entidad exigía personas generosas y combativas, dispuestas a enfrentamientos verbales con autoridades en defensa de los usuarios del sistema CAPS. Raiden aceptó la invitación; al final, él sabía "hacer guerra por la paz". Se convirtió en el segundo tesorero de la asociación. Y su disposición para defender, en las asambleas y en las reuniones con autoridades públicas, los intereses de la asociación (para el caso, la petición de que fuese reconocida como empresa de utilidad pública), repercutió en su convivencia domestica con la madre y el padrastro. Aunque algunas veces todavía reclamase en nombre de Raiden, no necesitaba más al personaje para exigir pequeños privilegios, como el derecho de jugar conectando la consola a la televisión que él había pagado.

El éxito de esta intervención, no obstante, no existiría si no hubiésemos contado con la disponibilidad de la madre. Ella comprendió que el comportamiento delirante del hijo era una forma de enfrentar al padrastro; enfrentamiento éste que ella misma demandaba al hijo de manera no consciente. El cambio de postura de la madre relajó al hijo, así como la aceptación que éste pasó a merecer por parte de los compañeros de asociación, y le volvieron mucho más confiado en su propia capacidad de argumentación. Nosotros, profesionales, dejamos de mencionar el formulario y el proceso de cambio del nombre en la cédula de identidad. Es como si ese pedido fuese una carta-en-la-manga. En situaciones de emergencia, el delirio en torno al nombre Raiden era la forma posible de articular las excitaciones demandadas en el medio social y que, en el caso de él, parecen tener relación con la agresividad.

Con Raiden, en fin, pasó algo muy semejante a lo sucedido con nuestro consultante Avatar, a quien hicimos mención en la introducción de esta obra. También él, para lidiar con una gama expresiva de demandas en torno a la paternidad (que él no tenía, o debía buscar, o sustituir por el maestro de artes marciales, o por el tío, o asumir por sí mismo en beneficio del futuro de la madre enferma), producía los más diversos delirios asociativos, sobre todo relacionados con identidades diferentes que podía asumir: ya sea un profesor de artes marciales, ya sea un ancestral familiar reencarnado, ya sea el hijo de un famoso actor de telenovelas, un químico, un veterinario... Cuando notamos que estos personajes (a los que asociaba las excitaciones exigidas por los diferentes agentes sociales de su cotidiano) no estaban consiguiendo detener las diversas demandas (pues los amigos, familiares y colegas no desistían de formular hipótesis para intentar explicar por qué nuestro consultante sentía lo que él decía sentir, principalmente hipótesis relacionadas con la importancia de poder aproximarse al padre, aunque a éste no le interesase tal aproximación), comprendimos que era el momento de llevar a cabo un desplazamiento en dirección a un delirio que lo mantuviese mas defendido. No se trataba de un delirio que representase la respuesta exigida por el medio social (cual metáfora del-nombre-del-padre). Al contrario, la idea era ayudarlo a producir un delirio que tuviese la fuerza de un deseo, como si las personas a su alrededor comprendiesen que él buscaba algo interesante, más interesante que el padre. Razón por la cual, a partir del propio cotidiano de nuestro consultante, a partir de su propia fijación a la película "Avatar", nosotros le sugerimos que explicase sus diferentes personajes en cuanto "diferentes avatares", por cuyo medio buscaría vivir más allá de los límites de la angustia (aunque se mantuviese ligado a ella por medio del corazón).

Pero esta estrategia no era suficiente. Era necesario actuar también en el campo de las demandas, de tal manera que pudieran disminuir. Y, mientras tanto, tuvimos que hacer un trabajo diario con los familiares, de tal manera que pudiesen: i) entender la función provisional y necesaria del delirio, ii) reconocer y suspender las demandas que ellos mismos dirigían a nuestro consultante y que podrían estar relacionadas con los comportamientos delirantes, iii) orientar al medio social en que estaban insertos en el sentido de proteger al consultante de requerimientos que pudiesen amplificar su angustia, iv) autorizar a un acompañante terapéutico (AT) a quien cabría, en primer término, tomar lugar en el delirio para, en segundo lugar, hacer paulatinamente el desplazamiento en dirección a un lugar social más amplio. Al cabo de siete meses el consultante ya estaba nuevamente integrado en la vida social anterior al brote. "Guardé mis avatares en una copia de seguridad en mi computador. Si los necesito, los llamo otra vez". El proceso clínico individual continuó. Así como pequeños episodios delirantes, muy útiles en el enfrentamiento de grandes cambios en su vivir cotidiano. La familia, de la misma forma, vivió una gran transformación: la percepción de la fragilidad (del consultante) hizo que comprendiese la "geografía" de las pequeñas violencias compartidas.

IDENTIFICACIÓN NEGATIVA

EN ESTA MODALIDAD DE ajuste, la función acto ya no busca sustituir las excitaciones (provocadas por las demandas) por articulaciones arbitrarias respecto a la realidad. Como una de las modalidades de la estrategia identificadora, la identificación negativa tiene relación con la decisión de la función acto de "pegar" en aquellas partes o totalidades de la realidad en las que se pueda notar cierta impotencia para desear. No se trata, por lo tanto, de crear una impotencia, sino de asumir alguna impotencia ya disponible en la realidad. He ahí porque, con frecuencia, en este tipo de ajuste, la función acto se presenta como un objeto muerto. Lo que es lo mismo que decir que la función acto, en las identificaciones depresivas, trabaja en el sentido de promover la mortificación del contacto. El objeto de la realidad, por consiguiente, fija esa mortificación y permite el distanciamiento en relación a las demandas de deseo.

Diferentemente a lo que sucedía en las formaciones delirantes, la función acto no se ocupa de simular una competencia para desear. La función acto ahora asume su impotencia frente al volumen de excitaciones que no consigue articular; con la especificidad de que presenta esta impotencia por medio de un doble impotente con el cual se identifica. Este doble, de un modo general, tiene que ver con alguna persona, pensamiento o imagen relacionada con la muerte o con el fracaso. Razón por la cual, es frecuente que la función acto busque, en los datos en la frontera de contacto, la confirmación de que "ya no hay nada que hacer", como si los vínculos interpersonales (o, lo que es lo mismo, los múltiples sistemas *self* de los que participase) se hubiesen transformado en un proyecto malogrado, no merecedor de nuevas oportunidades. A veces, la fijación de la función acto pasa por el propio cuerpo, lo que hace que se apoye en enfermedades anatomofisiológicas, que así adquieren un agravante de sufrimiento, que es el propio abandono en relación a la cura somática. De forma diferente a lo que sucedía en el caso de la articulación disociativa, en los casos de identificación negativa la función acto no produce (de manera delirante) la enfermedad. La enfermedad existe de hecho. Lo que sucede, entonces, es que la función acto se fija a ella, como si no hubiese nada que hacer.

UN CASO CLÍNICO: "EL PERRO Y LA DEVOTA"

En los primeros días de enero de aquel año de 2009 fuimos requeridos por un joven, que decía que su madre se encontraba en pleno brote psicótico. Era fundamental, para él, asegurarse de que no la mandaríamos a una institución psiquiátrica, porque algunas semanas antes, la internación agravó significativamente los síntomas de la madre. Conforme al relato del hijo, hacía tres semanas que la madre decía cosas extrañas. Especialmente que sería castigada con la muerte. Dado que no paraba de repetir esta frase, fue llevada por el marido al médico general de la familia, que, a su vez, después de examinar a la mujer, la mandó a un psiquiatra. En la entrada de la institución psiquiátrica, la madre imploraba para que no la dejasen allí. "Ya estoy casi muerta. Si me dejan aquí moriré definitivamente". Dado que ella no paraba de repetir estas palabras, el hijo convenció a su padre para declinar la internación. Pero, cuando llegaron de vuelta al estacionamiento, la madre se desmayó; lo que fue interpretado por el psiquiatra como "pasaje al acto": "ella se quiere quedar" dijo el profesional. De ahí en adelante, aclaró el hijo, ella cayó en un letargo tal que ni siquiera las necesidades fisiológicas la hacían levantar de la cama. La familia no soportó verla en aquel estado durante tres días. "Nos quedamos en Navidad sin ella. No soportaríamos su ausencia en Año Nuevo". Una vez más, por iniciativa del hijo, suspendieron la internación. De vuelta a su casa, ella decía cosas extrañas, del tipo: "Antes de morir, veía luces en el cielo, alineadas, que conducían hasta Nuestra Señora. Ella me miró con tristeza. Entendí que finalmente había muerto".

La primera vez que fui a visitar a la madre de esta familia, estaba acostada en su cama, inmóvil, mirando fijamente al techo. Antes incluso de que pudiese aproximarme, me advirtió con un tono duro: "No hay nada que puedas hacer aquí. Como todos los otros, tú no crees en mí. Tú no crees que esté muerta; no crees en mis palabras. Pues, te aseguro, estoy literalmente muerta". Y de pronto respondí: "Si nadie cree en tus palabras, entonces, ciertamente, estás 'literalmente' muerta". Los ojos de la mujer me buscaron, intrigados, tal vez, en razón a mi intervención: probablemente era la primera vez que alguien parecía tomar en serio sus palabras. En seguida agregó: "Crees en mis palabras porque ellas todavía no están totalmente muertas. Pero mañana lo estarán. Y tú no te acordarás de nada de lo que hablamos aquí hoy. Así como nadie más en esta casa se acuerda de lo que dije ayer. Ni siquiera yo. No tenía idea de que la muerte fuese así: el silencio del pasado". Le propuse entonces que pudiésemos grabar nuestras conversaciones. "Ojalá las palabras se conserven y tú y yo podamos revivirlas mañana". Ella pareció simpatizar con mi propuesta. Salí del dormitorio en busca de un grabador de voz, que aquella familia seguramente tendría. Sus primeras palabras fueron: "Soy fulana de tal y estoy literalmente muerta. Solo me resta sentir los gusanos comiendo mis carnes. Creía que cuando muriéramos no sentiríamos ninguna cosa. Hoy es viernes. Ya no quiero hablar más".

Los familiares me esperaban fuera. Acompañando al marido y al hijo, había otros parientes, de los más diferentes grados, algunos recordando dichos y hechos extraños de la familiar enferma, otros ansiosos por informaciones sobre lo que había sucedido en el dormitorio o sobre cuando ella volvería a ser "normal". Y les sorprendió a todos cuando dije que, en aquel momento, lo más importante era lograr participar del luto; no de la mujer, sino de su literalidad. "Pero doctor, no está muerta. Ni siquiera sus palabras. Es un absurdo que nos pida intentar convencerla de lo contrario". O, entonces, a partir de la interpretación que, con la ayuda de internet, habían dado a las palabras del psiquiatra: "se trata solo de un cuadro clásico denominado 'Síndrome o Delirio de Cotard'[33] y que puede ser fácilmente revertido con la administración de antidepresivos, aunque los efectos solamente sean observados después de catorce días". Les respondí que, en ese momento, no podíamos descartar ninguna hipótesis y que, muy probablemente el psiquiatra tuviese razón. Por lo tanto, deberíamos seguir a toda costa la prescripción de antidepresivos. Sin embargo, todos allí tenían conciencia de que seguir este tratamiento no sería tarea fácil. Además de rechazar los medicamentos, aquella mujer decía insistentemente que, si acaso sacase un pie fuera de la cama, inmediatamente se volvería polvo. Y nadie conseguía moverla de su estancamiento en ese lugar de muerte. He ahí por qué dije a los parientes que el ataque a las cosas extrañas que ella decía, podría ser contraproducente para el éxito del tratamiento recomendado por el psiquiatra. Lo que al fin me permitió sugerir una estrategia complementaria al tratamiento administrado por el médico. Por un lado, introducir una cuidadora, la cual, además de administrar los medicamentos, podría ofrecer soporte para que la consultante lograse alimentarse, bañarse, etc. Por otro, tendríamos que cambiar nuestra postura. Deberíamos salir de la condición de "lúcidos aclarados" hacia la condición de "colaboradores solidarios". Mientras tanto, habríamos de, en primer lugar, oír lo que, exactamente, estaba muerto en el discurso de nuestra consultante. En segundo lugar, identificar qué pedidos formulados por la familia podrían estar relacionados con las pequeñas muertes discursivas de la consultante. En tercer lugar, identificar las señales de vida, que nos diesen ocasión de un desplazamiento en dirección a una excitación con la cual ella pudiese operar.

Cada nueva sesión comenzábamos con la audición de la anterior, todas ellas siempre muy cortas. El grabador era parte de nuestra relación. De alguna manera, él salvaguardaba un resto de pasado, hasta el punto de pedirme que lo dejase con ella, para que lo guardase. En una de las conversaciones, mencionó el hecho de que, en algún período de su vida, cuando todavía tenía un empleo y la presencia de los hijos en aquella pequeña y acogedora casa en que vivían antes de la construcción de la nueva, ella se dedicaba a la pintura. Quise ver los cuadros, rápidamente introducidos en el dormitorio de la consultante por el hijo. Por razón de mi formación en estética y por la suerte de estar casado con una pintora, pude hacer comentarios que atrajeron la atención de mi consultante. Ya no era solo el grabador; también los cuadros guardaban bajo siete llaves un pasado que, en aquel momento, resonaba casi como esperanza. Fue cuando, por primera vez frente a mí, comenzó a acariciarse, concentrándose en la región de los cabellos. Al ver las raíces blanquecinas entre los dedos cuidadosos de la consultante, le dije, de repente: "Está en hora de retocar la pintura. Ya se puede ver lo blanco en la base del cabello". Sus ojos se agrandaron; la palidez de siempre dio lugar a un discreto rubor facial. De alguna manera, una excitación la alcanzó, pues la manifestación afectiva era evidente. No quise insistir en el asunto. Cerré la sesión, pues sabía que no podía exagerar las demandas. Fue probablemente en razón al exceso de demandas por lo que ella necesito refugiarse en la muerte. Pero, ¿qué muerte?

En la sesión siguiente, comenzó a hablarme sobre su familia. Nunca había oído del marido una preocupación por la apariencia, menos aún la expresión "yo te amo". Según mi consultante, a aquel hombre solo le interesaba el éxito profesional, los coches, cierta literatura, la nueva casa, "versión en albañilería del vacío de la muerte". Los hijos estaban distantes. Uno de ellos vivía en Europa y hacía dos años que no se veían. El otro se preparaba para salir de casa. Vivía más en compañía de la novia que con los padres. Sobraba el perro. Un 'Labrador' con cerca de ocho años, pelaje claro, que vivía confinado en una caseta de seis metros cuadrados, de donde solo salía cuando le sobraba tiempo a su dueña para sacarlo a pasear. Pero, la necesidad de economizar para amueblar la casa, exigió de mi consultante asumir las funciones antes desempeñadas por la empleada doméstica. Los fines de semana tenía que cumplir el sagrado ritual de visitar a la suegra, viuda, para llevarle manutención, organizar la casa y oír de ella la preocupación que tenía con la salud de su hijo único. Y ya no había más tiempo para el perro. Además, mi consultante no se perdonaba el hecho de haber sido muy dura con el pobre animal, que aullaba la noche entera, como si encarnase la desesperación de su dueña, tan pronto como comenzaron a vivir en la nueva casa. Una semana antes de Navidad ella enfermó. "Fue entonces, en ese momento, que Nuestra Señora se me apareció diciéndome que todavía quedaba una oportunidad" – me dijo la consultante con tono de desesperanza. "la Navidad era la oportunidad. La Navidad era el perdón" – continuó. "Pero el hijo mayor no podía volver a causa del trabajo. El más joven iría a celebrarla con la familia de la novia. Mi marido decidió que iríamos a pasar la Navidad con su madre. Y un día antes de la víspera de Navidad la veterinaria vino a buscar mi perrito". La consultante interrumpió el relato, suspiró, volvió a mirarme y concluyó: "Nuestra Señora apareció de nuevo. Ella estaba tan triste. Me dijo que yo tendría que ir al Purgatorio. Yo acepté. Pero mi familia no quiso oírme. No creyeron más en mis palabras. Me llevaron directo al infierno".

Algunas sesiones después, nos dijo que comenzó a recibir señales. Había soñado que Santa Teresita le hacía una visita trayendo una buena nueva. Mi consultante había recibido autorización para volver al "Purgatorio", lo que significaba que podría solicitar clemencia. Contó el sueño con un entusiasmo que jamás había notado en ella antes. Después de la sesión, en conversación con los familiares, supe que el perro había vuelto. Había sido víctima de una grave virosis y se recuperaba lentamente. Pregunté al marido cuan religiosos eran. Me respondió que su esposa era devota de Santa Teresita. Todas las noches, antes de dormir, encendía una vela frente a la imagen de la Santa, lo que el marido juzgaba peligroso. Por eso, ella llevó la imagen al área de servicio, al lado de la caseta del perro. "Mientras aquella maldita vela no se apagaba el perro no paraba de ladrar" – me dijo él.

La consultante reaccionó muy bien a la presencia cada vez más solícita del marido, que había quedado muy sensibilizado con el sueño de la esposa. Él decidió, por cuenta propia, iniciar un proceso terapéutico con una de las profesionales de nuestra institución. De alguna manera, el luto de su mujer anticipó lo que para él sería el luto más difícil: la separación en relación a la madre. Aparentemente, esta percepción de sí (*awareness* reflexiva) capacitó al marido en el tratamiento de su esposa. Como fiel colaborador, decidió separar, de la convivencia familiar, a aquellas personas que representaban severas demandas hacía su matrimonio, entre ellas su propia madre, que cierta vez nos paró en la acera enfrente de la casa del hijo para amonestarnos: "En caso de que usted no tome decisiones para el internamiento de esta mujer, quien convalecerá de la locura será mi hijo". Además, el marido comprendió, – según el mismo – la "lógica" de la intervención: si quisiese tener a su esposa de nuevo, tendría que acompañar, paso a paso, los sueños y metáforas fantásticas por medio de las cuales ella elaboraba su retorno a la vida. Según la lectura del marido, los remedios antidepresivos estaban haciendo efecto y tal efecto se daba a conocer en el paulatino desplazamiento del discurso, antes ocupado en celebrar la identificación con la muerte, ahora ocupado en producir metáforas de cómo ella podría "resucitar". En sus palabras: "Ahora comprendo que los efectos de la medicación en el cuerpo deben estar acompañados de un manejo del discurso".

Y los sueños continuaron. Cierta vez, la cuidadora me recibió en la entrada de la casa para contarme que la consultante ahora solo hablaba de Santa Rita de Casia. Fui a saber de qué se trataba y la consultante me pidió que escuchásemos una vez más aquella sesión en la que hablábamos sobre los cuadros que ella había pintado. Había soñado que, en aquella ocasión, había recibido un mensaje de Santa Rita de Casia. Deberíamos encontrarlo. Oímos la grabación, especialmente un trecho en el que hablábamos sobre un ensayo de naturaleza muerta con flores y frutos. Los registros de voz revelaron que, mientras hablábamos sobre aquel género de pintura, fuimos interrumpidos por el marido, que entró en el recinto para comunicar que saldría a pasear con el perro. La consultante quiso escuchar una segunda vez el trecho, pues, finalmente había comprendido el mensaje. Me sonrió y antes de que yo pudiera decir cualquier cosa sobre lo que en aquel momento yo mismo había comprendido – por ejemplo, que ella estaba identificada con el perro o que el marido finalmente los había visto a los dos – me pidió que me fuera.

Al día siguiente, antes de ir a la residencia de aquella familia, le pregunté a mi esposa: "¿Qué le podría llevar a una muerta? De pronto me respondió: "Flores". No teníamos la menor idea de la tradición católica, según la cual, en la hipótesis de que el fiel recibiese rosas hasta el tercer día después de la oración dirigida a Santa Rita de Casia, la gracia solicitada sería conseguida. No me acordé de llevarlas. Pero al llegar a la residencia de la familia para mi vigésima octava visita, noté la sala repleta de flores, especialmente rosas. La cuidadora me dijo que el marido de mi consultante había contado el sueño de su esposa a muchos amigos. Y las flores no paraban de llegar. La consultante todavía no las había visto. Estaba en un sueño profundo, fui a conversar con el marido, que me llevó a ver el perro. "Por alguna razón", me dijo él, "me encariñé con este animal. No me gustaba la raza. Prefería perros más agresivos. Hoy no logro verme sin él".

En la noche, cuando fui a verificar las llamadas perdidas en el celular, había muchas llamadas del marido de mi consultante. Devolví la llamada. La acompañante terapéutica atendió entusiasmada: "puso los pies en el piso y no se 'deshizo'. Se bañó por cuenta propia". En fin, la consultante daba señales de haber abandonado la identificación negativa. Colgué el teléfono para minutos más tarde recibir otra llamada del marido: "Ella renació, doctor. Y está aquí, a mi lado, pidiéndome que le diga que, mañana mismo, va a ir al salón de belleza a teñirse el cabello".

Todavía la vi algunas veces, ahora en mi consultorio. Me confió que, finalmente, sus palabras recobraron el poder. Ellas podían hacer callar las exigencias que, antes, oía por todas partes, especialmente del marido, de su suegra, de las hermanas y de algunos amigos del grupo de oración del que participaba. Se sentía oída y respetada, aunque todavía tuviese miedo de morir. Al final, la mirada de pena que descubría a veces en la expresión de sus familiares, le devolvía una sensación de exigencia, como si fuese alguien inadecuada ante las expectativas de las personas. Por eso, incluso, pretendía no continuar conmigo. Mi fisonomía estaba muy asociada a aquel momento de turbulencia. Así, más le valía comenzar un proceso terapéutico con una colega que yo le pudiese indicar. Me guardaría para las emergencias. Yo debería entender eso como una forma de gratitud.

INTERVENCIÓN
La primera estrategia de intervención en ajustes de articulación depresiva suele ser ayudar al consultante a hacer el "luto" por las experiencias en que fracasó. Se trata de ayudarlo a hacer el luto por las excitaciones con las cuales no supo operar como consecuencia del exceso de expectativas sociales. La despedida en relación a esas experiencias es de fundamental importancia, una vez que solamente después de abandonarlas es cuando la función acto se vuelve disponible para las nuevas demandas y las consecuentes excitaciones que puedan surgir.

El luto, de un modo general, consiste en una anuencia a la identificación establecida por el consultante. En el caso clínico más arriba relatado, la consultante estableció una identificación con el perro moribundo. En un primer momento, la consultante se sentía responsable de la enfermedad del animal, al final, por exigencia del marido, castigaba al perro cuando este ladraba en las madrugadas. En un segundo momento, asumió los síntomas del perro: si el animal no podía aullar más, nadie más la podía oír. Y el primer paso de la intervención fue acoger esa identificación, dado que en la muerte de las dos literalidades (la del perro y la de la consultante) se producía una respuesta al desprecio familiar al que los dos (el perro y la consultante) estaban sometidos. Asentir a la identificación fue reconocer que la muerte de la literalidad era una forma posible de enfrentar lo imposible en aquel caso, a saber, el exceso de desprecios a los que la consultante era sometida.

Una vez establecido el luto, la tarea de los clínicos pasa a ser la búsqueda de las señales de vida en los objetos de la realidad con los cuales el consultante se identificó: he ahí la puerta de salida de la identificación negativa. En el caso más arriba relatado, hubo un momento en que el clínico descubrió, en la manera en que la consultante tocaba su propio cabello, una señal de "vanidad". Sin que el clínico pudiese calcular los efectos de esa intervención, la consultante autorizó su deseo de ser vista, a pesar de su impotencia frente a las innumerables exigencias a las que estaba sometida.

La estrategia de ampliación de las señales de vida, sin embargo, solo puede tener éxito si va acompañada de un soporte social que dé al consultante la ocasión de hacer alguna cosa con esta señal de vida. La red social debe poder ayudar al consultante a desear más allá de las marcas del fracaso, sin que eso implique, nuevamente, someter al consultante a un exceso de demandas. En el caso más arriba relatado, el hijo y el marido se adhirieron a las estrategias de acogida al luto y de acompañamiento a los desplazamientos producidos por la consultante en dirección a la vida. Los familiares tomaron en serio la tarea de realizar los mensajes implícitos en los sueños de la consultante, lo que le valió a ésta el soporte necesario para finalmente asumir una excitación y volver a la convivencia con las diferentes demandas por inteligencia social y deseo. Además, la presencia de una AT que hiciese la intermediación entre las expectativas sociales y las pequeñas posibilidades todavía vivas que podíamos verificar en la consultante, fue de fundamental importancia. En alguna medida, la AT cuidaba de la paulatina ampliación de la autonomía de la consultante para responder a las exigencias del tratamiento y de la convivencia social.

IDENTIFICACIÓN POSITIVA

EN LA VÍA INVERSA de lo que pasa en la identificación negativa, en la identificación positiva la función acto opera en el sentido de negar cualquier suerte de impotencia o imposibilidad. Frente al exceso de demandas y consecuentes excitaciones desencadenadas por tales demandas, la función acto elige, en la realidad, el objeto más poderoso del cual pueda disponer, para con él establecer una sociedad que la habilite a ofrecer algo interesante a los demandantes. Cuando el objeto elegido es una persona, algún semejante inscrito en su convivencia social, la función acto toma las características sociales de esta persona, sus valores y atributos físicos, como si fuesen suyos. Ella no los altera en provecho propio. Se aliena de tal modo que asume la autoría de las ideas, de las acciones y deseos que, en verdad, pertenecen a la persona con la cual se identificó de manera positiva. Para esta función acto, el semejante ya no será un simple semejante, sino el doble de sí mismo. En cierta medida, este procedimiento recuerda lo que en la tradición psiquiátrica fenomenológica se denomina de *folie à deux*. Todo pasa como si la función acto percibiese, en la forma en que el semejante lidia con las demandas, una sociedad incondicional capaz de responder a todo tipo de exigencia social. Además, dado que es posible para la función acto establecer innumerables identificaciones, en este tipo de ajuste, no está fuera de la común que la función acto se presente como si fuese muchos, más de una persona.

No es imposible que, en la identificación positiva, la función acto elija como compañero a un animal, o a un objeto impersonal, como una máquina o algún juego de azar. Un consultante, todas las mañanas antes de salir de su casa, consultaba un sitio de tarot, que le determinaba todos los pasos que debería seguir durante el transcurso del día. Imprimía el pronóstico y a cada episodio que pudiese tener una explicación en el tarot, hacía una anotación en la hoja impresa, como para confirmar la existencia real de este instrumento al que se mantenía identificado.

En este tipo de ajuste, además, podemos notar cierta euforia – que contrasta con la depresión de los ajustes identificadores negativos. Dado que los objetos de la realidad ofrecen posibilidades de interacción social, la función acto que con aquellos objetos se identifica actúa de manera inconsecuente, casi pueril, como si nada la pudiese detener. La realidad se vuelve una espectadora de un poder que la función acto adquirió de antemano en razón de su sociedad con el objeto de poder.

Es siempre importante recordar que, diferentemente a lo que pasa en las asociaciones delirantes, en la identificación positiva, la función acto no transforma el medio según un discurso del que asume la autoría. Al contrario, hay siempre un discurso ya establecido por el otro social, hay siempre una articulación previamente establecida que la función acto se resigna a seguir, como si así estuviese garantizada ante la expectativa social de deseo.

Añádase aún que los ajustes de identificación positiva son, así como todos los demás ajustes de articulación, configuraciones de campo a partir de demandas sociales de deseo. Lo que significa decir que no deben ser confundidos con cuadros fijos o características personalistas (del orden de la función personalidad). En este sentido, la presencia de un ajuste de identificación positiva tiene relación con el hecho de que, para determinada función acto, tal ajuste fue el modo más simple de lidiar con el exceso de demandas de deseo. Es como si, para esta función acto, la acción de articular asociativamente los objetos de la realidad (lo que exigiría cierta pasividad del medio social) o de identificarse con un objeto sobre el cual las excitaciones no tendrían más efecto (lo que exigiría la presencia de un objeto negativo o en proceso de extinción) fuese más complejo que simplemente asumir las características de un objeto o personas que el medio social juzga deseables. De donde no se sigue que los ajustes de articulación positiva sean menos complejos que los demás. La situación podría ser contraria. La asociación de objetos de la realidad o la identificación con un objeto negativo podrían ser menos complejos para determinada función acto, razón por la cual no produciría ajustes de identificación positiva. Así, la presencia de un ajuste o de otro, tiene antes relación con la configuración del campo en el que los agentes están situados, lo que significa decir, la presencia o ausencia de un ajuste es antes virtud del campo que de determinada función acto.

Como fin, vale agregar que, en las relaciones de campo en el que nos insertamos como clínicos, difícilmente encontramos un solo ajuste vigente. Dado que el tipo y la cantidad de demandas formuladas en una relación clínica cambian frecuentemente, los tipos de respuestas producidas por los interlocutores para quien las excitaciones no aparecen o aparecen excesivamente pueden ser de lo más variados. Tal como relatamos más arriba, en una sesión, un consultante puede comenzar respondiendo de manera mutista, pasando por una respuesta alucinatoria, asociativa, disociativa, después identificadora negativa, positiva y viceversa, o, incluso, según un orden totalmente aleatorio, dependiendo del tipo de demanda y de la cantidad de excitaciones que esa demanda pueda desencadenar.

UN CASO CLÍNICO: "GRUDE"
Se trata de un joven de casi treinta años, que atendía por el sobrenombre de "Grude"; en referencia a la secreción en la nariz, que

denunciaba el consumo reciente de cocaína y que, por su aspecto, recordaba a una especie de cola de pegar. Cuando estaba bien humorado, Grude decía ser capaz de "juntar a las personas". En el barrio en que él vivía – y donde a veces recibía pequeños papelotes de cocaína a cambio de servicios de entrega de droga a clientes – los traficantes se divertían con la espontaneidad ingenua de este joven, que frecuentaba el CAPS en razón de un psicodiagnóstico de esquizofrenia paranoide. Hijo de padres muy religiosos y de carrera militar, él se decía educado entre la cruz y la espada: el amor parecía asociado a una demanda por obediencia, obediencia que se imponía por el rigor, a veces asociado a la violencia.

La primera vez que lo vi estaba en pleno brote. Golpeaba los muebles dispuestos en la recepción del CAPS. Yo era nuevo en la institución y fui con mis colegas hasta la sala de los profesionales, donde deberíamos planear qué hacer. Alguien nos aclaró que Grude asistía en la sala de televisión a un partido por la Copa del Mundo cuando fue llamado por la enfermera para ponerle la medicación inyectable. Rehusó ir y, como la enfermera insistía, comenzó a gritar. Asustados, los otros usuarios salieron del recinto de la institución. Me dispuse para hacer una intervención, una maniobra de desplazamiento del brote en dirección a un delirio persecutorio, en el que actuaría como protector de Grude. Observado por mis colegas, que me ayudarían en caso de que estuviese en riesgo extremo, volví a la recepción y me coloqué a cierta distancia, a un costado de Grude. Sin mirarlo, levante mis puños y dije: "¿Quién te molesta ahora Grude? Estoy aquí para luchar por ti". Él indicó en una dirección que juzgue era la de un cartel puesto en la pared frente a él. Corrí hasta allí y golpeé el afiche, como si estuviese golpeando a alguien. Grude me acompañó. Nos miramos, sonreímos y entonces él me dijo: "¿Vamos a ver el partido?"

Después de aquel episodio, Grude me llamaba "psiquiatra diferente". Eso porque, según él, yo no administraba medicamentos como los otros. No consideré que fuese el caso decirle que yo no era psiquiatra, o que los medicamentos podrían cumplir una función importante. Quise aprovechar la ocasión para aproximarme de él. Lo invite a participar de un Grupo de Acompañamiento Terapéutico que otros colegas y yo ofreceríamos y que se llamaría "Autonomía". Una vez por semana haríamos visitas a instituciones públicas y a otros tantos locales en los que hubiese alguna cosa para hacer en provecho de la emancipación de la "contratabilidad" social de los usuarios. Grude aceptó participar y a cada nuevo encuentro yo sentía que él se aproximaba más y más a mí. Cuando el grupo se sentaba en alguna plaza para descansar y conversar, yo cuidaba para que todos prestasen atención a las historias contadas por él. Se trataba de casos escabrosos, relativos al período en que estuvo internado en una institución psiquiátrica. También era recurrente en la descripción de la violencia doméstica, en la descripción de cuanto su padre lo trataba con rigor, rigor muscular, lo que no les impedía compartir mucho cariño. Notaba que la perseverancia de Grude en participar en el grupo estaba directamente vinculada a esa atención que yo le prestaba.

Cierto día, Grude me sorprendió con un pedido, que no llegué a considerar una demanda, dado que no me implicaba como agente, aunque me envolviese como testigo. Grude quería que yo lo ayudase a convertirse en psiquiatra, un psiquiatra diferente como yo. Cuando oí este pedido, fantaseé que la imagen de un psiquiatra diferente era la forma posible en que Grude podría posicionarse frente al circuito de violencia que hiciera de él una víctima hasta ahí. Yo tenía la alternativa de tratar esta cuestión en régimen clínico. Podría recibir a Grude en un consultorio y, así, ayudarlo a establecer, por cuenta propia, asociaciones que le valiesen un discurso con más aceptación social. Sin embargo, por sugerencia de mis colegas, decidí continuar con el trabajo de acompañamiento terapéutico (AT). Esa era la oportunidad. Pensamos, actuar directamente en los contratos sociales de Grude. Yo podría más que acogerlo, actuar a favor de la ampliación concreta de su ciudadanía. Y aquí tal vez, hayamos cometido nuestro primer error. Por más terapéutico que pueda ser, el trabajo de acompañamiento (o clínica ampliada) no cumple la función del trabajo clínico individual y viceversa. Redujimos el tratamiento de Grude al acompañamiento terapéutico.

Grude había concluido la enseñanza fundamental. Durante varios años seguidos suspendió en la enseñanza media, hasta el momento en que se envolvió en el consumo de drogas, comenzando en seguida a tener brotes. Se me ocurrió, entonces, que yo podría usar el motivo del "psiquiatra" para establecer un regreso de Grude al campo del aprendizaje formal. Le dije que, para ser un psicólogo o un psiquiatra, era necesario volver a estudiar, concluir la enseñanza media. Y con la ayuda de otros colegas, conseguí el apoyo de familiares de Grude, que estuvieron dispuestos a pagar el coste de los exámenes escolares especiales. Me comprometí a acompañarlo, desde la inscripción hasta la realización de las primeras pruebas, siempre preocupado en que pudiese paulatinamente adquirir mayor autonomía en la realización de las actividades.

Mi fantasía era que, en los libros, mi acompañado pudiese encontrar algo que lo conquistase y que lo proyectara más allá de las elaboraciones con las cuales se refería a su pasado psiquiátrico. Tenía esperanza de que Grude encontrase, en la Sociología, en la Filosofía, en la Historia, en las Matemáticas, rudimentos de una nueva identidad social. Por cierto, como profesor de Filosofía, que también soy, fantaseaba sobre cuál sería el efecto de los diálogos socráticos sobre el imaginario de mi acompañado. Tenía la expectativa de que, así como mis alumnos en la universidad, Grude pudiese creer en la capacidad de saber para dar sentido, unidad, amor. O, entonces, tenía la esperanza de que Grude pudiese reconocer, en algún filósofo, un maestro, alguien en quien él pudiese confiar. O, por lo menos, esperaba que la interrogación filosófica generase en mi acompañado alguna duda, algún pedido de socorro por donde yo pudiese encontrar un lugar para mí.

Pero no fue eso lo que sucedió. Mientras estudiábamos juntos, por más que me esforzase, por más que dramatizase las ideas de mis maestros pensadores, yo no conseguía arrastrar a mi acompañado hacia dentro de la red de sentido que ellos tramaban. Las preguntas filosóficas no generaban en él duda, interés, deseo. Lo que no quiere decir que no hubiese entendimiento. El rendimiento de mi acompañado en las pruebas fue excelente. Pasó todas las pruebas de sociología y filosofía con notas ejemplares. Pero, en ningún momento, vi brotar en él alguna señal de involucramiento, de encantamiento. No lo veía dejándose incluir en el saber. Al contrario, el saber es el que paulatinamente, fue siendo fragmentado e incorporado en las formulaciones, inicialmente impenetrables, con las cuales mi acompañado interpretaba el decir de las voces que lo visitaban en el sueño y en la vigilia.

En cierta ocasión, después de que las notas fueran publicadas, por sugerencia de los colegas del CAPS, resolvimos hacer una fiesta sorpresa para Grude. Todos los usuarios fueron invitados. No teníamos idea del desastre que estábamos provocando. Al final, la cantidad de demandas formuladas en una fiesta tal vez fuese demasiado grande para Grude. Y, de hecho, en un momento dado de la fiesta, notamos que el homenajeado había desaparecido. Un día después recibimos una llamada telefónica del padre avisando que estaba huido. Eso porque, después de la fiesta, Grude llegó a su casa preguntando a su madre: "¿Por qué las personas están festejando si quien aprobó en los exámenes fui yo?". Dado que la madre respondió que las personas tenían afecto por él, y que el afecto vivía en el pecho, Grude quiso arrancar de la madre el corazón, para así ver el afecto más de cerca. La madre fue agredida por nuestra absoluta irresponsabilidad, no percibimos que el festejo demandaba a Grude una participación en nuestro deseo de éxito. No notamos la dificultad de Grude para lidiar con tantas demandas lenguajeras.

Grude reapareció tres días después en el CAPS, buscándome. Yo estaba de descanso. Según él, yo era su última alternativa. No podía volver a su casa, pues el padre lo quería preso. No podía albergarse junto a los traficantes, de quienes ahora tenía miedo, ya que, las ropas que les entregara no fueron suficientes para pagar las drogas consumidas. Ya no disponía de la tolerancia del amigo del grupo Autonomía, en cuya casa estuvo escondido y donde comenzaba a generar problemas. Fuimos a su encuentro a la casa de este amigo. Y por primera vez noté, en el modo en que asumía mis palabras, como si fuesen dichas por él mismo. Cuando le sugerí fijar un encuentro con su padre, respondió como si tal alternativa fuese la más íntima que le hubiese ocurrido. Y solo me dejó partir cuando le aseguré que jamás lo abandonaría, pues yo era su "sol".

Al día siguiente, fuimos al encuentro de su padre en su lugar de trabajo. Fue fácil convencer a Grude de que, por tratarse de un lugar público, él no correría riesgos. Interpelado por el padre sobre cuánto era capaz de respetar las leyes de la buena convivencia, Grude le dijo que entendía lo que era el respeto a la ley, al final, él había estudiado eso en las lecciones de filosofía que yo le había enseñado. Pero no sabía "cuando algo era una ley o no". Él solo sabía distinguir lo que era legal o no *a posteriori*, en función de los efectos. Si el padre reaccionaba con violencia, eso era señal de que una ley no fue respetada. "¿Pero cómo saber eso antes?, preguntó Grude. "Mi suerte" – continuó él – "es que ahora tengo mi profesor de filosofía por cuyos ojos yo puedo ver mejor el mundo". Quedé atormentado. Peor que la responsabilidad sentida en el abrazo emocionado que el padre me diera en el momento de la partida, fue el consentimiento frívolo del hijo al decirme: "haré lo que me digas".

La conversación fue muy importante para el padre, que no solo comprendió mejor la dificultad de Grude en responder determinadas demandas, sino que reconoció que él mismo demandaba más de lo que su hijo era capaz de responder. Aceptó mi pedido de disculpas por las demandas a las que sometimos a su hijo con ocasión de la fiesta; y ratificó su propósito de colaborar en el tratamiento. Se ofreció para llevar a Grude todos los días al CAPS y también a la universidad, donde podría participar de un proyecto de extensión abierto a la comunidad y que integraba filosofía y teatro.

No conseguía medir cuan próximo a mí había quedado Grude, antes de que lo peor viniese a suceder en la universidad. Fui avisado por el celador del edificio – en que el proyecto de extensión se realizaba – que un equipamiento de sonido había desaparecido. Las sospechas recayeron todas sobre Grude. Quedé dividido entre mantenerme como acompañante de Grude o ser representante de los intereses del grupo de extensión de la universidad. Conversé con la familia que confirmó que Grude tenía el aparato de sonido. Y al teléfono, elegí la peor forma posible de lidiar con mi acompañado: le pedí que devolviese el equipamiento, pues las "personas" podrían interpretar la actitud como robo. En vez de escuchar el propósito de Grude – y que no era otro sino mantener próximas a sí cosas que volviesen concreto el vínculo que tenía conmigo – le dirigí una nueva demanda lenguajera, a la cual él reaccionó muy mal. "¿Cómo podría robar una cosa que ya es mía?", me dijo con tono de indignación. Horas más tarde fui avisado por el padre de que yo debería tener mucho cuidado. Grude había desaparecido; y antes de salir había dicho a su madre que me vendría a matar.

La serie de equívocos en mis intervenciones, ciertamente me había enseñado alguna cosa. No se puede intervenir en un ajuste de búsqueda sin el soporte y la coparticipación de una red social capaz de operar, por un lado, con las demandas dirigidas a los sujetos de los ajustes de búsqueda, y por otro, con las excitaciones producidas por determinada función acto. Este es un trabajo de al menos dos: el AT y el analista de la forma. Por eso, tan pronto cuanto Grude regresó al CAPS, tratamos de procurarnos un tercero entre nosotros dos, precisamente, un clínico con quien mi acompañado pudiese elaborar sus vivencias sin que eso implicase asumir contratos en la vida social.

El trabajo de acompañamiento terapéutico tuvo continuidad. Sin embargo, ahora teníamos conciencia del ajuste que producíamos juntos: identificación positiva. Por eso, si a Grude mi disponibilidad le parecía el modo más simple de lidiar con las demandas sociales, mi tarea ética ahora sería introducir un límite que le valiese, sobre todo, la percepción de otras posibilidades de lidiar con las demandas. He ahí porque, tan pronto cuanto Grude volvió al grupo Autonomía y a las actividades del grupo de teatro en la universidad, elegimos un tercero que se interpondría entre Grude y yo, como manera de mostrar que no había exclusividad en mi forma de relacionarme con quienquiera que fuese; y que Grude no dependía verdaderamente de mí. El tercero escogido para esa función fue un antiguo compañero de internamiento de Grude y que ahora estaba participando en los talleres terapéuticos del CAPS. En el pasado, cuando ambos compartían la misma celda, este compañero ofrecía protección a Grude a cambio de cigarros. Entre ellos había nacido una gran amistad apagada por los años y que ahora yo intentaría recuperar. Todas las veces que Grude exigía la exclusividad de mi atención, me dirigía a este tercero, como si él fuese más interesante que Grude. Este tercero, de la misma manera, buscaba llamar para sí la atención de Grude, como si hubiese alguien más aparte de mí. Para nuestra tranquilidad, Grude acabó por respetar cierta distancia que impusimos en nuestra relación directa, aunque continúe de veras interesado en convertirse en aquel psiquiatra diferente.

INTERVENCIÓN

La intervención clínica en los ajustes de identificación positiva, sigue el principio que orienta la intervención en todos los otros modos de ajuste: i) en primer lugar, acoger el ajuste, ya que él es la forma posible en que el consultante enfrenta las demandas, ii) en segundo lugar, identificar el origen de las demandas, protegiendo al consultante del riesgo de brote y, iii) en tercer lugar, habilitar a las personas que conviven con el consultante, para actuar como si fuesen acompañantes terapéuticos o, preferentemente, como cuidadores; lo que a veces significa contratar personas para desempeñar esta función. Sin embargo, como reparamos en los comentarios que hicimos de los otros ajustes, cada cual tiene una peculiaridad. Podemos responder al aislamiento por medio de la inclusión pedagógica. Las alucinaciones pueden ser tratadas como juegos lúdicos. Las asociaciones y disociaciones deben poder ser transformadas en estrategias de interacción social. Ya en el caso de las identificaciones, el principio fundamental es la oferta de un límite: para las identificaciones negativas, el límite consiste en la valorización de las señales de vida; en las identificaciones positivas el límite consiste en la diversificación, lo que también puede ser entendido como la introducción de terceros.

El ofrecimiento de límites concretos a las empresas establecidas por la función acto en los ajustes de identificación positiva es una tarea muy delicada. No se trata de amonestar o privar al consultante de oportunidades, sino, antes que eso, mostrarle que goza de alternativas que no son aquellas con las cuales está identificado. Sin embargo, para que estas alternativas sean percibidas como viables, el consultante debe poder hacer elecciones, lo que significa que debe poder dejar atrás algunas de ellas. Como vimos más arriba, lo que justificó la producción de una identificación positiva fue justamente el exceso de expectativas sociales y la incapacidad de la función acto para escoger una entre ellas. Revertir la identificación positiva significa, por consiguiente, trabajar a favor de esta doble decisión, que consiste, por un lado, en abandonar algunas de las alternativas y, por otro, escoger una entre ellas. He ahí por qué la introducción de terceros entre el sujeto de la identificación y el objeto identificado consiste en una estrategia que puede facilitar la reversión de la identificación. En alguna medida, los terceros representan aquello que puede ser dejado, bien como aquello que puede ser escogido más allá de las posibilidades ofrecidas por los dobles con quien el sujeto del ajuste estaba identificado.

En el caso más arriba narrado, el retorno del antiguo compañero cumplió la función de diversificar las posibilidades de elección con las cuales Grude pudiese contar. El compañero escindió lo absoluto de las alternativas atribuidas al AT, permitiendo a Grude mirar hacia su vivir cotidiano desde otro punto de vista. Más allá de la disponibilidad del AT, había otras maneras de establecer vínculos, aunque ninguna de ellas fuese capaz de responder a todas las expectativas sociales. A su vez, la introducción de un segundo profesional, que fue el clínico con quien comenzó un proceso individual, permitió a Grude sedimentar la acción de despedida en relación a las alternativas con las cuales antes estaba identificado. El clínico individual ayudó a Grude a percibir los diversos tipos de límites implicados en su relación con el AT y de los cuales no necesariamente necesitaría responsabilizarse.

5. Ética, política y antropología de la atención gestáltica a las psicosis: el 'clínico', el 'at' y el 'cuidador'

ATENCIÓN GESTÁLTICA A LAS PSICOSIS:
EN TORNO Y MÁS ALLÁ DEL *AWARENESS*

POR MEDIO DE LA noción de ajuste creador, lo que los clínicos gestálticos originalmente pretendían era ocuparse de la experiencia del contacto con *awareness*, entendiéndose por *awareness* la capacidad de los cuerpos para desencadenar, junto a los otros cuerpos, un horizonte de futuro para aquello que fuese ambiguo entre ellos; específicamente, la impersonalidad de los hábitos compartidos. Cada experiencia de contacto con *awareness* sería un ajuste creador, aunque no toda la experiencia de creación fuese una vivencia de contacto con *awareness*. Lo que, por fin, nos posibilitó (Müller-Granzotto & Müller-Granzotto, 2008), sesenta años más tarde, ampliar la noción de ajuste creador e incluir, como una de sus modalidades, una vivencia de contacto que no necesariamente implica un flujo de *awareness*, como parece ser el caso de las experiencias que involucran formaciones psicóticas (mutismos, alucinaciones, delirios, identificaciones arbitrarias, entre otras). Al final, ¿podemos admitir alguna suerte de *awareness* en nuestra interlocución con el mutismo, con las alucinaciones, con los delirios o con las identificaciones arbitrarias? ¿Qué hay en las formaciones psicóticas que pueda ser considerado deseable (entendiéndose por deseo el horizonte de futuro buscado en la experiencia de contacto con *awareness*)? Y, si fuera posible desear una formación psicótica, ¿qué tipo de experiencia podríamos tener, sino con ella, al menos con las personas asociadas a ella?

Es muy importante aclarar de antemano que, cuando proponemos la ampliación de la noción de ajuste creador, incluyendo las formaciones psicóticas, no estamos defendiendo una tesis de inspiración nietzscheana, según la cual, en cualquier situación, siempre es posible "crear alegría", "transvalorar" las moralidades, reinventar el sentido en la propia partición de los significantes, "hacer contacto con awareness" etc. Este optimismo en torno al crear convertiría la noción de ajuste creador en un operador equivalente – por ejemplo – al "Ser-Uno-Todo-Virtual" de Gilles Deleuze (1986, 1997), como si cada experiencia creativa fuese apenas más un "simulacro" no relacional de una misma interioridad virtual donadora insensata de sentido como pura duración, como afirmación del acaso y del eterno retorno[34]. O, tal vez, el optimismo en torno al crear convertiría la noción de ajuste creador en un equivalente de la idea (pesimista) de una estética de la existencia volcada hacia la auto perfección y la autoafirmación del sujeto, como si, dando énfasis a los placeres y no al sexo, los sujetos pudieran reinventarse, sin recurrir a las identidades creadas por el sistema de nominación prejuicioso articulado para los dispositivos de sexualidad (conforme Foucault, 1981; 1984b). Así como cada simulacro derivado del doblez del ser sobre sí mismo, o tal como los modos de re-descripción de la subjetividad reveladas por las múltiples singularidades, la noción de ajuste creador correspondería a una especie de racionalidad del acontecimiento, capaz de asegurar la unidad de la experiencia – incluso desistiendo de las pretensiones metafísicas de apodicticidad (universalidad y necesidad). A contramano de esta versión filosófica de empleo de la noción gestáltica de ajuste creador, nosotros preferimos decir que la razón (inclusive la dionisiaca) no está en todo lugar (en todo simulacro, en toda singularidad, en todo contacto, etc.). O, entonces, nosotros preferimos seguir a PHG (1951,

p. 33), cuando admiten que no siempre el contacto está seguido de *awareness*. Más precisamente, creemos que el contacto con *awareness* – y que se define por la apertura de un horizonte de deseo a partir de la recreación actual del fondo de hábitos – no siempre es posible. Aún así es factible el contacto y, por consiguiente, un ajuste creador. Evidentemente, este ajuste tendrá un matiz muy diferente de aquel que envuelve el *awareness*. Él no movilizará un fondo de excitaciones, tampoco desencadenará un horizonte de deseos, como si cada experiencia de contacto contuviese un núcleo inquebrantable, cual "rizoma" o "estructura" más allá de la contingencia de la realidad empírica en que se esté situado. Al contrario, se tratará antes de una experiencia enraizada en la realidad; tan fijada en los diversos contenidos (vociferantes, imagéticos, imaginarios, pensados, entre otros) disponibles, que difícilmente parecerá inteligible o deseable, como es el caso de las formaciones psicóticas en general.

Alguien podría objetar nuestra posición y recordar que las formaciones psicóticas generan deseo, pues son temáticas recurrentes en la producción de muchos literatos, filósofos, psicólogos, cineastas y muchos otros intelectuales y artistas ¿Como afirmar que los delirios no son interesantes después de leer el "Simón Bacamarte" de Machado de Assis en *O Alienista* (1881-2)? ¿Cómo no encantarse con las logolalias de *Estamira* después del premiado documental de Marcos Prado que lleva como título el nombre de su protagonista? Sin embargo, todos estarán de acuerdo en que hay una diferencia entre las formaciones psicóticas de Estamira que vivía en la ciudad de Rezende en el Estado de Río de Janeiro y aquellas capturadas por las lentes del cineasta. Incluso en la hipótesis de que el recorte establecido por la cámara haya preservado lo esencial de la forma en que Estamira opera en el cotidiano, incluso aunque las lentes hayan conseguido capturar las formaciones psicóticas de Estamira ante aquellos que efectivamente conviven con ella, tal no es garantía suficiente de que el interés de los espectadores de la película sea por la locura de Estamira, antes que por la "película" sobre la locura de Estamira, por el encuadre cinematográfico de una vida que solo participa de la nuestra a título de género artístico, reflexión política, propaganda ideológica, entretenimiento, ilustración moral entre otras áreas del conocimiento. ¿Quién – además de los familiares, amigos y profesionales del CAPS – prestaría atención a las rarezas de Estamira[35] antes de la filmación? Lo que, evidentemente, no quita mérito al director y a su equipo. Ellos supieron producir aquello que, a partir de sus condiciones sociales, Estamira tal vez no fuese capaz de provocar, en caso de que quisiese o debiese, precisamente: deseo. Por eso, conforme pensamos, nosotros no podemos confundir las formaciones psicóticas que nos visitan en lo cotidiano con el deseable elogio a la locura profesado por grandes pensadores como Platón, Arthur Schopenhauer, Sigmund Freud, Karl Jaspers, Jacques Lacan, Michel Foucault, Federico Fellini, Ingmar Bergman, Alfred Hitchcock. Cuando son capturadas por los medios de comunicación – y ojalá lo continúen siendo – las formaciones psicóticas adquieren un espectro de deseo que no encontramos cuando las visitamos allá donde acontecen, en el seno de las familias anónimas, que luchan para mantener en el anonimato este extraño al cual no consiguen encontrar función o destino. En su lugar de origen, las formaciones psicóticas parecen refractarias a nuestra presencia. No nos interesamos por ellas – a no ser cuando podemos hacer de ellas algún objeto (como por ejemplo, objeto de estudio, de elogio, de comercialización, de especulación, etc.) destinado a despertar el deseo en un interlocutor que no es el propio psicótico. Motivo por el que, tal vez, debiésemos ser un poco más escépticos con nosotros mismos y preguntarnos: ¿tesis, ensayos, películas, novelas sobre la locura, a quién tienen como destinatarios? ¿Cuándo nos ocupamos, propiamente, de las formaciones psicóticas por ellas mismas? Y no es del todo extraño que lleguemos a la conclusión de que, si las formaciones psicóticas causan en nosotros algún deseo, ese deseo, de hecho, no tiene relación con las formaciones psicóticas, sino con el uso que podemos hacer de ellas como consecuencia de un tercero por quien nos interesamos más.

De hecho, para quien busca contacto con *awareness*, las formaciones psicóticas por ellas mismas parecen sin interés, anacrónicas, inadecuadas. Frente al interlocutor que espera no solo una información exacta, sino una información con valor de metáfora, que pueda ser aplicada en diferentes contextos discursivos, de modo que abra un flujo de conversación; el sujeto de la psicosis escoge fijarse a una palabra, la cual, por frustrar la expectativa de continuidad en la conversación, es considerada por el demandante un equívoco de percepción o, simplemente, una alucinación. O puede, el sujeto de la psicosis, fijarse a un acomodo de pensamientos disponibles y repetitivos, proferidos como si respondiesen al interlocutor, permaneciendo ajenos a las variaciones introducidas por las nuevas preguntas, lo que a los oídos del demandante sonará como delirio. Puede, aún, el sujeto de la psicosis fijarse a una novela que por ventura llevase consigo o sobre la cual tuviese alguna información, como si todas las preguntas que el interlocutor pudiese proponer ya estuviesen de antemano respondidas en aquella obra, lo que parecerá a los demandantes una valoración maniaca de la literatura.

Aun así, conforme a lo que dijimos más arriba, nosotros creemos que las formaciones psicóticas son ajustes creadores. A pesar del rechazo o imposibilidad de responder a las demandas con creaciones deseables, que abriesen nuevas demandas, las respuestas psicóticas operan creaciones, creaciones diferentes, dado que, fijadas en aquello sobre lo que no hay nada más que preguntar, no hay nada más que desear. Incluso no generando deseo, incluso caracterizando un tipo de contacto sin *awareness*, implican un manejo de la realidad que indica el trabajo creativo de una función acto. Si no encontremos gracia en la ecolalias de los "autistas" de Kanner, o no logremos comprender las logolalias de las "esquizofrenias" simbólicas, aunque no consideremos interesantes las asociaciones delirantes de los sujetos para los cuales alguien reconoció un "trastorno obsesivo-compulsivo", u oportunas las identificaciones producidas por los llamados "bipolares", tenemos que reconocer que, en la producción de estos sujetos, hay una fijación a las posibilidades que ya están dadas como naturaleza o aprendizaje. Lo que ya es por sí solo una creación. En vez de destruir la realidad en provecho de lo inédito (como se esperaría en una experiencia de contacto con *awareness*), la función acto fija, asocia, disocia, organiza y desorganiza las diferentes partes de su sociabilidad orgánica.

Y ¿Qué haría entonces que alguien se ocupe de este tipo de creación, si no despierta por sí mismo ningún deseo? Quien conoce o convive con personas que se ocupan de los sujetos de la psicosis sabe que no hubo elección para la mayoría de ellas: fueron más bien los sujetos de la psicosis los que se les impusieron. Algunas veces, somos parte de una familia en que, independientemente de las responsabilidades, no tenemos la alternativa de no convivir con aquel pariente que delira, alucina, se aísla, por ejemplo. Otras veces esto es una exigencia del propio oficio, como sucede a los profesionales que actúan en salud mental. Puede, aún, ocurrir que la psicosis nos visita cual accidente, episodio momentáneo que, sin embargo, dejará marcas profundas e inalienables. Esa es la razón por la cual creemos que lidiar con las formaciones psicóticas no exija deseo. Tal cual realidad, ellas se imponen. Frente a ellas no tenemos la alternativa de ignorarlas, al menos por mucho tiempo.

De donde no se sigue que creamos que la experiencia con la psicosis se limite a la atención a las formaciones psicóticas (mutismos, alucinaciones, delirios e identificaciones arbitrarias). Muchas personas se dedican a los sujetos de las formaciones psicóticas porque eso significa un aprendizaje, una oportunidad de participación en una diferencia, en un modo diferente de ver el todo social. Puede, aún, ser la ocasión de un provecho, de un reconocimiento, cierto *status* o satisfacción. O, quizás, lo hacen porque creen en un ideal, por ejemplo, en la posibilidad de que aquellos sujetos puedan ampliarse, como ciudadanos, como profesionales, de tal manera que gocen de mayor autonomía social. Es cierto – conforme a lo que mencionamos algunos párrafos más arriba – que lo deseable aquí no es la psicosis, sino algo que se puede alcanzar a partir de ella, lo que podemos considerar algo absolutamente legítimo. Tal como el cineasta, o el novelista, nosotros podemos servirnos de la psicosis para producir objetos de deseo que, incluso, acaban por acarrear beneficios a los propios sujetos de la psicosis.

Además, más allá de la experiencia de contacto sin *awareness* que caracteriza la atención a las formaciones propiamente psicóticas (o ajustes de búsqueda), más allá de la atención a la psicosis en nombre de un deseo (de reconocimiento) que ostentaríamos en relación a un tercero que no necesariamente tiene relación con la psicosis, podemos admitir una tercera forma de relacionarnos con la psicosis. Estamos hablando del cuidado que es dirigido a las personas llamadas psicóticas y que involucra nuestra participación en los sentimientos, creencias y pensamientos que podamos compartir con esas personas. Al final, además de las formaciones psicóticas (ajustes de búsqueda) y de la disponibilidad para aceptar – según ciertos límites – nuestros proyectos y programas de integración social, las personas consideradas psicóticas tienen una participación (a veces limitada, pero aun así visible) en los motivos que constituyen nuestro cotidiano antropológico. Ellas tienen vínculos familiares, frecuentan círculos de amistad, van a fiestas, buscan trabajo, tienen valores morales, ideologías, participan de agrupaciones deportivas, asociaciones diversas; en fin, viven esta dimensión de la existencia antropológica que la teoría del *self* denomina función personalidad. Por eso hay para los terapeutas Gestalt una tercera vía de interacción con las personas llamadas psicóticas. Más allá de los programas y proyectos con los cuales intentan realizar la inclusión política de las personas psicóticas, los terapeutas Gestalt pueden con ellas compartir una civilidad, una amistad, una convivencia amplia en el campo de la realidad social, lo que nos permite inferir que la experiencia gestáltica de atención a la psicosis tiene por lo menos tres dimensiones distintas y complementarias.

- Por un lado, existe la atención no deseada al que no desea, o, lo que es lo mismo, existe la experiencia de contacto "sin" *awareness* con las formaciones psicóticas (con los mutismos, con las alucinaciones, con los delirios, con las identificaciones arbitrarias etc.).
- Por otro, existe el deseo de algo en torno a la psicosis, que no la psicosis misma; en otras palabras, existe el contacto con la psicosis en nombre de un deseo como el de ver a los sujetos de la psicosis disfrutando de mayor autonomía.
- Pero también existe una tercera dimensión, que es la convivencia, el establecimiento de vínculos diversos, el compartir valores, creencias e ideologías.

A la primera dimensión la denominamos "ética": en ella los terapeutas Gestalt son clínicos y su función es acoger lo extraño que pueda surgir como suplencia psicótica de la función *ello*. A la segunda dimensión la denominamos "política": en ella los terapeutas Gestalt son acompañantes terapéuticos (ATs) que actúan en nombre de los deseos que puedan ser, si no demandados a los sujetos de la psicosis, al menos producidos según estos (lo que, por lo tanto, constituye una referencia a la función acto). A la tercera la llamamos dimensión "antropológica". En ella los terapeutas Gestalt actúan como cuidadores de la humanidad (función personalidad) que comparten con los sujetos de la psicosis. Discutamos un poco cada una de estas dimensiones[36].

DIMENSIÓN ÉTICA DE LA ATENCIÓN A LAS PSICOSIS: CLÍNICA DE LOS AJUSTES DE BÚSQUEDA

Ética (ver también Müller-Granzotto & Müller-Granzotto, 2009a, p. xviii): hace referencia no solo a la posición que adoptamos frente a las leyes, normas y costumbres de una comunidad. En su uso más arcaico, ética también significa la morada o el abrigo que ofrecemos a aquel que, de otra forma, no tendría un lugar. Es una actitud de acogida al extraño, independientemente del origen, destino o convicciones que posea. Con base en la terminología prestada por la teoría del *self*, denominamos a este extraño "función *ello*" (o "lo otro" trascendental, conforme a la discusión que establecimos antes con las escuelas de psiquiatría fenomenológica y de psicoanálisis lacaniano). Y por función *ello* entendemos el fondo interpersonal de hábitos compartidos de manera no representada por los diferentes cuerpos (o sujetos agentes) en un contexto específico, no relacionado con otros. Sin embargo, aunque sea frecuentemente exigido, hasta el punto de manifestarse como dimensión afectiva de la experiencia, los agentes de la experiencia poco se ocupan del extraño, originándose desde ahí el motivo por el cual la atención al extraño exige un trabajo de desvío, de deriva, que nos haga perder la lógica de las representaciones sociales en provecho del fondo de hábitos y respectivos efectos afectivos que puedan provocar. A este trabajo de desvío lo denominamos clínica (en el sentido de *clinamen*). De donde deviene que la dimensión ética de la experiencia de contacto con el extraño siempre implica una forma clínica de actuar. ¿Pero quién es, en el caso de las formaciones psicóticas, el extraño del cual los clínicos gestálticos tendrían que ocuparse?

El extraño – justamente por ser extraño – tiene, sino infinitas, al menos imprevisibles formas de manifestarse. Lo que no nos impide reconocer para ellas algunas características que se repiten en la experiencia clínica. Precisamente, las manifestaciones del extraño casi siempre provocan curiosidad, inquietud, ansiedad, en fin, diferentes modalidades de afección (las cuales son distintas de los sentimientos dado que no tienen la determinación semántica de estos). Además, las manifestaciones del extraño (y respectivas afecciones) inauguran la dimensión presuntiva de nuestra experiencia con el semejante, que es el deseo. A partir del momento en que descubrimos, en nuestro semejante, un rubor, una contracción o un brillo – los cuales no se dejan reducir a algún sentimiento, valor o pensamiento – comenzamos a producir fantasías (de repudio, de seducción, de dominación entre otras) respecto a lo que podría ser la "causa" de aquellas afecciones: he ahí el deseo. Y entre todos los modos de ajuste, el evitativo, tal vez, sea aquel en que el extraño esté más asociado al deseo[37]. Incluso tratándose de algo anónimo, generalmente inhibido, el extraño en los ajustes evitativos es un seductor. Él primeramente se muestra como una ansiedad, una precaución que el consultante revela en relación a algo vivido en el pasado o que pueda ser vivido en el futuro. El clínico queda interesado y, paulatinamente, se percibe enredado en una serie de demandas, que no tienen otro sentido que responsabilizar al clínico de la resolución de aquella ansiedad: sea mi modelo (confluencia); sea mi ley (introyección); sea mi reo (proyección); sea mi verdugo, tal vez mi cuidador (retroflexión); sea mi fan (egotismo) y así en adelante[38]. Cada una de estas demandas disimula un extraño que el clínico pasa a desear.

En las formaciones psicóticas la manifestación del extraño parece aun más extraña. Aunque esperamos de nuestro interlocutor (que es el sujeto de la psicosis) algo interesante, todo pasa como si no se dejase afectar. Es como si el sujeto de la psicosis no participase de la ambigüedad fundamental de lo cotidiano. Lo que tal vez explique por qué, frente a las formaciones psicóticas, nosotros los clínicos no nos sintamos demandados a compartir afecciones y deseos. Cuando mucho, sentimos que nuestro consultante "hace uso" de nuestras imágenes, acciones y palabras, como si así estuviese produciendo algo deseable, aunque, de hecho, parece no desear nada, solo alejarse de toda demanda por deseo. Es por eso que, frente a este extraño aún más extraño, nosotros los clínicos prácticamente no tenemos lugar. Lo que no solo veda cualquier tipo de interés que como clínicos, pudiésemos tener frente al extraño, sino que, también, desencadena, en nosotros, un insoportable estado de angustia. Al final, quedamos sin saber lo que pasa y sin saber lo que se quiere de nosotros.

Y, según nuestro modo de ver, es justamente por sustentar ese lugar de no saber, por lo que damos, como clínicos que somos, un lugar ético al extraño que se muestra en las formaciones psicóticas. Es por sustentar este lugar de no deseo, por lo que aseguramos al sujeto de las formaciones psicóticas la ocasión para que el extraño se manifieste, aunque esta manifestación no implique ningún tipo de consorcio o promesa de que nos podamos fiar. Se trata solo de una acogida sin expectativa de reciprocidad, de una convivencia sin afección, de un contacto sin *awareness*, dado que no siempre el semejante quiere, o puede, participar de lo que para nosotros es extraño, lo otro. Aun así él responde, a su modo, a nuestras demandas por afecto, deseo, en fin, por extrañamiento. Llamamos a estas respuestas ajustes de búsqueda.

Pues bien, este lugar de no deseo es muy difícil de ser sustentado. Y con frecuencia lo abandonamos en nombre de un deseo que podamos dirigir al sujeto de la psicosis con base en un tercero (como si el sujeto pudiese satisfacer a este tercero). Es como si el estilo de vida, las elecciones y las personas a las cuales el sujeto de la psicosis está vinculado pudiesen responder mis propias demandas establecidas a partir de otros lugares, otros contextos, de los cuales el sujeto de la psicosis no participa. Algunas veces este recurso sorprende por desencadenar, en los sujetos de la psicosis, afectos y deseos que no esperaríamos. Otras veces, sin embargo, nuestra demanda de deseo puede ser para estos sujetos la ocasión de un brote. ¿Hasta dónde el clínico podría también desear algo en relación con el sujeto de las formaciones psicóticas? Esta es una pregunta todavía sin responder. Sin embargo, es la que inaugura la "dimensión clínica" de la atención gestáltica a las formaciones psicóticas y que, en el contexto de la relación actual con el clínico, denominamos ajuste de búsqueda.

Conforme vimos en los capítulos anteriores, los ajustes de búsqueda son eventos de campo. Y como todo evento de campo, siempre están apoyados en un contexto, que no es otra cosa sino un evento social, por ejemplo, una sesión clínica, en la cual haya por lo menos dos agentes vinculados por medio de demandas de inteligencia social. Sin embargo, la existencia de demandas de inteligencia social no es suficiente para caracterizar una relación de campo. Al final, éstas se limitan a las representaciones sociales que podemos compartir. O, más aun, ellas están relacionadas con los valores, pensamientos, creencias e instituciones que constituyen la función personalidad, según la terminología de la teoría del *self*. La relación de campo, a su vez, presupone que, más allá de las demandas de inteligencia social, haya demandas de excitación, demandas estas que tanto pueden estar focalizadas en las afecciones a partir de las excitaciones, como en la producción de fantasías (o deseos) a partir de excitaciones. Pues bien, la peculiaridad de los ajustes de búsqueda es que los sujetos demandados no consiguen encontrar, para las demandas de excitación, las excitaciones esperadas. O, entonces, la cantidad de excitaciones evocadas es tan grande que no logran autorizar en sí ninguna fantasía (o deseo) por cuyo medio pudiesen operar con ellas. Razón por la cual buscan responder a las demandas (por excitación) sirviéndose de la propia realidad social de la cual disponen o en la cual están insertos (sea esta realidad lúdica, cinematográfica, literaria, laboral, educativa...) para con ella simular las excitaciones, afecciones y deseos exigidos por el(los) interlocutor(es). Cuando la simulación pasa por la elección de una parte de la realidad, como si tal parte correspondiese a una excitación, tenemos las alucinaciones. Cuando el sujeto agente (o función acto) del ajuste asocia o disocia deliberadamente la realidad, buscando simular un deseo, tenemos un ajuste delirante. Pero cuando el deseo simulado es consecuencia de una elección arbitraria de una totalidad ya establecida en la realidad, tenemos las identificaciones. Es aún posible que la función acto demandada se sirva de la realidad para defenderse de la demanda, estableciendo así un ajuste de aislamiento. De todos modos, en cada uno de estos ajustes, hay una creación según la realidad, como si esta pudiese suplir el interés del interlocutor por algo que, sin embargo, no está en la realidad. Pues bien, la tarea ética de los clínicos – comprendiéndose ética en su acepción originaria – es primeramente, acoger la producción del consultante que se ajusta en el modo de búsqueda. Tal significa, simplemente, permitir que el ajuste suceda – siempre que eso no implique la aniquilación de una de las partes o de un valor con el que estén identificados. Se trata simplemente de escuchar, observar, sin la pretensión de comprender, interpretar, ayudar o lo que quiera que sea. Este es un trabajo muy difícil, puesto que no implica ninguna suerte de *awareness* y, en este sentido, ninguna afección o fantasía deseosa.

Sin embargo, en la medida en que las formaciones psicóticas comienzan a repetirse o, mejor dicho, en la medida en que comienzan a diseñar para el clínico un estilo que se repite, llega el momento para que el clínico intente identificar las demandas a las que responden aquellas formaciones. Y es, precisamente, en ese momento cuando empiezan las intervenciones clínicas más activas. Por un lado, el clínico debe poder comunicar al AT del consultante – en caso de que haya uno – las demandas identificadas para que, en conjunto puedan establecer una estrategia de intervención con los demandantes. Por otro lado, se trata para el clínico de hacer pequeñas maniobras que – sin introducir nuevas demandas de excitación – habiliten las producciones psicóticas en cambios sociales mínimos, restringidas al dominio de la inteligencia social. Si a partir de ahí los consultantes se sienten aptos para operar con excitaciones, se trata de una cuestión sin resolver, sobre la cual ellos deben poder decidir.

La estrategia de habilitación de las producciones psicóticas en cambios sociales mínimos puede ser desempeñada de diferentes modos, dependiendo del tipo de ajuste. Conforme vimos en los capítulos anteriores, si fuera un ajuste de aislamiento, la idea es fortalecer los indicios de inteligencia social que en él pueda haber. El trabajo del clínico aquí es eminentemente pedagógico. Si fuera un ajuste alucinatorio, la idea es poder participar de él como si se tratase de un juego, lo que estabiliza el ajuste en torno a un conjunto mínimo de repeticiones. Si no pudiesen valer como deseos en torno a excitaciones motoras, las repeticiones al menos significaran alguna inteligencia social compartida. Si la respuesta psicótica fuese un delirio (sea él asociativo o disociativo), el clínico puede ayudar al consultante en el manejo de la formación delirante, hasta el punto en que éste sienta que tal construcción ya dispone de un mínimo reconocimiento, si no por cuenta de la capacidad para operar con determinada excitación lenguajera, al menos por la inteligencia social producida. Si la respuesta fuera la deliberación de una alienación identificadora con las posibilidades o imposibilidades del semejante, el clínico debe poder mostrar los límites de este recurso, hasta que el consultante nuevamente pueda asumir sus propias posibilidades de socialización.

Este trabajo, sin embargo, no puede desautorizar las otras dimensiones presentes en el modo en que el consultante, por sí mismo, busca hacer contacto con el clínico. Es un hecho que, con ocasión de las formaciones psicóticas, el consultante no demuestre interés por algo que no sea su propia formación. Pero hay otros momentos en los que el consultante está interesado en lo que interesa al clínico, o bien la humanidad del clínico causa placer al consultante, viniendo de ahí la noción de que el profesional debe poder renunciar a su no lugar como clínico, ahora en provecho de deseos que pueda compartir y, sobre todo, de una humanidad que pueda construir junto a su consultante. Sin embargo, no siempre el clínico puede desempeñar tales funciones solo. Razón por la cual, debe poder contar con el apoyo de otros profesionales, como el AT y el cuidador, lo que no impide que

CUADRO 1. Experiencia de campo e intervención en los ajustes de búsqueda

CATEGORÍAS DIAGNÓSTICAS RELATIVAS A LA RELACIÓN DE CAMPO		COMO LOS CLÍNICOS SE SIENTEN	COMO LOS CONSULTANTES SE PRESENTAN	POSIBLES ESTRATEGIA DE INTERVENCIÓN
Ajuste de búsqueda (la función acto no encuentra en el campo un fondo que le dé orientación intencional – awareness)	Aislamiento (ausencia de un fondo de hábitos motores y lenguajeros)	Sin lugar "invisibles"	Necesitando defenderse (comportamiento MUTISTA) de las demandas por excitación	Asesoría pedagógica
	Llenado (ausencia de hábitos lenguajeros)	Impotentes	Necesitando ALUCINAR (el consultante escoge una parte de la realidad que simula la excitación esperada por los demandantes)	Inclusión lúdica
	Articulación (el exceso de demandas de los semejantes desencadena el exceso de excitaciones)	Reducidos a la condición de espectadores	Necesitando DELIRAR (el consultante reorganiza la realidad en un todo que simula el deseo esperado por los demandantes)	Desplazamiento en dirección a construcciones con mayor poder de interlocución
		Reducidos a la condición de utensilio	Necesitados de un objeto de IDENTIFICACIÓN ya constituido en la realidad intersubjetiva que haga las veces del deseo esperado por los demandantes	Oferta de límite (introducción de un tercero)

pueda desempeñar las tres funciones, solo que en momentos diferentes. No se puede oír el ajuste de búsqueda, trabajar en nombre de la inclusión política y participar de la humanidad del consultante de una sola vez.

DIMENSIÓN POLÍTICA DE LA ATENCIÓN GESTÁLTICA A LAS PSICOSIS: EL ACOMPAÑAMIENTO TERAPÉUTICO

AUNQUE, EN EL TRABAJO clínico, nosotros los terapeutas Gestalt privilegiemos acoger los ajustes de búsqueda (de respuestas) producidos por los consultantes como consecuencia de las demandas (por excitación) a que puedan ser sometidos, ello no significa que nuestra relación con los consultantes esté pautada exclusivamente por estos ajustes. Y no solo porque el consultante pueda producir otros modos de ajuste, o porque haya, entre nosotros y ellos, una suerte de humanidad que ambos podemos compartir. Sucede que nosotros, como clínicos, incluso cuando trabajamos con los ajustes de búsqueda, estamos vinculados a terceros, de los cuales pasamos a desear algo, por ejemplo, que reconozcan nuestro trabajo, que nos digan lo que debemos hacer o hasta donde podemos ir de ahí en adelante. Como vimos en el tópico anterior, la acogida a los ajustes de búsqueda no está pautada en el deseo que tales ajustes podrían desencadenar. Al final, tales ajustes no desencadenan deseos. En otras palabras, los ajustes de búsqueda (como la alucinación, la asociación o disociación delirantes, las identificaciones positiva o negativa y el mutismo comportamental) son experiencias de contacto sin *awareness*. Y no es del todo extraño que nosotros como clínicos busquemos una referencia (del orden del deseo) junto a personas que no necesariamente tienen ligazón directa con las formaciones psicóticas de nuestros consultantes. Tal significa decir que, nosotros mismos, como profesionales, pasamos a desear algo en torno, o más allá, de los ajustes de búsqueda, lo que ciertamente tiene efectos éticos, pero, también, efectos políticos.

Los efectos éticos, como vimos, están relacionados con el hecho de que, en caso que el manejo de nuestros deseos en relación a terceros fuese impuesto al consultante como nueva demanda, tal podría provocar un brote en él. En otras palabras, en caso de que los deseos movilizados por nuestros colegas de institución, por los familiares del consultante, por la teoría clínica que seguimos o por las metas de los programas de salud a que estamos vinculados fuesen impuestos como una demanda (lenguajera) frente a la cual nuestro consultante debería posicionarse, nosotros podríamos amplificar las dificultades que precisamente exigirían de él ajustes de búsqueda, o podríamos hacer fracasar los ajustes que hubiese producido. He ahí por qué los trabajos que realizamos con sujetos psicóticos en órganos de asistencia – sean privados o públicos –, dado que están demarcados por metas que generan en nosotros deseo, deben ser administrados de modo que no transfieran, a los sujetos atendidos, los deseos generados. No es imposible que, en algún momento del tratamiento, el sujeto de la psicosis abdique de un ajuste de búsqueda en provecho de un deseo. Tal vez esto puede ser incluso esperado. Sin embargo, no debe ser impuesto, so pena de ver repetirse aquello que justamente colocó al consultante en situación de sufrimiento, precisamente la imposición de demandas y la correlacionada exclusión de los ajustes de búsqueda. La tarea ética de los profesionales que actúan como clínicos es, sobre todo, acoger los ajustes de búsqueda y establecer el manejo de las demandas a las que dichos ajustes son respuesta.

Esto no significa, en contrapartida, que los clínicos no puedan desear, de los terceros, algo en relación con los sujetos de las psicosis. Según nuestro entendimiento sobre lo que es un ajuste de búsqueda, podemos desear que el dueño de la tienda de comestibles comprenda que la ecolalia de nuestro consultante considerado esquizofrénico no sea sinónima de retraso mental o ingenuidad, sino un intento de interactuar con el enfado o con el entusiasmo que ni siquiera el comerciante percibe en sus propias palabras. Podemos desear que los padres de nuestro consultante autista no se avergüencen de la indiferencia con la cual su hijo opera con los pedidos por afección hechos por la pedagoga; al contrario, que nos ayuden a aclarar al profesional lo que aprendieron con nosotros acerca de la inadecuación del uso de afecciones en el trato con personas autistas. Podemos desear que las personas que circulan por las plazas comiencen a desear alguna cosa al vernos caminar en compañía de estos sujetos encorvados, refractarios a los ceremoniales sociales e investidos de comportamientos extraños. Podemos desear que las leyes brasileñas que obligan a las empresas de medio y gran porte a destinar una parte de las vacantes a personas consideradas "especiales" beneficien también a los sujetos considerados enfermos mentales; como también podemos desear que los poderes públicos, la iniciativa privada y las familias se concienticen sobre la importancia del trabajo que realizamos en provecho de la ampliación de la capacidad de nuestros consultantes para establecer contratos sociales. Podemos esperar, de la ciudadanía en general, especialmente de los políticos, apoyo a nuestros cuestionamientos sobre la eficiencia de los tratamientos de la psicosis pautados en el modelo de encarcelamiento, incluso verificado en muchas instituciones de salud. Podemos desear producir efectos en los lectores de nuestra literatura, en los frecuentadores de nuestros cursos, en los apreciadores de nuestras pinturas que tratan todos sobre las psicosis. Podemos, en fin, desear presentar al mundo a este sujeto que, incluso no comprendiéndolo, aprendemos a respetar y que es el sujeto de los ajustes de búsqueda. Que estos deseos de alguna forma afecten – preferentemente de manera benéfica – a los sujetos de la psicosis, es materia difícil de arbitrar. Pero ciertamente, ellos afectan a aquellos a quienes presentamos la psicosis, y de quienes esperamos acciones en beneficio de los sujetos de las psicosis.

Y he aquí el sentido político de la atención gestáltica a las psicosis. Se trata de un desplazamiento de los sujetos (de la psicosis) del campo de la clínica hacia el campo de la interlocución y del enfrentamiento al tercero con la "expectativa" de, así, generar en este tercero, sino un deseo, al menos una respuesta del orden de la inteligencia social. El profesional, aquí, no piensa en los ajustes de búsqueda propiamente dichos, no opera como un analista de la forma, cuya meta es eminentemente ética. Él opera antes que eso como un político, cuya intención es establecer interlocutores y enfrentamientos entre los sujetos de la psicosis y los representantes del otro social, de forma que se promueva una transformación en el medio social, en el propio otro social, que así pasa a incluir esta otra diversidad, que es el sujeto de la psicosis, para usar la letra de Foucault (1953, p. 87);

> Parecería, sin duda, inicialmente que no existe cultura que no sea sensible, en la conducta y en el lenguaje de los hombres, a ciertos fenómenos en relación a los cuales la sociedad toma una actitud particular: estos hombres, ni completamente como enfermos, ni completamente como criminales, ni hechiceros, ni enteramente también personas comunes. Hay algo en ellos que habla de la diferencia y llama a la diferenciación.

Es importante notar aquí que no se trata de entregar al sujeto de la psicosis algo que fuese ético, tal como una acogida a lo que en este sujeto fuese extraño, extrañamente no deseable. Se trata sí de entregar algo al medio social, que es ofrecerle la posibilidad de operar con este otro sujeto, con esta diversidad y, así, multiplicar (o dividir) las posibilidades económicas inherentes a la socialización y que tiene relación no solo con lo que puede ser aprendido (como valor, institución, cultura, riqueza), sino también con lo que puede ser deseado o, lo que es la misma cosa, representado en la realidad como inactual, virtual, ficcional.

El terapeuta Gestalt no trabaja aquí como un analista de la forma (PHG, 1951, p. 11), de esta alteridad de las representaciones sociales que es la forma (*Gestalt*), sino como terapeuta propiamente dicho, o sea, como agente del otro social, como productor de inestabilidad en el seno del otro social. Desde este punto de vista, el terapeuta Gestalt continúa siendo un clínico, al final, continúa produciendo desvíos (esta vez, desvío en dirección a esta diversidad que es el sujeto de la psicosis). Pero no como un clínico "para" el sujeto de la psicosis, sino para el otro social. Ahora, es un clínico político, interesado en el tercero, en el otro social, un verdadero siervo del otro social y, en este sentido, un verdadero terapeuta. Esto no significa, de ninguna manera, que el terapeuta Gestalt, en su atención política al sujeto de la psicosis, no le beneficie. Al contrario, puesto que su acción busca ampliar (o reducir) la "contratabilidad" social como un todo, ya que esta acción implica investir al sujeto de la psicosis de la condición de socio – partícipe o enemigo – del medio social, la acción política del terapeuta Gestalt también surte efectos en el sujeto de la psicosis; pero no en el sujeto que es "otro" (que delira, que alucina etc. y cuyo lugar solo puede ser el êthos, la acogida ética) y sí en el sujeto que es ciudadano o excluido, partidario u opositor, trabajador o desempleado, en fin, eventual representante (diverso) del otro social.

Es por eso que, cuando decimos que el terapeuta Gestalt da atención política al sujeto de la psicosis, decimos que actúa como "acompañante terapéutico". Él es acompañante porque es compañero; compañero político de aquel a quien acompaña por el bien (o por el mal) de la vida social, por el bien (o por el mal) del otro social a quien sirven (o contra quien conspiran); lo que hace de ellos terapeutas: aquellos que sirven al semejante. Llevar al sujeto de la psicosis a las reuniones del Consejo Municipal de Salud, al Puesto de Atendimiento del Sistema Único de Salud (SUS), a una manifestación contra el aumento de las tarifas del transporte colectivo urbano, a un espectáculo de un artista famoso, a una reunión de la Asociación de los Usuarios del CAPS; llevarlo a una clase de baile, pasear con él para enseñarle a usar el trasporte colectivo, ayudarlo en sus estudios de preparación para el ingreso en la universidad, o en los ejercicios prácticos para conseguir la habilitación como conductor; todas estas actividades son actividades políticas cuyo objeto no es el sujeto de la psicosis, sino la sociabilidad en general, los contratos de los cuales aquel sujeto intentará participar o de los cuales podrá ser excluido. Se trata de actividades de acompañamiento terapéutico, lo que significa decir, actividades compartidas buscando producir un efecto en el medio social, en el otro social, siendo tal efecto, o deseo, el deseo de una nueva configuración, que incluya al sujeto de la psicosis.

HISTORIA DE LA PRÁCTICA DEL ACOMPAÑAMIENTO TERAPÉUTICO EN BRASIL

Con toda justicia alguien podría aquí protestar y decir que el uso que hacemos de la expresión "acompañamiento terapéutico" va de la mano de una tradición de empleo que, conforme aclara Kléber Barreto (1997, p. 22-23), "surgió al final de la década de los 60 en Buenos Aires (Argentina), a partir del trabajo con consultantes en hospitales psiquiátricos" y que, "en la década de los 70 apareció en Brasil, gracias al intercambio científico-cultural entre estos dos países, pero, principalmente, con la inmigración de psicoanalistas, consecuencia de la situación política de Argentina". Aún, conforme con Kléber Barreto (1997, p. 23), inicialmente se usaba el nombre "amigo cualificado" para designar al acompañante terapéutico (y en algunas regiones de nuestro país aquel nombre todavía es usado). Con eso se quería describir "a la persona que se disponía a estar junto al consultante fuera de la institución y auxiliarlo en sus quehaceres cotidianos cuando fuese necesario: ir a consultas médicas, dentales o terapéuticas; retomar actividades escolares o profesionales e incluso a organizar su casa y su ocio". Sin embargo, paulatinamente, esta tarea pasó a agregar una serie de motivos clínicos y políticos provenientes, en primer lugar, de las interminables discusiones de la tradición psicoanalítica en torno a la noción de transferencia, lo que llevó a innumerables profesionales a preguntarse sobre la función del espacio (del consultorio, de los hospitales, de las instituciones manicomiales) en la construcción de un vínculo entre el analista y el consultante. Como resultado de estas discusiones, varios psicoanalistas comprendieron que, más importante que el espacio, en cuanto tal, es la presencia del analista en los diferentes espacios requeridos por los consultantes. "Los ejemplos en la literatura psicoanalítica", aboga Kléber Barreto (1997, p. 23-4), que nos hacen pensar directamente en el AT son los relatos de las experiencias clínicas de M. Sechehaye (1988), Winnicott (1984), Margaret Little (1990) y Khan (1991)". Para estos autores y aún con base en la lectura de Barreto (1997, p. 24), "el trabajo con determinados sujetos y/o en determinadas dimensiones del *self*, solo es posible con la presencia de la persona real del analista" en los diferentes contextos de vida de los pacientes. Cabe al analista implicarse ahí "con todos sus afectos y su personalidad, sacando provecho de recursos que trascienden la dimensión discursiva, tan privilegiada en la cultura occidental como campo simbólico por excelencia" (Barreto, 1997, p. 24). Lo que, por fin, acaba por investir las situaciones concretas vividas por el analista y su analizado, especialmente los objetos cotidianos de los cuales puedan servirse, de una dimensión simbólica tan importante como los discursos que pudiesen ser producidos en el consultorio a dos.

Estas discusiones, en fin, sirvieron de base para que los Acompañantes Terapéuticos (ATs) sudamericanos reconociesen, en este oficio, un desdoblamiento de la clínica psicoanalítica, lo que motivó una serie de estudios, con especial mención a otro trabajo de Kléber Barreto titulado *Ética e técnica no acompanhamento terapêutico: andanças de D. Quixote e Sancho Pança* (2006), que intentan buscar en las diferentes metapsicologías psicoanalíticas fundamentos éticos, técnicos y metapsicológicos que puedan orientar la práctica del AT (acompañante terapéutico). Recientemente, según el estudio establecido por Hermann (2008), Bazhuni (2010, p. 18) documenta algunas de entre las más expresivas producciones brasileñas respecto a la práctica del

AT pensadas a partir del psicoanálisis. Destacan los trabajos organizados por el equipo de Acompañantes Terapéuticos del Hospital de Dia "A Casa" de Campinas, ellos son: *A rua como espaço clínico* ("A Casa", 1991) y *Crise e cidade* ("A Casa", 1997)[39]. O, entonces, la recopilación de artículos denominada *Cadernos de AT: uma clínica itinerante*, organizada por Belloc, Cabral, Mitmann e Pelliccioli (1998), publicada en Porto Alegre. Bazhuni menciona también los trabajos producidos en régimen académico, como la ya mencionada obra de Kléber Barreto y la de Cauchick (*Sorrisos inocentes e gargalhadas horripilantes: intervenções no acompanhamento terapêutico*, 2001), Pallombini (*Vertigens de uma psicanálise a céu aberto: a cidade – contribuições do acompanhamento à clínica da reforma psiquiátrica*, 2007), Carvalho (*Acompanhamento terapêutico: que clínica é essa*, 2004), Pitiá y Santos (*Acompanhamento terapêutico: a construção de uma estratégia clínica*, 2005) y Araújo (*Do amigo qualificado à política da amizade*, 2005). Hay incluso revistas de psicoanálisis que dedican números enteros para pensar la cuestión del acompañamiento terapéutico, como es el caso de *Pulsional* (2001), *Estilos de Clínica* (2005) y *Psyché* (2006).

DIFERENCIA ENTRE ATS PSICOANALÍTICOS Y GESTÁLTICOS

Pues bien, si consideramos las intenciones programáticas de los ATs que operan a partir del discurso psicoanalítico, a saber, ampliar las posibilidades de establecimiento de vínculos transferenciales, especialmente con pacientes psicóticos, incluyendo el espacio cotidiano como territorio de intervención, nosotros no tenemos nada que decir, que no sea elogiar y aprender. En verdad, se trata de un psicoanálisis ampliado, que incorpora en su estilo de actuación consecuencias provenientes de la profundización de su propia reflexión sobre los pilares metapsicológicos que orientan la práctica del analista, especialmente las nociones de transferencia y manejo clínico de los representantes del inconsciente en sentido amplio. Y, como herederos de esa virtud crítica del psicoanálisis, los terapeutas Gestalt también experimentaron una ampliación de las posibilidades clínicas cuando se sumergieron en la noción de transferencia – lo que les llevó, como vimos en capítulos anteriores, a la noción de contacto con *awareness*. De alguna manera, la vivencia clínica del contacto es una radicalización de aquello que, en la transferencia se revela como incontrolable, a saber, la imposibilidad de determinar con precisión el lugar del clínico y del consultante. Y esta imprecisión implica, entre otras cosas, la responsabilidad del clínico con las diferentes dimensiones de su vida y de su proceso clínico que pueden reaparecer en su contacto con el consultante, aspectos estos que involucran, incluso, su presencia en el modo de obrar del consultante con el deseo en la realidad social.

Y, tal como sucedió con la clínica psicoanalítica – en la que el manejo de las formaciones psicóticas llevó a los psicoanalistas a cuestionar la noción de transferencia –, también nosotros, especialmente con ocasión de esta obra y con base en nuestra práctica de acogida e intervención en el campo de las formaciones psicóticas, fuimos llevados a cuestionar la noción de contacto con *awareness*. Al final, la fijación de los consultantes a la realidad nos hizo suponer que el contacto que ellos harían con nosotros estaría desprovisto de *awareness*, o, lo que es lo mismo, que en tales experiencias de contacto no habría la mediación de excitaciones afectantes y deseos. Razón por la cual, para conseguir operar con esta nueva forma de presentación del contacto, tuvimos que dedicar especial atención a la realidad y a la función de las demandas de excitación y deseo que, en las experiencias con sujetos psicóticos, parecían frustradas. En alguna medida, nuestra clínica, así como la clínica psicoanalítica, reconoció que la realidad social podría ampliar nuestras formas de atención a las formaciones psicóticas – aunque, conforme mostramos en la introducción y en el capítulo siete, disponemos de una forma distinta de comprender el papel y la presencia del medio social en la génesis y función de las formaciones psicóticas. Tal como sucedió a los ATs de orientación psicoanalítica, también fuimos al encuentro de los lazos sociales para comprender e intervenir en las formaciones psicóticas.

Sin embargo, a diferencia de los ATs de orientación psicoanalítica, no nos servimos del significante AT (acompañamiento terapéutico) para designar esta estrategia. Esto es porque, como explicamos anteriormente, hicimos una distinción entre la naturaleza ética, política y antropológica de interacción con los sujetos de la psicosis. La clínica – entendida como el espacio ampliado de acogida a las formaciones psicóticas – es una ética. Y, lo que parece, es que los ATs de inspiración psicoanalítica no hacen esa distinción. Salvo error, es como si la dimensión política inherente en la apertura de la clínica hacia el espacio amplio de la ciudad no fuese distinta de la dimensión ética. Es posible que, para una formulación psicoanalítica sobre la génesis y función de las formaciones psicóticas, esa no distinción no parezca problemática. Ya que, como afirma Hermann (2008, p. 17), la inclusión de los psicóticos en el medio social no es para los psicoanalistas un *a priori*, sino una estrategia para diversificar las posibilidades de vínculo transferencial. Sin embargo, para nuestra forma gestáltica de comprender las formaciones psicóticas, la no distinción entre la dimensión ética y la dimensión política de la intervención puede llevar al brote. Al final, si la psicosis es una dificultad para lidiar con las demandas por excitación y deseos, en razón de ser la política una demanda del orden del deseo, el uso político de la ética clínica puede agravar las dificultades vividas por los sujetos de las formaciones psicóticas. He ahí por qué decidimos separar la clínica (como analítica de la forma) de la clínica como AT (acompañamiento terapéutico), no porque la analítica de la forma debiese mantenerse lejos de las calles – al contrario, ella debe siempre explorar las diferentes posibilidades de contacto. Y sí, porque, sea en el consultorio o en la calle, hay una diferencia entre acoger lo que no genera deseo (precisamente, las formaciones psicóticas) y desear que el medio social lo haga (lo que es un propósito político).

Evidentemente, un clínico puede hacer análisis de la forma en el consultorio o en la calle. Así como puede hacer AT en un cuarto o a cielo abierto. Además, un mismo profesional puede actuar como analista de la forma y como AT de un mismo consultante. E, inclusive, en el mismo espacio. Pero nunca al mismo tiempo. Al final, son formas de contacto distintas. El contacto clínico con las formaciones psicóticas no implica deseo. El contacto político con los sujetos de la psicosis implica un deseo – compartido o no – por el medio social.

LA PRÁCTICA DEL ACOMPAÑAMIENTO TERAPÉUTICO Y LAS POLÍTICAS DE SALUD MENTAL

De esta distinción entre el oficio ético del terapeuta Gestalt en cuanto analista de la forma y el oficio político del terapeuta Gestalt en cuanto AT no se sigue que, para este último, la inserción en el medio social sea un *a priori* que se imponga a los consultantes. En primer lugar, porque no se trata de un deseo dirigido al consultante, sino de un deseo del profesional vuelto hacia el medio social. O, entonces, se trata del interés del profesional en provocar, en el medio social, deseo por el sujeto de la psicosis, lo que siempre es algo muy arriesgado, tanto para el medio social (que puede no desear al sujeto de la psicosis) como para éste sujeto (que puede no sentirse bien con las demandas de deseo del medio social).

De donde se sigue, además, nuestra prudencia en relación con el modo en que, a veces, en nombre de la reforma psiquiátrica y de la lucha antimanicomial concebida en los términos de la Ley Paulo Delgado (Ley federal 10.216 de 2001) – y que en el inciso II del Párrafo Único del artículo 2° asegura al portador de trastorno mental tratamiento buscando, cómo finalidad permanente, la reinserción social del sujeto, con la garantía de recuperación junto a la convivencia familiar, el trabajo libre y la circulación en la comunidad –, muchos profesionales hicieron de la formulación "ampliación de la contratabilidad social" un *a priori* que respondiese, por un lado, a la exigencia sanitaria de una terapéutica dirigida a la intervención en las propias formaciones psicóticas y, por otro, a las motivaciones ideológicas de aquellos que – inspirados en Michel Foucault (1975) – reconocieron en la diversidad de las minorías una forma de combatir los totalitarismos políticos. Por las mismas razones que antes nos sirvieron para distinguir la función ética de la función política en la atención a las psicosis, no creemos que la "ampliación de la contratabilidad social" pueda constituir una terapéutica de las formaciones psicóticas. Aunque tales formaciones sean respuestas a las demandas sociales de excitación, eso no significa que la inserción en el medio social sea una forma de atención a la condición específica de los sujetos de la psicosis – que según nuestra hipótesis, tiene relación con la extraña ausencia o con el extraño exceso de excitaciones demandadas. Si las formaciones psicóticas son respuestas a las demandas sociales, se trata de respuestas que cumplen la función de suplencias de aquello que extrañamente no se presentó o se presentó demasiado en el medio social, a saber, las excitaciones. Luego, desde el punto de vista ético (de la ética como acogida al sujeto), la inserción en el medio social no es de por sí un tratamiento. La inserción social puede incluso representar un agravamiento de la exclusión del sujeto de la psicosis. Razón por la cual, si es verdad que en toda intervención clínica debe primar la acogida social al ajuste producido por el sujeto, también es verdad que tal acogida solo se muestra provechosa al sujeto de la psicosis si va acompañada de un cálculo de las demandas.

De la misma forma, no creemos que los sujetos de las formaciones psicóticas – considerando la diversidad que representan – puedan siempre ser incluidos como agentes políticos. La inclusión es, más bien, un deseo del AT, del profesional de la salud mental partidario de la lucha antimanicomial; lo que no siempre va al encuentro de las posibilidades de los sujetos de las formaciones psicóticas, o de la capacidad social para soportar las formaciones psicóticas. Esto no significa que defendamos la internación compulsiva o "involuntaria" (en instituciones psiquiátricas o en hospitales de custodia e internación psiquiátrica) como una estrategia que pueda ser incluso discutida. En ninguna hipótesis la "exclusión" de las formaciones psicóticas puede beneficiar a los sujetos de la psicosis o a la sociedad. Al final, por medio de ella nunca logramos actuar sobre los motivos, sobre las funciones y los provechos sociales de las formaciones psicóticas. Más vale conceder al sujeto de la psicosis la posibilidad de aislarse, o de integrar, cuando la responsabilidad de esa integración pueda ser compartida por los involucrados, lo que significa decir que los involucrados deben arbitrar el respeto a los límites de cada cual; en el caso de los sujetos de las formaciones psicóticas, el límite de sus capacidades para operar con demandas por excitación. Sin embargo, la diversidad o peculiaridad en el modo en que el sujeto de las formaciones psicóticas opera con las demandas por excitación no es condición suficiente, menos aún necesaria, para que se arbitre la "inclusión compulsiva" de aquel sujeto – como si la suposición foucaultiana de que la inclusión implicase una crítica al dogmatismo, fuese un imperativo moral, a pesar de la ruina que tal imperativo pudiese representar para el propio pensamiento de Foucault. Creemos que el terapeuta Gestalt que actúa como AT podría – en vez de obligar al sujeto de la psicosis a incluirse en la red social u obligarle a tolerar delirios y alucinaciones – ayudar a la comunidad a comprender que, respetando los límites del sujeto de la psicosis, este pueda desempeñar acciones en beneficio de la ideología con la cual la comunidad está identificada. De esta forma, el AT gestáltico sustituye el estilo disciplinario de la institución psiquiátrica tradicional por una demanda (dirigida a la sociedad) de corresponsabilidad frente a las diferencias.

Pero, no es solo esto. El AT gestáltico puede aún desempeñar otra función muy especial, que es el ejercicio de la crítica social a las causas de la exclusión del sujeto de la psicosis, lo que puede tanto ser hecho por medio de intervenciones junto a los familiares y convivientes próximos al sujeto de las formaciones psicóticas, o por medio de intervenciones con las instancias políticas representativas de los intereses públicos. Y no es casual, como resalta Kléber Barreto (1997, p. 24), que consideremos el oficio del AT un legítimo heredero del movimiento antimanicomial mundial – que en Brasil repercutió en los términos de una amplia y profunda reforma psiquiátrica, que reconoció que "[...] en el caso de una crisis aguda (psicótica) el tratamiento no se restringe y/o no se agota en el confinamiento (aislamiento) y medicación. Se toma en consideración al sujeto en sus dimensiones afectivas, pulsionales, existenciales y sociales". Conforme a nuestro entendimiento, toda vez que el AT gestáltico denuncia, sea en la postura de un familiar o de un representante político de la comunidad en que vive determinado sujeto psicótico, una demanda abusiva para la que éste no logra encontrar una respuesta, aquel profesional cumple una importante función política, cuyos efectos se harán sentir tanto en el tratamiento ético-clínico como en la integración antropológica de su acompañado. Esta crítica puede incluso ser dirigida a los clínicos y a las instituciones de asistencia a los sujetos de la psicosis. Lo que significa que, en alguna medida, el AT puede actuar como aquel que subvierte las demandas, incluidas aquellas presentes en los diferentes tipos de tratamiento. De esta forma, el AT gestáltico ayuda a promover la diversificación de las modalidades de tratamiento, ampliando las posibilidades por cuyo medio la sociedad podría convivir con los sujetos de la psicosis.

En su acción concreta en el cotidiano del acompañamiento a los sujetos de la psicosis, el AT gestáltico debería poder trabajar, por un lado, como educador, pedagogo, en fin, como aquel que ayudase al acompañado a participar en los contratos sociales disponibles y por los cuales el propio AT gestáltico tenga deseo. Por otro, él debería poder trabajar como protector siempre atento a las demandas abusivas a las que el acompañado tuviera dificultad de responder. En este punto, específicamente, el AT gestáltico debería poder ayudar a los familiares a reconocer la presencia y los efectos de las demandas que, de modo no consciente, dirijan a los sujetos de la psicosis. Esto no quiere decir que el AT gestáltico no pueda, en algún momento, acoger la producción propiamente psicótica, aunque, en ese momento, deje de actuar como AT para asumir una función clínica. Según lo que dijimos, no hay impedimento alguno para que el AT actúe a veces como clínico y viceversa, siempre que estas actuaciones no sucedan al mismo tiempo. Conforme a la terminología de la teoría del *self*, el foco de la actuación ética como clínico es la producción establecida por el consultante en suplencia de la función *ello* demandada por los interlocutores – función ésta que hace relación a las excitaciones y respectivos efectos afectantes. En la actuación política como AT, el centro de atención del profesional es el deseo que él mismo pueda provocar en el medio social como consecuencia de su acción concreta – la cual hace relación, por lo tanto, a la función acto – de inclusión o protección al sujeto de las formaciones psicóticas.

De todos modos, la acumulación de las dos funciones puede representar serios riesgos a los consultantes. El más importante de esos riesgos tal vez sea la aniquilación de una de las funciones. Por estar vinculado a los familiares y a las instituciones que acogen a los sujetos de la psicosis, por desear estos vínculos, el AT puede fácilmente representar el interés de los familiares y de las instituciones, vedando, de este modo, la función ética que debiese desempeñar como clínico, a saber, acoger las formaciones psicóticas sin vincularlas a deseos y expectativas. Ese fue el caso de un muchacho a quien atendí como clínico por varios meses, pero a quien pasé a acompañar por insistencia de la madre. Fueron varias las visitas que hice al domicilio de este consultante/acompañado, lo que me dio la ocasión de conocer la dinámica familiar y las demandas que frecuentemente exigían de mi consultante/acompañado respuestas psicóticas. Comencé a intervenir junto a los familiares, haciéndoles aclaraciones sobre el vínculo estrecho entre sus pedidos y las respuestas alucinatorias del pariente. Sin embargo, como si se volviese evidente la estabilización del consultante, su madre – a quien interesaba que su hijo permaneciese "enfermo", como forma de tener una disculpa para retomar la vida profesional – comenzó a conspirar en contra de mi trabajo, estableciendo conmigo una ostensiva comunicación telefónica, que al consultante/acompañado le pareció una traición al contrato de sigilo que acordé con él. En cierto momento, el consultante/acompañado comenzó a rechazar mi posición de clínico, ya que todo lo que pudiese compartir conmigo acabaría por llegar a oídos de la madre. Con motivo de mi ambición por actuar en todas las dimensiones de su vida, no velé por el mantenimiento del lugar ético tan importante para el consultante. Por lo menos aprendí que, tratándose de las diferentes modalidades de atención que podemos dirigir a los sujetos de la psicosis, nadie es capaz de ejercerlas todas al mismo tiempo. Nadie trata la psicosis actuando solo. Necesitamos respetar la diferencia entre las dimensiones ética, política y antropológica, del tratamiento, lo que muy frecuentemente significa elegir una pareja, con la cual podamos compartir las distintas tareas.

DIMENSIÓN ANTROPOLÓGICA DE LA ATENCIÓN GESTÁLTICA A LAS PSICOSIS: EL CUIDAR COMO UNA INVERSIÓN HUMANA

Así COMO LOS DEMÁS ajustes pensados según la teoría del *self*, los ajustes de búsqueda son nuestras tentativas para identificar qué lugar podemos ocupar frente a las personas que nos requieren en nombre de una intimidad que deciden manifestar. Se trata de una propuesta ética, orientada hacia la acogida de aquello que de extraño pueda haber en el modo como el semejante habla de su intimidad. En el caso de los ajustes de búsqueda, lo extraño está relacionado con las formaciones alucinatorias, delirantes, identificatorias y de aislamiento que el sujeto produce aparentemente en respuesta a nuestras demandas por excitación y deseo. Y nuestro lugar frente a estos sujetos – conforme a la teoría del *self* – tiene que ver con nuestra disponibilidad para acoger aquellas formaciones e identificar las demandas que las exigieron. Es claro que podemos actuar de manera política, buscando despertar en el medio social interés y respeto por las producciones y límites de los sujetos que acompañamos. Se trata de una acción de tutela a los sujetos de las formaciones psicóticas con vistas a provocar en el medio social una ampliación en la forma en que el propio medio social comprende y vive, por ejemplo, su fantasía sobre lo que es la relación entre la ciudadanía y la psicosis. Sin embargo, mucho más allá de las formaciones psicóticas y del involucramiento en nuestras proposiciones políticas, los consultantes también nos entregan representaciones sociales con las que están identificados pasivamente, es decir, de modo espontáneo. En otras palabras, ellos también nos presentan valores, pensamientos e instituciones que constituyen sus identidades sociales. La intimidad que manifiestan no es aquí lo extraño, o nuestro interés en despertar – a partir de la convivencia con los sujetos de la psicosis – algún deseo en el medio social. La intimidad ahora es la horizontalidad de nuestra relación humana, nuestra coparticipación en motivos antropológicos, que podamos compartir como amigos o cómplices, tales como la fiesta, el luto, la esperanza, la alegría, la indignación. Y he aquí la tercera dimensión de la atención gestáltica al sujeto de la psicosis, la cual está centrada en eso que la teoría del *self* denomina función personalidad, a saber, nuestra participación en la humanidad de aquellos que conviven con nosotros. Se trata del cuidado dirigido a los diferentes vínculos que podamos establecer con las "personas" que se manifiestan más allá de las formaciones psicóticas y de nuestros deseos.

Seamos clínicos o ATs, nosotros sabemos que, en determinado momento de nuestra convivencia con nuestros consultantes y acompañados, somos seducidos por una "comunicación" que se establece antes en el campo imaginario de las representaciones sociales que podamos compartir (función personalidad) que en el campo simbólico (función acto) de las acciones compartidas en favor de deseos, o de suplencias de deseos, producidos a partir de las demandas por excitación (función *ello*). Tal significa decir que, a cierta altura de la relación (clínica o de acompañamiento), comenzamos a alimentar "sentimientos" hacia las historias, los valores y las personas con las que nuestros consultantes y acompañados viven. Percibimos en nosotros alegría, solidaridad, indignación, decepción, tedio – por hablar de algunos sentimientos – por recibir o pasear una vez más con esta persona o con este grupo, con quien ya nos sentimos familiarizados. De la misma forma, percibimos, en los consultantes y acompañados, el cultivo de un vínculo que sobrepasa los límites de la relación ética y política que hemos establecido con ellos. Y es común que los clínicos sospechen de estos sentimientos, como si su ocurrencia significase que no hubiesen sido capaces de mantener la atención centrada en las formaciones psicóticas, que son vivencias del orden del contacto (sin *awareness*), esto es, del orden de una satisfacción sin afección. O, entonces, no es raro que los ATs eviten estos sentimientos por miedo a distanciarse de la meta del acompañamiento terapéutico, que es una experiencia del orden del deseo, puesto que está dirigida a provocar efectos en el medio social. Sin embargo, creemos que, la ocurrencia de estos sentimientos de mutua vinculación entre el profesional y los consultantes/acompañados puede constituir una tercera región de atención a los sujetos de las formaciones psicóticas, que es el cuidado a las relaciones de identificación pasiva (o espontánea). Al final, más allá del espacio de no-demanda que los consultantes encuentran junto a sus clínicos, más allá del espacio de aprendizaje y de ampliación social que los acompañados encuentran junto a sus ATs, los consultantes buscan un tipo de vinculación que les permita pertenecer a un tipo de identidad y la vivencia del placer que esta pertenencia desencadena.

Pues bien, la elección de esta tercera dimensión de la atención gestáltica a las psicosis significa, por un lado, elegir un tercer "objeto", que es la identificación pasiva (y el sentimiento correspondiente que la acompaña) con las diferentes formas de socialización disponibles para el sujeto de las formaciones psicóticas, por ejemplo, la identificación pasiva con un valor moral, con una ideología, con una agrupación, con una forma de entretenimiento y así sucesivamente. Por otro lado, dado que la vivencia de las identificaciones pasivas incluye contextos sociales mucho más amplios que la escucha clínica y el acompañamiento terapéutico, la atención a tales identificaciones implica una expansión de la atención gestáltica. Esta puede suceder no solo en el circuito cerrado del escuchar las formaciones psicóticas propiamente dichas, o en el espacio geopolítico de actuación del acompañamiento terapéutico. La atención gestáltica a los sujetos de la psicosis también puede suceder en el dominio antropológico de los vínculos sentimentales que los sujetos de la psicosis establecen con los familiares, con la comunidad y con los propios profesionales. Dicho de otro modo: la atención gestáltica a las psicosis también puede suceder en los corredores de las instituciones, en las calles de los barrios, en las gradas de un estadio de fútbol, en el domicilio del acompañado; cuidando siempre los diferentes vínculos sentimentales creados entre los profesionales y las personas supuestamente psicóticas.

Este fue un descubrimiento que hicimos a partir de pedidos que se repetían con mucha frecuencia, tanto en la atención clínica individual como en los trabajos de acompañamiento terapéutico en grupo realizados en los CAPS. Varias veces los sujetos involucrados preguntaban si no existía la posibilidad de un encuentro social entre los profesionales, consultantes y acompañados, sin que eso implicase un trabajo de atención a las "locuras de cada uno" (referencia a las formaciones psicóticas), o sin que tal encuentro implicase la realización de una tarea planeada por un tercero (sea este el profesional, el Estado o la familia). Los consultantes y acompañados querían un espacio de convivencia para "conocerse más", para interactuar, sin que eso estuviese vinculado a un propósito – por ejemplo – de la asociación de usuarios; o sin que eso fuese un trabajo terapéutico dirigido al análisis de los síntomas o formaciones psicóticas de cada cual.

Tales pedidos nos motivaron a organizar fiestas de confraternización cada fin de mes en el CAPS, asados y cabalgatas en la propiedad rural de uno de los sujetos acompañados, o también en el campo de uno de nuestros profesionales. Fueron momentos muy intensos, en que pudimos acompañar la humanidad de cada sujeto, la explicitación de sus valores, creencias y diferencias, sin que eso estuviese relacionado con un propósito ético (en el sentido clínico) o político. Por ejemplo, uno de los sujetos, que era mi consultante individual, encantó a todos con sus habilidades con los caballos: "Para hacer amistad con un caballo", decía él, "nunca miren directamente a los ojos del animal. Denle algo de comer, después lentamente alcancen su lomo con las manos, para que el animal sienta nuestro pulso", concluía. Los intercambios humanos eran muy ricos. Conocedores de las características de unos y de otros, sugerían entre sí el tipo de actividad que podría ser de valor para cada cual: "Tú, fulano, que eres muy agitado, monta en esta jaca. Luego encontrarás la calma. Pero tú, mengano, que eres muy lento, monta en esta yegua rápida: tú vas a ver que eres más ágil de lo que imaginas". Y alrededor del fuego hecho en el suelo, el aroma de la grasa quemada en las brasas animaba a los amigos a contar historias sobre la infancia, hablar de sus frustraciones y decepciones, recordar canciones, contar chistes y plantear sus reclamos, sobre todo de los profesionales. Ciertamente que entre una historia y otra, siempre había alguien que demandaba más de lo que se podía hacer frente; y, entonces, los delirios volvían... Pero nadie se molestaba con ellos. Cada cual, por sí, sabía de la función que los delirios y otras formaciones psicóticas presentes cumplían. Pertenecíamos ahora a una misma familia, con sus límites y diferencias, alegrías y rarezas; pero con la ventaja de que estábamos advertidos sobre la importancia de respetar la aparición de las formaciones psicóticas siempre que una solicitud intersubjetiva pareciese excesiva.

Esta relación se extendió a las casas de los consultantes y de los participantes del grupo de AT. Después de dos meses, había una red social más allá de las dependencias del CAPS e independientemente de los programas propuestos por el grupo de AT. Lo que significaba, por ejemplo, que yo podía visitar a mi consultante en su casa no solo cuando él estuviese en brote, sino incluso para almorzar la gallina que su esposa había preparado para conmemorar la reconciliación del padre con las hijas. O, más aún, tal significaba acciones solidarias de los colegas del grupo de AT entre sí. Después de las fuertes lluvias, el barrio en que residían fue invadido por el agua. Ellos, entonces, se organizaron para ayudar a la Defensa Civil a rescatar a una usuaria, también participante del grupo de AT, que quedó aislada. Y por más que mi mirada jamás dejase de ser clínica, otras veces política, podía percibir una sociabilidad autónoma que sucedía independientemente de mí, y para la cual siempre era invitado sin sentirme obligado. Mis consultantes y acompañados desarrollaron una capacidad de cuidado mutuo independientemente de las demandas institucionales, pautada en la tolerancia a aquello que de extraño pudiesen manifestar.

Esta convivencia, además, trajo muchos beneficios para la actividad clínica y para los trabajos de acompañamiento terapéutico. Es como si la complicidad alrededor de un sentimiento construido y compartido en el amplio campo de la convivencia fuera del consultorio hubiese firmado, cual garantía, la disponibilidad del clínico para oír de su consultante los delirios. O es, entonces, como si la identificación pasiva con la misma afición, convirtiese al acompañante y al acompañado en cómplices en la tarea política de encontrar, para el segundo, un puesto de trabajo en el supermercado del barrio. En cada actividad desarrollada, las tres dimensiones (ética, política y antropológica) de la actividad gestáltica con los sujetos de la psicosis, convergían sin igualarse: cuando una dimensión era figura, las otras eran para ella el fondo y viceversa.

Lo que, por fin, nos motivó a crear también en nuestra institución[40] – originalmente dirigida hacía el trabajo clínico y la formación de terapeutas Gestalt – un espacio social de convivencia, abierto al público, y construido alrededor de un tema de interés común a los consultantes asociados a la psicosis, precisamente, la ficción científica. Descubrimos con nuestros consultantes que, en la literatura y en las películas de ficción científica, no hay diferencia entre la realidad y lo ficticio; lo que liberta a los sujetos para buscar "más allá" (cual horizonte trascendental) aquello que pudiese satisfacer la exigencia (empírica) de entretenimiento establecida por la obra, su creador o por los otros apreciadores. De alguna manera, en la obra de ficción científica, la virtualidad de lo deseable está demostrada en los efectos especiales y en la recreación ficcional del mundo. No es tanto el mundo que se vuelve ficticio, sino que lo ficticio se vuelve mundo, y, en este sentido, accesible. Todas las semanas, por iniciativa y coordinación de una de nuestras profesionales colaboradoras[41], hacíamos una sesión de reproducción de películas de ciencia ficción, en la que los consultantes y demás interesados, más que sentirse acogidos en sus modos de ajuste, encontraban espacio para compartir sentimientos e identificaciones pasivas con cierto estilo para disfrutar del arte y definir la vida social.

Esta forma de ampliar – más allá de la clínica y del acompañamiento terapéutico – la atención a los sujetos de la psicosis va al encuentro, como anunciamos algunos capítulos antes, del trabajo y de la propuesta de una clínica psicosocial de las psicosis, elaborada por Marcus Vinícius de Oliveira Silva (2007). En asociación con la terapeuta ocupacional Eduarda Mota, ambos supervisan desde hace cuatro años el "Programa de Intensificación de Cuidados a Consultantes Psicóticos", que está dirigido a los consultantes con historial de internamientos psiquiátricos reincidentes o en plena crisis y que frecuentan el Hospital Psiquiátrico Mario Leal, localizado en Salvador, Bahía. Conforme con Silva (2007, p. 10), no obstante integrar el sistema tradicional de instituciones psiquiátricas, el Hospital Mario Leal se mostró abierto a las ideas fundamentales que orientaron la reforma psiquiátrica brasileña. Sus dirigentes redujeron el número de camas al mínimo y abrieron las puertas de la institución a las universidades y a las nuevas tecnologías de intervención en la psicosis, como la atención domiciliaria a los sujetos en crisis (Guimarães, 2007, p. 136). Silva e Mota (Silva, 2007, p. 12) llevaron a los consultantes internados en el Mario Leal, bien como a los que regresaban a esta institución en busca de apoyo, el estilo de intervención desarrollado en el Laboratorio de Estudios Vinculares y Salud Mental del Departamento de Psicología de la Universidad Federal de Bahía – estilo desarrollado y ejecutado por practicantes de varios cursos, especialmente de los cursos de Psicología y Terapia Ocupacional, y que sus proponentes denominan justamente de "Programa de Intensificación de cuidados a Consultantes Psicóticos". Conforme Silva (2007, p. 17),

> [...] el programa está basado, fundamentalmente, en la idea de promover una intensa inversión humana, cuidando la inversión humana, en pro de las necesidades del sujeto que está en crisis o del sujeto psicótico en el mundo, y ver lo que la gente puede hacer, a través de esta inversión, para producir un cambio en su calidad de vida, en su posición en el mundo, en su libertad. Y es por eso que digo que no hay un programa realmente, que el programa es, en verdad, la presencia de los practicantes con los consultantes, es una presencia orientada.

Aún para Silva (2007, p. 40), por *intensificación de cuidados a los consultantes psicóticos* se comprende

> [...] un conjunto de procedimientos terapéuticos y sociales dirigidos al individuo y/o a su grupo social más próximo, buscando el fortalecimiento de los vínculos y la potenciación de las redes sociales de su relación, así como el establecimiento de éstas en los casos de desafiliación o fuerte precarización de los vínculos que les dan sustentación en la sociedad. De

carácter activo, la "intensificación de cuidados" trabaja con la lógica de "uno por uno" y pretende coger al individuo en el contexto de su vida familiar y social, estableciendo un diagnóstico que respete la complejidad de cada caso en sus peculiaridades psíquicas y sociales.

Se trata, pues, de una propuesta de "clínica psicosocial de las psicosis", la cual debe poder ser entendida como una "clínica que se hace donde el sujeto vive y habita, en su domicilio y con su 'comunidad': su familia y sus conocidos, los compañeros con los que él comparte su vida social". En términos de Silva (2007, p. 11), "articulando recursos diversos – atención domiciliaria, acompañamiento terapéutico, colectivos de convivencia, redes sociales, soporte y asesoría, cuidados a la familia, proyectos, paseos, fiestas", esta clínica se guía por una regla única, a saber, "intensificar los cuidados humanos, realizando las ofertas compatibles con las necesidades de los sujetos, asumiendo las responsabilidades a través de una presencia intensa y orientada". Se trata de una atención al sujeto de la psicosis más allá de los espacios orquestados por la autoridad (psiquiátrica, psicológica, psicoanalítica o terapéutica). Los profesionales y los practicantes, según esta propuesta, deberían poder participar de los diferentes tipos de contratos sociales a partir de los cuales los sujetos producen respuestas supuestamente psicóticas.

Es verdad que, en su tentativa de ofrecer referencias teóricas a su práctica, Silva (2007, p. 99) formula hipótesis, según él, de "extracción psicoanalítica", dado que el psicoanálisis ofrece "interesantes posibilidades para pensar la instauración del psiquismo como instauración orgánica del régimen social de la vida humana, rompiendo con la dicotomía individuo/sociedad". Se sirve especialmente de la teoría lacaniana de la alienación (del ser en el lenguaje del otro) ya que ella nos permite pensar la génesis social de la formación del sujeto del psicoanálisis: el sujeto no es sino este efecto de falta vivido por un cuerpo en la medida en que descubre que no está a la altura del significante que le fue atribuido por el otro. Sin embargo, traduce la noción de falta por el concepto de vínculo, lo cual justamente designaría la tentativa malograda de cada cual para pertenecer al campo del otro. Esta operación permite a Silva (2007, p. 81) inferir la prevalencia de un "registro psíquico 'normo-neurótico' del funcionamiento de la vida social", registro éste que "presupone como condición la *alienación vincular* – situado el vínculo como modo fundamental de ligazón con el otro, *"philia"* – propiciadora de la ilusión del compartir intersubjetivo". La psicosis, desde este punto de vista, no sería más que otra versión sobre el fracaso de la alienación vincular: "en el registro de la psicosis, el 'otro' aparece como un elemento enigmático frente al cual el psicótico titubea, problematiza la relación y encuentra limitaciones relacionales". He ahí por qué razón, incluso la relación transferencial con consultantes psicóticos, se encontraría en principio comprometida. Y el desafío del analista sería justamente reconstruir la ilusión del compartir intersubjetivo. La transferencia, punto de partida de la práctica clínica, debería ser entendida como una relación vincular – y no la relación vincular como una suerte de transferencia. En palabras de Silva (2007, p. 31), "no es el vínculo el que es un tipo de transferencia, sino la transferencia la que es un tipo de vínculo". De tal manera, que la propuesta de una clínica psicosocial regida por la intensificación de los cuidados a las relaciones vinculares, constituye "una provocación del campo, el principal campo orientador de la fundación teórica de la preparación para la clínica mental, que es el psicoanálisis". Más aún, según el autor, (Silva, 2007, p. 31), se trata de tomar "la transferencia a modo de una relación vincular muy especial, y nosotros estamos partiendo de la trasferencia para decir que todo es vínculo". Aun así, advierte Silva (2007, p. 32), no podemos olvidar que, en el seno de las relaciones vinculares, somos todos "sujetos precarios", los psicóticos, sujetos psíquicos con un tipo de precariedad, sus familiares con sus precariedades y nosotros con nuestras precariedades: un encuentro de precarios".

Como se ve, con su noción de vínculo, Silva llega muy próximo a la forma en que nosotros pensamos la atención al sujeto de las formaciones psicóticas. No tanto porque estemos de acuerdo con su adhesión a las hipótesis formuladas por Lacan; sino porque también para nosotros todo contacto con el semejante es precario, o, como preferimos decir, es ambiguo: nunca sabemos hasta qué punto nosotros lidiamos con algo que sea nuestro, o con algo que sea el efecto del otro en nosotros, lo que es lo mismo que decir, que nunca sabemos hasta qué punto la alienación es o no el caso, como si hubiese entre nosotros y los semejantes un campo de indeterminación.

De ahí no se sigue, sin embargo, que la precariedad necesariamente nos conduzca al sufrimiento. La noción de precariedad propuesta por Silva, en la medida en que se basa en la teoría lacaniana del sujeto como un efecto de falta producido por el proceso de alienación, necesariamente nos conduce a la idea de sufrimiento. En otras palabras, en razón de nuestra precariedad constitutiva frente al otro a quien intentamos satisfacer, nosotros todos somos sufridores; y los psicóticos, sufridores "al cuadrado", una vez que, a diferencia de los neuróticos, estarían desprovistos de los medios para defenderse del otro (en los términos de una comunicación normo-neurótica). Esta tesis, sin embargo, es problemática, ya que nos impone aceptar que todos nosotros, como sujetos del inconsciente, estamos gobernados por pulsiones denunciadas por el otro. No solo eso, puesto que las pulsiones siempre están en desacuerdo con la realidad del otro, siempre generan sufrimiento. Sin embargo, los psicóticos están ahí para mostrar que, no siempre, están lidiando con pulsiones. Al contrario, de un modo general, ellos están fijados a la realidad para dispensarse de lidiar con las demandas de pulsiones. Al final, incluso cuando las demandas lo exijan, no siempre los psicóticos encuentran las pulsiones demandadas. Además, cuando las encuentran, no siempre están vinculadas al sufrimiento. De tal manera que, en vez de tener que explicar el sujeto a partir de la suposición de un principio de insatisfacción y el consiguiente sistema de defensa (fallado en el caso de la psicosis), preferimos pensar a partir de la teoría del *self*, para la cual las pulsiones (en cuanto fondo de hábitos retenidos de las experiencias pasadas) corresponden apenas a una de las tres dimensiones de nuestra inserción en el campo intersubjetivo (las otras dos son la función acto, principio de individuación en forma de creaciones simbólicas virtuales; y la función personalidad, conjunto de valores, pensamientos e instituciones compartidas). Conforme PHG (1951), en las psicosis, todo pasa como si no se configurase, para nuestras acciones presentes, un fondo de excitaciones (o de pulsiones). Aun así, los sujetos pueden crear, con base en la función personalidad disponible, suplencias de estos fondos. Se trata de las formaciones propiamente psicóticas, las cuales no necesariamente están vinculadas al sufrimiento. Si hay precariedad, esto no quiere decir que haya sufrimiento, toda vez que las formaciones psicóticas pueden perfectamente bien estar integradas en la realidad cultural en que suceden. El sufrimiento sucede cuando tal realidad cultural desprecia y excluye la formación psicótica; lo que, debemos admitir, es la condición más frecuente. De todos modos, en ambos casos, tanto en los contextos en que las formaciones psicóticas son aceptadas como en aquellos en que son rechazadas, lo que importa al clínico gestáltico es ofrecer soporte y contención a las formaciones psicóticas. Se trata de la producción de vínculos en torno a aquello que el sujeto de la psicosis puede ofrecer, precisamente, sus formaciones psicóticas.

Y si no pudimos acompañar a Silva en su forma de comprender la psicosis a partir de la primera clínica lacaniana, podemos compartir con él la idea de que la precariedad comunicativa autoriza la invención de vínculos diversos. Y he aquí la posible convergencia entre el discurso sobre la intensificación de los cuidados con las relaciones vinculares y nuestro discurso sobre la atención gestáltica a las formaciones psicóticas. Así como la intensificación de los cuidados a los sujetos psicóticos es algo mucho mayor que el manejo simbólico de los síntomas (Silva, 2007, p. 28-9), o que el acompañamiento didáctico al sujeto de las psicosis (Silva, 2007, p. 29); la atención gestáltica a los sujetos de las formaciones psicóticas implica diferentes posibilidades de consideración del contacto que podamos establecer con tales sujetos; posibilidades éstas que incluyen, además de la acogida ética a las formaciones psicóticas propiamente dichas y del acompañamiento didáctico al sujeto en su pasaje por los desafíos que nosotros le proponemos como agentes políticos, los cambios humanos en el plano de los vínculos antropológicos.

Aquí, aun así, es necesario hacer una observación. Aunque se trate solo de una cuestión terminológica, nos gustaría acentuar que, si para Silva (2007) la noción de vínculo parece abarcar el todo de las formas de manifestación del sujeto de las psicosis en el campo psicosocial, para nuestro discurso, la noción de vínculo se restringe a las vivencias de identificación en torno a representaciones sociales que puedan ser compartidas (función personalidad). En este sentido, la atención a los diferentes vínculos sentimentales establecidos en torno a identidades sociales no designa el todo de la atención gestáltica a los sujetos de la psicosis. Solo la dimensión antropológica. A ésta nosotros todavía tenemos que agregar la dimensión ética (que corresponde a la manifestación de las formaciones psicóticas propiamente dichas) y la dimensión política (que corresponde a la participación de los sujetos de la psicosis en las estrategias didácticas formuladas por el medio social representado por el AT). Si debiésemos escoger un término para designar la totalidad de las manifestaciones psicosociales de un sujeto asociado a las psicosis tal vez prefiriésemos el término contacto. Es decir, podemos admitir diferentes niveles de contacto, así como Silva (2007) tal vez pueda hablar de diferentes dimensiones del vínculo (por ejemplo, una dimensión real, otra simbólica y otra imaginaria, para preservar la ascendencia lacaniana). Aun así, no nos parece que en su elaboración Silva (2007) haya establecido una correlación entre las diferentes dimensiones del vínculo y los diferentes estilos de actuación, como nosotros hicimos entre las diferentes dimensiones del contacto (el contacto ético, el político y el antropológico) y las diferentes modalidades de intervención (analítica, de acompañamiento terapéutico y de cuidado). Un capricho metodológico que invita a los interlocutores a interesarse por las contribuciones que la teoría del *self* (y su tripleta apuntada hacia las relaciones de campo) puede prestar al campo de la práctica.

Por fin, vale recordar que estas diferentes dimensiones de la atención gestáltica y respectivas estrategias de actuación (como analista de la forma, como AT y como cuidador) no designan tres oficios distintos, que debiesen ser ejecutados por personas diferentes que, peor aún, ni siquiera se comunicasen. La actuación como analista de la forma, como AT, o como cuidador, es una elección del profesional, dependiendo de aquello que para él se presente como figura en su relación concreta con el sujeto de la psicosis. Si para él la manifestación de lo extraño (como alucinación, delirio, identificación activa o aislamiento) fuera figura, elegirá una acogida analítica. Pero si para él fuera figura su deseo de ver integrado en determinado ritual social al sujeto que él acompaña, el profesional actuará como acompañante. Por fin, si el profesional considerara que lo emergente en el campo fuera una identificación con determinado valor, ideología o institución, él privilegiará la atención al sentimiento correspondiente. Por consiguiente, podrá elegir cuál es el espacio y cuál es la tecnología de intervención más adecuada: el escuchar (en el caso del análisis), la asesoría didáctica-política (en el caso del AT), o el frecuentar el ambiente antropológico, como la familia o la comunidad (en el caso del cuidador). De todos modos, no conseguirá operar con las tres dimensiones al mismo tiempo, originándose en este aspecto la recomendación de que actúe en asociación, con por lo menos uno o dos colegas, como manera de poder compartir las tareas e intensificar la atención al sujeto y a su entorno.

APÉNDICES

6. La psicosis en el discurso de la fenomenología: entre la comprensión y la normatividad trascendental

INTRODUCCIÓN: MÁS ALLÁ DE JASPERS

DE ACUERDO CON ARTHUR Tatossian (1979, p. 30), la fecha que marca el inicio histórico de la fenomenología psiquiátrica es el 25 de noviembre de 1922, durante la 63ª Sesión de la Sociedad Suiza de Psiquiatría de Zúrich. En esta ocasión, Ludwig Binswanger (1922) defendió la propuesta de que la locura, más allá de los "síntomas" típicos con los cuales la psiquiatría la caracteriza, consiste en un conjunto de fenómenos que pueden ser comprendidos a la luz de conceptos fenomenológicos. En el mismo encuentro y en la misma dirección de Binswanger, Eugène Minkowski (1927) presentó un estudio de caso sobre una esquizofrenia melancólica relacionando la sintomatología con aquello que, apoyado en la fenomenología husserliana, denominó disturbio del tiempo vivido. Aun así, esto no quiere decir que, de hecho, la fenomenología psiquiátrica hubiese comenzado en 1922. Doce años antes, la palabra fenomenología ya circulaba entre los psiquiatras alemanes designando una nueva forma de comprender la experiencia clínica. Inspirados en el tratado *Psicopatología General* (1913) de Karl Jaspers, los psiquiatras entendían por fenomenología la habilidad del profesional para hacer que su paciente "comprendiese", siguiendo su propia historia, de qué manera surgieron y qué función cumplirían los síntomas que estaba[42] sufriendo. En términos de Jaspers (1913, p. 72):

"Tenemos que dejar de lado todas las teorías, las construcciones psicológicas, todo lo que es simple interpretación y juicio. Debemos volver hacia lo que puramente podemos comprender, distinguir y describir en su existencia real".

Sin duda, esta forma de articular la fenomenología y la psiquiatría todavía no tenía, con Jaspers, la elaboración teórica que permitiría, años más tarde, la transposición de conceptos del campo de la fenomenología filosófica a la psiquiatría y viceversa, como podemos leer en Minkowski y Binswanger, por ejemplo. Se trataba más entonces de un programa empírico cuyo propósito era liberar al objeto psiquiátrico del mirar organicista, por un lado, y psicológico, por otro; con el objetivo de favorecer un abordaje más próximo a la vida singular de cada paciente. De todas maneras, este movimiento – nacido a partir del modo en que oía las críticas husserlianas a la racionalidad europea (Husserl, 1922, p. 39, original p. 21) – ganó cuerpo más allá de las fronteras de Alemania, y posibilitó después de 1922 una vasta investigación que tuvo su auge en la década de 1950 y que todavía hoy subsiste en algunos programas de formación de psiquiatras en el mundo entero. Es en ella, además, en la que muchos terapeutas gestalt buscan subsidios para pensar sus prácticas clínicas dedicadas a la escucha de la psicosis, una vez que los recursos procedentes de la literatura de base, especialmente de la teoría del *self,* son exiguos. Entre los esfuerzos de elaboración, vale destacar el trabajo del psiquiatra y terapeuta Gestalt brasileño Sérgio Buarque, del cual tenemos una muestra ejemplar en la entrada "Psicosis" del libro *Gestaltês* (2007, p. 177-180). Entretanto – y esta es la cuestión que nos gustaría encauzar – ¿qué es lo que legitima que algunos psiquiatras reconozcan en la fenomenología un discurso capaz de elaborar la locura? Y ¿En qué medida una elaboración fenomenológica de la locura puede ser considerada una terapia?

En el presente capítulo, intentaremos mostrar en qué sentido, para la tradición psiquiátrica fenomenológica, no obstante a la presencia de yo(s) empírico(s) muy "fuerte(s)", en las vivencias de los psicóticos hay "debilidad" en la dimensión trascendental (Tatossian, 1979, p. 33). Según los psiquiatras fenomenólogos, y en una terminología inspirada en la filosofía tardía de Husserl, se podría decir que, para los sujetos psicóticos, a pesar de una relativa capacidad de localización en el tiempo objetivo, la llegada espontánea de un horizonte habitual, así como la configuración de un horizonte protensional están comprometidos (Tatossian, 1979, p. 154). O, de acuerdo con psiquiatras más afectos a los términos de Martín Heidegger: aunque el *Dasein* opere instrumentalmente, no tiene un "sentimiento de situación", tampoco se muestra capaz de "comprender" lo que pasa en su mundanidad. O, en fin, como Binswanger (1922) intentó sintetizar: en las psicosis, a pesar de que el ego reaccione a los estímulos comportamentales, responde como si su capacidad de "*derelicción*" a partir del pasado y de "proyecto" en dirección al futuro, estuviesen en conflicto entre sí. Más que en conflicto con el semejante en lo cotidiano, es como si el sujeto de las vivencias psicóticas estuviese imposibilitado de operar con el Ego trascendental – que así se presenta como el Otro trascendental. Y la cuestión que dirigimos a los psiquiatras fenomenólogos tiene relación con la propuesta clínica que engendran; según la cual, cabría al psiquiatra, más allá de las manifestaciones empíricas que constituyen la etiología de las psicosis, actuar a favor del restablecimiento posible de una normalidad trascendental, lo que no significa de forma alguna trabajar a favor de una norma mayoritaria de conducta social.

Se trata, si, de trabajar a favor de un restablecimiento de aquello que el fenomenólogo – de inspiración husserliana – juzga ser u operar dentro de los límites o según las condiciones de posibilidad trascendentales del vivir intencional. O, para los psiquiatras heideggerianos, trabajar a favor del restablecimiento de un modo autentico de operar con la manera hermenéutica de nuestro ser-en-el-mundo. Pero, ¿en qué medida la expectativa del psiquiatra fenomenólogo no es, en sí misma, exterior a las producciones intencionales de sus pacientes? ¿Qué le autoriza a pensar que la normalidad pleiteada sea realmente trascendental, aunque se trate de un trascendental en los términos de Heidegger?

FENOMENOLOGÍA FILOSÓFICA: EN LA ENCRUCIJADA ENTRE EL NATURALISMO Y LA PSICOSIS

ESTÁ EN EL BLANCO mismo de la fenomenología la razón por la que los psiquiatras se interesaron por las ideas de Husserl. A fin de cuentas, al reconocer en la ficción – en la ficción trascendental sobre la actividad intencional de las conciencias – el escenario ideal para discutir nuestros vínculos intencionales con el mundo, la fenomenología dio derecho de ciudadanía a aquello que, hasta entonces, en caso de no ser arte, no sería más que locura.

Por la escritura de Husserl, la ficción sobrepasó la condición de recurso estilístico para volverse la forma apropiada de presentación de nuestra conexión con el mundo y con el semejante. Pero, ¿Cuál es la ficción fenomenológica sobre nuestra conexión con el mundo y con el semejante? ¿En qué sentido abre un campo de discusión con la psiquiatría?

En alguna medida, el interés de la psiquiatría por la fenomenología está relacionado con algo que, de un modo general para los científicos, representa una gran dificultad, precisamente, la suspensión fenomenológica de las tesis naturalistas. Conforme a Tatossian (1979, p. 24), "la verdadera dificultad de la fenomenología, que le es inmanente, es la de que 'las investigaciones fenomenológicas deben ser emprendidas a contracorriente con la forma en que la ciencia se comprende a sí misma y comprendió la ciencia psiquiátrica". Y esto es así porque, continúa Tatossian:

> "La fenomenología se define, en efecto, por un cambio de actitud que es el abandono de la actitud natural e "ingenua", es decir, una cierta actitud donde, psiquiatras o no, aprendemos esto que encontramos como realida-

des objetivas, subsistiendo independientemente de nosotros, ya sean realidades psíquicas o materiales. (Tatossian, 1979, p.25)

Las palabras de Tatossian parecen apropiadas para definir el programa fenomenológico husserliano, así como la dificultad para sustentarlo ante una cultura ya habituada a la forma naturalista de comprender la vida cotidiana. Sin embargo, el recorte que hicimos, en el pasaje más arriba citado, podría dar a entender – y ciertamente esta no es la posición de Tatossian – que el blanco de las objeciones de la fenomenología sería la "actitud natural". Lo que, en nuestra opinión, sería un equívoco. De acuerdo con nuestra lectura, lo que verdaderamente incomoda a Husserl son las tesis implícita o explícitamente asumidas por la actitud natural, como admite Tatossian, mas adelante, en la cita anterior. En otras palabras: la objeción fenomenológica a la actitud natural es una objeción a la "tesis" según la cual nuestra vida natural está formada por realidades objetivas, sean ellas psíquicas o materiales. Sin embargo, – y es esto lo que nos gustaría agregar a la lectura de Tatossian – la actitud natural, por sí misma, no necesariamente implica adhesión a la tesis naturalista. Lo que es lo mismo que decir que la actitud natural no necesariamente es ingenua. La ingenuidad señalada por Husserl, hace referencia a la adhesión precipitada a la tesis de que la naturaleza está formada por instancias objetivas. Por eso, si es verdad – como bien afirma Tatossian (1979, p. 25) – que "la fenomenología no se interesa por las realidades como tales, sino por sus condiciones de posibilidad y, por lo tanto, no comienza sino después de haber, bajo una u otra forma, practicado la reducción fenomenológica". Si es verdad que, en los términos de un procedimiento reductivo, lo fenomenológico "suspende la actitud natural y sus afirmaciones, o mejor, sus tesis implícitas o explícitas sobre la realidad [...]"; también es verdad que en ningún momento Husserl abandona la actitud natural. Al contrario, el motivo fundamental de la fenomenología husserliana – al menos en su momento tardío – es recuperar, en el campo de las ficciones trascendentales que el recurso reductivo posibilita, la unidad de la experiencia; tal como ésta es vivida en la actitud natural antes incluso de cualquier tesis. Y – conforme a nuestra interpretación – es solamente bajo este prisma, desde donde podemos mensurar lo que hace de la fenomenología algo atrayente para la psiquiatría. Ocupémonos brevemente del tratamiento que Husserl dio a la noción de actitud natural, sobre todo, en su obra tardía.

Después de 1920, tal como podemos leer en la introducción de la obra *Lógica Formal y Lógica Trascendental* (1924), la noción de actitud natural pasó a merecer un apellido, una forma de designarla más allá de las tesis naturalistas, a saber, "mundo-de-la-vida" (*Lebenswelt*). Y lo que esta noción debería ayudar a comprender es que, en tanto partícipes del mundo-de-la-vida, no existimos como sujetos "para-sí" separados de las "cosas-en-sí". La percepción que tenemos de nosotros mismos es indisociable de nuestras posibilidades de acción en el mundo. Somos cada uno – antes de representarnos como un "yo soy" separado de las cosas objetivas – un "yo puedo", una unidad de acción presente a cada acto ejercido en el mundo. O, incluso, somos una conciencia de actos, entendiéndose por esto, un conjunto de acciones ejercidas en un campo formado por otras conciencias de actos, todas ellas mediadas por la disponibilidad del mundo. Este, a su vez, antes de presentarse como cosa objetiva, es para nuestros actos un horizonte de posibilidades siempre disponible, aunque jamás completamente actualizable, siendo esta la razón por la cual Husserl lo va a llamar dominio de las inactualidades. En cuanto posibilidades de acción, las inactualidades son ocurrencias públicas, una vez que se dan no solo para mí, sino para todos los actos que se dirijan a ellas. De donde se sigue una idea de comunidad de actos asegurada por un mundo común, por un horizonte de posibilidades, que son inactualidades.

En otras palabras, somos una unidad de actos intersubjetivos (también llamada de conciencia trascendental), que busca inactualidades (o posibilidades temporales), las cuales se donan a nuestros actos dándoles forma *(eidos)*. Motivo por el cual Husserl también va a denominar las posibilidades mundanas o inactualidades como esencia[43]. O incluso: las inactualidades son esencias en cuanto que confieren a los actos que las buscan un formato; tal cual la pequeña mora silvestre, que una vez vista, da a los dedos de la mano la forma de sujetarla.

Pues bien, esa manera de describir la relación de la conciencia de actos con el mundo inactual, reafirma la lectura que Husserl, ya en la época de las Investigaciones Lógicas (1900-1901), hacía de la sentencia brentaniana: "toda conciencia es conciencia de alguna cosa". De acuerdo con Husserl, toda conciencia es, en verdad, una comunidad de actos que busca esencias que se donan a ellos; de tal manera que no hay conciencia que no sea conciencia de un todo inactual que dona, a esa misma conciencia, una forma (esencia). La conciencia, por consiguiente, es para la fenomenología husserliana una instancia simultáneamente individual y pública, un dominio al mismo tiempo subjetivo e intersubjetivo o, conforme a la formulación de Husserl, una "subjetividad intersubjetiva". Por sus actos individuales, ella se deja llenar y moldear por algo que la sobrepasa, que es público, precisamente, los "modos de donación" por cuyo medio el mundo (en cuanto dominio inactual de posibilidades) se ofrece a ella como esencia. Para ilustrar esta comprensión, podemos mencionar el ejemplo de la experiencia de percepción de los perfiles, de los aspectos, de los lados y de la síntesis provisional de esas vivencias en el aparecimiento de un objeto, como él mismo. Todos estos sustantivos son ejemplos de esencias impersonales que se dan, por sí mismas, a los actos que las busquen, siempre que sean perceptivos. Lo que implica, además, considerar que las consciencias de acto no serán más, para Husserl, ocurrencias "psíquicas", sino "consciencias trascendentales" – entendiéndose por trascendental el "modo intencional" en el que tales consciencias se desdoblan por los diversos modos de donación (o por las diversas esencias de las que se ocupan, o hacia las cuales se trascienden).

Y aquí reencontramos, entonces, el tema de la intencionalidad. Pues bien, ¿qué es aquí intencionalidad? Se trata del nombre que, a partir de Franz Brentano (1874), Husserl da a ese doble movimiento de ligazón entre los actos y las esencias. El acto mira una esencia que a él se dona. La esencia se dona al acto que a ella mira. Y la "visión" y la "donación" son los dos puntos de vista desde donde comprendemos una sola vivencia intencional. Por medio de estos dos puntos de vista podemos describir múltiples "modos intencionales", los cuales pueblan nuestra actitud natural, aunque no nos demos cuenta de ellos (en función de las tesis naturalistas). Pues bien, la tarea de la reducción fenomenológica sería aclarar – en un plano ideal – la vida intencional de la actitud natural (que las tesis naturalistas minaron). Ahora bien, ¿qué modos intencionales son esos?

Hay innumerables modos intencionales que definen las diferentes experiencias de la consciencia intersubjetiva. Más allá de la percepción, podemos mencionar la memoria involuntaria, la imaginación, la motricidad, la comunicación lingüística, el conocimiento objetivo, entre otros. No es nuestro propósito disertar sobre estas formas de intencionalidad, nos interesa, sin embargo, apuntar una distinción que, desde el punto de vista de las esencias que se donan, podemos establecer entre:

a Esencias o modos de donación intuitivos – que son los objetos de la percepción, de la memoria, de la imaginación y de la motricidad, los cuales se presentan como totalidades espontáneas (*gestalten*) sin que tengamos que formular un juicio que conecte una parte con la otra, ya que, en cada totalidad, las partes son virtualidades unirradiales – lo que significa decir que están vinculadas entre sí de un solo golpe, tal como lo son los perfiles de un cubo entre sí, o de sus aspectos, o de sus lados, o, en fin, el cubo en tanto un todo de posibilidades mundanas reunidas espontáneamente.

b Mas también están las esencias o modos de donación significativos. Aunque se apoyen en la intuición – lo que hace de ellos modos de donación fundados y de la intuición un modo fundante –, los modos de donación significativos introducen una forma de donación especialmente nueva. Surgen para la consciencia como posibilidades plurirradiales; tal como sucede en el caso de los objetos del lenguaje, de las ciencias, de la filosofía y de la lógica y, en cierta medida, de la experiencia clínica. Más que la totalidad intuitiva que cada uno de esos objetos es, lo que se da a la consciencia es la propia ligazón que las partes (de cada uno de esos todos) establecen entre sí. En este sentido, más que la totalidad "cubo amarillo", se dona la "ligazón entre el cubo y lo amarillo", a saber, el verbo "ser" en la frase "el cubo 'es' amarillo". Percibimos que Husserl (1900-1 a, § 62, p. 231-233), aquí, no considera la actividad de ligazón – entre las partes de un todo (sea esto una frase o un objeto en una línea de montaje de una fábrica) – una atribución de la consciencia, sino una característica de las propias esencias; de donde se desprende el elogio de Heidegger (1927, §7, p. 69), según quien: Husserl liberó el "ser" de la prisión del "mentalismo". Los pensamientos, así como todas las síntesis que pudiéramos localizar por medio de nuestros actos, no serán más comprendidos como productos de nuestros actos. Menos aún, serán considerados productos de una facultad mental, como la "voluntad" de los psicólogos, para quienes las síntesis existen dentro de nuestra "cabeza". Las síntesis pasan a valer como fenómenos mundanos – eminentemente intersubjetivos, serian modos de donación categoriales a los actos de la consciencia; lo que no conlleva considerar, como vimos, que los actos no sean importantes. Al final, es por medio de ellos como esas donaciones son identificadas, señalizadas, discriminadas, en fin, intencionadas como horizonte inactual.

Esta distinción nos permite entonces hablar – ahora desde el punto de vista de los actos – de una diferencia entre:

a   La intencionalidad operativa, eminentemente ejercida en forma de actos intuitivos, y por cuyo medio la consciencia participa de los modos de donación del mundo en si mismo, tanto se presente él a ella como perfil, lado, aspecto o, como unidad de un objeto (objeto intencional). La consciencia, aquí, está en una posición pasiva, pero, no por eso, inoperante; al contrario, desde el punto de vista de los actos, la participación en los modos de donación del mundo requiere un constante movimiento de trascendencia. Ella requiere actos perceptivos, rememorativos, imaginativos, anticipatorios, motores, en fin, exige un dejarse arrebatar por las posibilidades del mundo en sí mismo.

b   La intencionalidad categorial[44], ejercida por medio de actos categoriales (del griego *katégoríai*), los cuales, a diferencia de los actos intuitivos (que son pasivos a los modos de donación intuitivos), apuntan (*katégoroun*) en la dirección de aquello que ellos mismos escogen rigurosamente: las posibilidades plurirradiales presentes en los objetos intuitivos. Se trata, aquí, de los actos que compartimos en forma de ceremoniales, valoraciones, evaluaciones, legislaciones, intervenciones clínicas, en fin, toda suerte de invención cultural que intenta buscar, junto a los objetos intuidos, lo que ellos pueden ofrecer como ligazón plurirradial. Husserl (1913, §19) denomina estos actos "estados-de-cosa (*Sachverhalt*) sometidos al juicio". Se trata de estrategias analíticas constituidas por la propia consciencia – y que en régimen de reducción Husserl denomina de "*noemas*". Es a cuenta del trabajo expresivo de los "estados de cosa" por lo que los "modos de donación significativos" pueden mostrarse a la comunidad como consciencia de acto.

Ahora bien, la consecuencia inmediata de los estudios establecidos por la fenomenología sobre la forma intencional en la que buscamos (intuitivamente) o constituimos (categorialmente) objetos, es el desplazamiento operado en el modo en que podamos comprender lo que sería el conocimiento. Para el fenomenólogo, conocer es lidiar con la virtualidad de aquello que "puede surgir" (intuitivamente) o lo que "puede donarse junto a nuestras creaciones" (categoriales); y no simplemente determinar una realidad dada, supuestamente independiente de nuestros motivos o acciones. Lo que significa decir que, por tener en cuenta el carácter intencional – o sea, virtual – de las acciones que emprendemos de modo público, la fenomenología recuperó la ciudadanía de la "inactualidad" tratándose del conocimiento. De tal manera que la ficción, para el fenomenólogo, mucho antes que ser un tipo de objeto, es la naturaleza misma de los objetos que buscamos o constituimos de manera original en nuestra inserción primordial en el mundo-de-la-vida. Más que objetos abstractos o meramente formales, los números, así como los libros que queremos leer o los viajes que son para nosotros memorias, todos estos objetos, son inactualidades que producen efectos en nuestra actualidad; hasta el punto de orientar nuestros actos, sean ellos intuitivos o categoriales. Está claro – al menos para la fenomenología husserliana – que en ningún momento el fenomenólogo se preocupa por determinar la "existencia factual" de los objetos intencionados. Este es el tema de las ciencias empíricas o, más bien, de una filosofía naturalista. Al fenomenólogo le interesa apenas comprender el modo en que nuestros actos funcionan, a saber, impulsados por inactualidades, de quien ellos reciben una forma, o lo que es lo mismo, una esencia.

Esta devoción de la fenomenología por la inactualidad de las esencias le valió – por cierto – el estigma de una filosofía, sino delirante, al menos, extremadamente difícil. Lo que fue, para algunos, ocasión para la sátira y, para otros, "por despecho", el perverso trabajo de simplificación del rigor característico del discurso fenomenológico. La consecuencia que siguió a estas formas de lectura fue la banalización de la fenomenología, que, en diversas disciplinas, acabó transformándose en una metodología empírica, para escándalo de los lectores más atentos. Por otro lado, junto a los mejores – lo que incluye a la Psiquiatría alemana de los años de 1920, la Psicología de la Gestalt y la filosofía de la Psicología desarrollada por Georges Politzer (1912) y seguidores, en Francia y en Rusia –, la fenomenología liberó y dio derecho de ciudadanía, a aquello que hasta entonces solamente podía ser tratado en el campo de la "locura": la inactualidad o virtualidad inherente a nuestras acciones. Para los mejores lectores de Husserl, si la ficción es constitutiva de toda la acción humana, entonces incluso la locura – ahora entendida como un estilo o modo específico de utilización de los actos –, debe estar de alguna manera dedicada a una inactualidad (la cual, como veremos más adelante, no se presenta de modo pleno a los locos, según la versión de la psiquiatría fenomenológica).

Fue así como la psiquiatría alemana – y su desdoblamiento en territorio francés en la primera mitad del siglo pasado – recibió a la fenomenología. A partir de las ideas de Husserl, muchos psiquiatras percibieron en la fenomenología una oportunidad para avanzar en la investigación de los síntomas psiquiátricos más allá de los modelos nosológicos fuertemente fundados en una óptica naturalista (la cual siempre se sirve del recurso causalista). En las palabras de Tatossian (1979, p. 23): "si este cuadro se limita a las psicosis, es porque son, por excelencia, el objeto de la fenomenología".

PSIQUIATRÍA FENOMENOLÓGICA: DE LO EMPÍRICO A LO TRASCENDENTAL

DE JASPERS A BINSWANGER la psiquiatría autodenominada fenomenológica comprendió que podría sacar de esta filiación mucho más que simplemente describirse como forma de intervención, que, ayudando al paciente a identificar sus dificultades frente a la realidad, favorecería la autocomprensión de la locura. Esto seria así, porque las dificultades de relación – relatadas por los pacientes – ante la realidad, casi siempre estaban vinculadas a una incapacidad para expresar, en el campo de las relaciones empíricas, una angustia surgida desde "otro lugar". Y la devoción de la fenomenología por la inactualidad podría ayudar a los psiquiatras a desarrollar maniobras de escucha y acogida a este "otro lugar". De alguna manera, el discurso fenomenológico daba derecho de ciudadanía a lo ficcional, permitiendo al psiquiatra una escucha que sobrepasase las normas impersonales de patología y salud aplicadas a los cuerpos empíricos. De forma diferente, es como si la fenomenología diese derecho al psiquiatra para esperar, de las alucinaciones, catatonias, hebefrenias, delirios y comportamientos maniacos y depresivos, una tentativa de suplencia de la vida intencional fracasada de los pacientes. Y es entonces cuando los psiquiatras pasaron a aproximarse a los conceptos fenomenológicos. Algunos, como Minkowski, por reconocer en tales conceptos ilustraciones de lo que sería un psiquismo libre, no regido por causas, que los dolientes – por medio de sus síntomas – intentarían alcanzar. Otros, como Binswanger, por leer, en aquellos conceptos, la presentación universal de la vida intencional y, en consecuencia, de los posibles conflictos y fallas que acometían a los enfermos – y que los médicos, presos de un punto de vista empírico, no tendrían condiciones de entender.

De esta exposición, no se debe presuponer que los psiquiatras fenomenólogos – hiciesen un uso más caricatural o más sistemático de los conceptos fenomenológicos – creyesen que la fenomenología sería condición suficiente para el ejercicio de una psiquiatría verdaderamente comprometida con los fenómenos asociados a los síntomas psicóticos. Aunque reconociesen, en la letra de la fenomenología, el elogio a la ficción y, por extensión, a la locura como un ensayo de ficción; ningún psiquiatra creía que los términos fenomenológicos (como las nociones de intencionalidad intuitiva, intencionalidad categorial, consciencia trascendental, por citar algunos ya comentados) contuviesen en ellos mismos un protocolo de intervención empírica en las complicaciones psicóticas. O, en otros términos, estudiar fenomenología no necesariamente haría de alguien un psiquiatra. Tampoco escuchar la locura, acompañar el desdoblamiento de los síntomas, implicaría formar un fenomenólogo. Aún así, casi todos eran unánimes en reconocer que, en manos de los psiquiatras, la fenomenología tendría larga vida. Conforme a Tatossian (1979, p. 27):

> No hay, pues, "permiso fenomenológico" y nada prueba que solo los filósofos entrenados puedan practicar la fenomenología. El psiquiatra puede, en este caso, ser tentado a emanciparse totalmente del filósofo. Kisher (apud Tatossian, 1979, p. 27) estima que "una fundación fenomenológica de la psiquiatría [...] Como tarea filosófica [...] está por realizarse por la psiquiatría misma" y contesta precisamente al filósofo profesional, desprovisto de experiencia psiquiátrica, siempre un poco despegado del mundo concreto y, de buen grado, simplificando, el derecho a esta tarea fundacional.

Pero es el proprio Tatossian (1979, p. 27) quien alerta de los riesgos de ese optimismo psiquiátrico en relación al potencial de las nociones fenomenológicas:

> El peligro, para el psiquiatra que debe entonces considerar, a su vez, como médico, los aspectos particulares del mundo cotidiano del loco y, como filósofo, los fundamentos esenciales de este mundo, es el de sustituir involuntariamente en estos [en los fundamentos] las representaciones teóricas desarrolladas en el contacto con aquellos [con los locos].

Desde punto de vista de la filosofía, el psiquiatra podría desistir del fenómeno (como ocurrencia intencional) en favor de lo fenomenal (que es una representación del fenómeno a partir de una tesis naturalista). Ese recurso lo llevaría a una fenomenología ingenua, tal cual aquella "fenomenología de libro de estampas" denunciada por Husserl (apud Tatossian, 1979, p. 27). Pero, desde el punto de vista de la psiquiatría, no se trata de desistir de una práctica en favor de una conjetura filosófica. Aun así para Tatossian (1979, p. 29):

Mas no se trata, de forma alguna, de aplicar "con una exactitud filosófica" (Blankenbug apud Tatossian) la fenomenología de Husserl o la analítica existencial de Heidegger, lo que conduciría insidiosamente al psiquiatra a recolocar esto que es dado por las construcciones teóricas y reencontrar bajo una nueva terminología el abordaje psicológico habitual. [...] Si desea alcanzar la experiencia propiamente fenomenológica de la enfermedad mental, no puede aislarse con el filósofo trascendental en su torre de marfil; [...] debe preferir el comercio directo con lo que está en cuestión: la locura y lo loco.

De tal manera que, para el psiquiatra fenomenólogo, se impone el dilema que consiste en: por un lado, y en nombre de la fenomenología, sobrepasar las tesis naturalistas a las cuales él mismo, los pacientes y sus redes sociales están vinculados; y por otro, y en nombre de la práctica clínica, comprender cómo las estructuras intencionales tienen efecto en la realidad empírica. La psiquiatría fenomenológica, por su atención al formato intencional de la locura como hecho clínico, se instaló en el cruce de lo empírico con lo trascendental. Lo que no le impidió elegir lo segundo como lugar más adecuado al tratamiento que lo primero. Aunque el entendimiento sobre lo que fuese lo trascendental divergiese entre las diferentes escuelas de psiquiatría.

BREVES CONSIDERACIONES SOBRE LA HISTORIA DE LA FENOMENOLOGÍA PSIQUIÁTRICA

EN LÍNEAS GENERALES, PODEMOS decir que la historia de la fenomenología psiquiátrica tiene relación con la historia de la lectura que los psiquiatras hicieron de la filosofía fenomenológica, en especial de la filosofía husserliana. En este sentido, podemos distinguir los lectores más afectos al momento en que Husserl (alrededor de 1900)comprendía la fenomenología como una investigación calcada en la descripción de las esencias, de aquellos para quienes la investigación genética de los procesos intencionales, como hizo Husserl después de 1913, entregaba un parámetro universal para comprender los fenómenos psicóticos como suplencias al malogro de la intencionalidad.

Entre los primeros podemos localizar a la psiquiatría fenomenológica antropológica o descriptiva. Los nombres asociados a esta forma de leer y practicar, en el campo de la psiquiatría, la fenomenología son los de Minkowsky (1927), Strauss (1960) y Von Gebsatel (1968). Podemos decir que estos tienen en común el hecho de declinar de cualquier etiología por defender la incomprensibilidad genética de aquello que llamaban "interrupción de la continuidad psicológica del sujeto". No apelan más que accesoriamente a los filósofos y no insisten, al extremo, sobre la especificidad fenomenológica de los análisis y nociones técnicas utilizadas en la clínica. Lo que significa decir, que se limitan a construir, a partir de la clínica, nociones que tengan equivalencia con las tesis fenomenológicas principales y que los dispensen de recurrir al causalismo psicológico (dejado por los encargos de los abordajes psicológicos, entre ellos el psicoanálisis, al cual despreciaban). A partir de las *Lecciones de Fenomenología de la conciencia interna del tiempo* (1893), hacen una distinción entre: el tiempo cronológico, que es la mensuración del movimiento tal como fue comprendido por la física clásica; y el tiempo vivido, que es la forma en que el paciente, en la actualidad de la situación, se sirve del pasado y del futuro, o – como sería más apropiado decir en el caso de las psicosis – sufre como consecuencia de ellos. He aquí lo que permite a los psiquiatras fenomenólogos descriptivos no darle tanta importancia a la historicidad biográfica, restringiéndose a la observación de las formas concretas de interacción en el presente. La intervención psiquiátrica consiste, según ellos, en un auxilio para que el paciente pueda comprender el sentido específico de la formación psicótica que estuviese por iniciar en la actualidad de la situación (sin que eso, sin embargo, implicase una forma de resolver problemas del cotidiano empírico). Por fin, vale destacar la ausencia, en los argumentos de los psiquiatras fenomenológicos descriptivos, de una especulación sobre cuáles serían los vínculos estrechos entre los procesos intencionales (tales como son descritos en las *Lecciones para una Fenomenología de la conciencia interna del tiempo,* por ejemplo) y los disturbios actuales vividos por los pacientes.

Ya entre los lectores de los textos husserlianos posteriores a 1913 se encuentran aquellos ligados a la *Daseinsanalyse* o, conforme algunos prefieren, a la Antropología Psiquiátrica. Ellos son, Ludwig Binswanger (1922), Baeyer (1955), Kisher (1960), Häfner (1961), Glatzel (1973), Tellenbach (1960), Blankenburg (1978). El más conocido, Binswanger, consagra gran parte de su obra a las nociones de *eidos* e intencionalidad de Husserl, utilizándolas fielmente en sus ejemplos psiquiátricos. Lo que no significa que hiciese de la práctica psiquiátrica una ilustración de la fenomenología. Binswanger tenía una lectura crítica de las nociones fenomenológicas, y consideraba que el análisis de los procesos intencionales de la conciencia, establecida por Husserl entre 1913 y 1924, estaba muy limitado a la psicología del conocimiento. En la obra *Ideas* (Husserl, 1913), por ejemplo, los conceptos que integran la analítica de la conciencia parecen subordinados a una noción recalcitrante de verdad (formulada en los términos de una teoría del llenado de los actos por la esencias). A cuenta de lo cual, deberían ser reescritos con el objetivo de abarcar la amplitud de las modificaciones psiquiátricas del ser humano.

He ahí por qué, en los años 1930, Binswanger consideraría la Analítica Existencial – presentada por Heidegger en *Ser y Tiempo* (1927) – una mejor referencia para la psiquiatría fenomenológica, de ahí en adelante denominada de *Daseinsanalyse*. Según aquella analítica, no solo la intencionalidad intuitiva, sino también la intencionalidad categorial, pertenecerían al dominio de nuestra inserción irreflexiva en el mundo. De tal manera que, en vez de actos de reflexión, las acciones intencionales serían existenciales, de connotación antropológica antes que epistémica. Lo que explicaría la inclusión de vivencias intencionales como el miedo, la angustia, la curiosidad, el cuidado, aparentemente ausentes en Husserl. Es como si Heidegger, al llevar al campo de la hermenéutica de la facticidad el foro especifico para discutir la temporalidad vivida (comprendida como sentido a partir del cual el *Dasein* se pregunta por su ser), hubiese dado derecho de ciudadanía a la investigación intencional de los síntomas (los cuales no necesariamente tienen una connotación epistémica).

En los años 1950, sin embargo, Binswanger decidió no servirse más de la analítica existencial de *Ser y tiempo* (Heidegger, 1927). En primer lugar, porque comprendió que a Heidegger jamás le interesó escribir una antropología, apenas una ontología fundamental que repensase la manera en que la metafísica clásica se ocupaba de la cuestión del ser. En segundo lugar, porque tampoco la interpretación antropológica de *Ser y Tiempo* ayudaría a pensar aquello que, según el propio Binswanger, era el núcleo de la psicosis, o sea, la disolución del tiempo vivido. Al final, Heidegger consideraba que, tanto en las formaciones autenticas como en las inauténticas del *Dasein* (Ser-ahí), el tiempo vivido (en tanto orientación *ek-stática* del *Dasein*) era indisoluble. Por consiguiente, no habría como incluir ni tampoco inferir de la Analítica Existencial las formaciones psicóticas. Binswanger no podría afirmar, por ejemplo, respecto de su paciente, la joven estadounidense Lola Voss, que sus síntomas (especialmente el delirio relativo a la presencia de un oráculo en los juegos de palabras, lo cual le demandaba quedarse en reposo perpetuo) fuesen consecuencia del "rompimiento de la unidad trascendental de la Angustia y de la Confianza en beneficio de la predominancia o superioridad de una o de otra" (Binswanger, 1957, 289-358). He ahí por qué Binswanger volvería a Husserl y a la temática de la conciencia trascendental, especialmente a la temática de las síntesis operativas que son del orden de la vivencia temporal y que subyacen a las síntesis activas. Ya no se trata más de la fenomenología descriptiva, se trata sí de la fenomenología genética.

En su obra tardía, Husserl se ocupa de establecer, con base en las síntesis operativas, una fenomenología genética capaz de presentar el origen vivido de los diferentes objetos estudiados por las ontologías regionales (lo que podría incluir, entonces, a la psiquiatría). La apuesta de Binswanger era que, a partir de esta fenomenología fuese posible pensar los impases temporales que estarían en la génesis de aquello que los psiquiatras denominaban de formaciones psicóticas. En las palabras de Tatossian (1979, p. 33-4):

> (l) a *Daseinsanalyse* de Binswanger, centrando su interés en la trayectoria propia del individuo concreto más que sobre los trazos supraindividuales de los síndromes psicopatológicos, y orientándose para las psicosis más "históricas" que son las esquizofrenias, en que la imbricación de la biografía con la psicosis es evidente, se esfuerza en restablecer una comprensibilidad de esta, no psicológica ciertamente, sino fenomenológica.

Independientemente de la filiación teórica, en los diversos momentos de su clínica, Binswanger mantenía una misma orientación ética, que consistía en traducir los síntomas tales como eran descritos por la óptica del tiempo constituido (físico), por una óptica del tiempo constituyente (vivido). Es, conforme veremos un poco más adelante, a diferencia de Minkowski, como Binswanger tomaba en cuenta los análisis husserlianos acerca de las diversas síntesis espontáneas que constituyen la intencionalidad operativa, identificando en ellas una poderosa herramienta para establecer la génesis de las formaciones psicóticas. Así, a ejemplo de Minkowsky, Binswanger entendía que la validez de la fenomenología para la psiquiatría consistía en que aquella permitía a esta buscar, en el campo de la virtualidad trascendental, lo que ni psiquiatras ni pacientes podían encontrar en las descripciones empíricas de las sintomatologías, a saber, la orientación intencional que los síntomas psicóticos estarían intentando sustituir.

MÁS ALLÁ DEL SÍNTOMA: REDUCCIÓN AL FENÓMENO PSICÓTICO

Psiquiatras fenomenólogos descriptivos y genéticos entienden en común que, en cuanto fenómeno, la psicosis está más allá de los acontecimientos empíricos con los cuales la psiquiatría tradicional describe y clasifica los dichos síntomas psicóticos. Describir un fenómeno psicótico (según Minkowski), o comprenderlo a partir de su origen (según Binswanger), es localizarlo en el campo de las relaciones intencionales que, el sujeto psicótico no puede realizar mientras tanto, sino apenas de una forma metafórica en el campo de las relaciones empíricas (como un síntoma). Ahora bien, ¿En qué son diferentes exactamente los fenómenos psicóticos de los síntomas descritos por la psiquiatría tradicional?

En sus prácticas clínicas, los psiquiatras fenomenólogos ciertamente, no ignoran los acontecimientos empíricos que caracterizan, tanto para el saber médico, como para la comunidad en que viven los sujetos de aquellos hechos, la psicosis como un desvío en relación a la conducta dominante. Sin embargo, los psiquiatras fenomenólogos creen que el análisis de este desvío no puede ser establecido tomando como referencia la noción de normalidad compartida por los saberes hegemónicos. Una analítica de esta naturaleza correría el riesgo de enmascarar el fenómeno de la locura, como si este no fuese más que la representación social que la conducta mayoritaria haría de la conducta minoritaria. O, más aún, como si el fenómeno de la locura no fuese más que la representación que determinada teoría del funcionamiento anatomofisiológico haría de aquellos que no se encuadrasen en ésta. Y la peor de las consecuencias que los discursos fundados en alguna noción de normalidad podrían provocar, creen los psiquiatras fenomenólogos, sería la elisión del trabajo específico que las creaciones psicóticas estarían emprendiendo, como por ejemplo, recrear algo que no estuviese funcionando bien (conforme Lanteri-Laura, 1957). Pero, ¿En qué sentido los fenomenólogos superan la noción de normalidad, si ellos mismos necesitan conjeturar algo que no funciona bien?

Y es para responder a esta cuestión por lo que los psiquiatras recurren precisamente a la fenomenología, pues encuentran en esta, más que una ideología o teoría sobre la normalidad comportamental y anatomofisiológica, una investigación sobre las diferentes e infinitas formas de constitución de relaciones entre la actualidad (o realidad) y la inactualidad (o esencialidad). Las producciones psicóticas, desde este punto de vista, dejarían de ser vistas como desvíos de la normalidad para caracterizar, por medio de las categorías fenomenológicas, producciones originales, cuyo trazo distintivo tendría relación con la ausencia de una dimensión inactual. Y aunque podamos preguntarnos hasta qué punto la noción de "ausencia" no nos remite a un tipo de normalidad, tenemos que admitir la ampliación que ella trajo para el modo en que podemos leer las formaciones psicóticas. Según los psiquiatras fenomenólogos, no nos debería importar lo que los pacientes dejan de hacer y si lo que hacen con aquella ausencia. Y lo que estos hacen, según ellos, es producir suplencias comportamentales de las inactualidades ausentes.

Para que estas producciones sean vistas, sin embargo, es necesario un gran esfuerzo parte de los psiquiatras. Estos necesitan suspender las expectativas sociales y profesionales ligadas a la cultura naturalista. Y es en este punto, precisamente, donde la noción de "reducción fenomenológica" hace su entrada en el campo de la práctica clínica, ayudando a los psiquiatras a suspender sus expectativas sobre lo que podría parecer normal o patológico para mantenerse exclusivamente en la analítica de los síntomas entendidos como verdaderos fenómenos de creación de suplencias de la vida intencional. Aunque no ignoren eventuales enfermedades orgánicas o desajustes sociales vividos por los pacientes, para los psiquiatras fenomenólogos la cuestión más importante es que los pacientes crean algo, crean una suplencia de la vida intencional que fracasó. Y el trabajo del psiquiatra, cuando no es simplemente describir tales creaciones (conforme a lo que pensaba Minkowski), debe ser ayudar al paciente a comprender (como pensaba Binswanger) qué función desempeñan estas creaciones en el campo intencional, en el campo trascendental.

Pues bien, a diferencia de aquello que podría ser presentado por un discurso sobre la normalidad de las conductas o de los procesos anatomofisiológicos, la analítica de las creaciones en el campo intencional o trascendental no implica – según los psiquiatras fenomenólogos – una posición que el paciente deba ocupar frente al gran otro (o demandas sociales). Las producciones psicóticas son relativas al campo intencional o trascendental. Y el campo intencional o trascendental no es, para los psiquiatras fenomenólogos, relativo a los lazos sociales que los pacientes ocupan en la realidad. Reside justamente aquí el punto de discordia más significativo entre fenomenólogos y psicoanalistas y la razón por la cual la clínica fenomenológica será acusada de no ocuparse de la existencia concreta de los pacientes, consistiendo en cambio en una intervención incapaz de traspasar los síntomas producidos por estos. Y, de hecho, para los psiquiatras fenomenólogos, sobre todo para aquellos más alineados con el estilo de Binswanger, hay que hacer una diferencia entre la biografía de los pacientes y las vivencias intencionales, a los cuales Glatzel (1973) también denomina estructuras globales de la persona, una forma de presentación de los fenómenos sin las máscaras ónticas con la cuales son habitualmente alienados en favor de las expectativas sociales, conforme con Tellenbach (1960). Según Tatossian (1979, p.41):

> La especificidad psicopatológica no es entregada por las modificaciones de comportamiento, sino por las modificaciones de lo vivido que comprenden las diversas formas de delirio, el disturbio del humor melancólico o maniaco y una gran parte de los disturbios de percepción y del pensamiento de la psicopatología clásica. Pero esas modificaciones de lo vivido que se presentan en la persona global y no son reductibles a los disturbios de las funcio-

nes parciales del psiquismo, están escondidas bajo lo que se muestra inmediatamente al psiquiatra y no pueden ser aprehendidas sino indirectamente por la observación del psiquiatra.

Pero, ¿Cuál es la diferencia que los psiquiatras fenomenólogos hacen entre una biografía y algo vivido? ¿En qué sentido la aprehensión de lo vivido es un procedimiento indirecto?

DE LA BIOGRAFÍA A LO VIVIDO

A PESAR DE COMPARTIR la forma de entender que las elaboraciones imaginarias (en la forma en que los pacientes describen sus propias vidas) no necesariamente manifiestan los conflictos que exigen respuestas psicóticas (como las alucinaciones y los delirios, entre otros), a pesar de compartir la forma de entender que los conflictos que verdaderamente justifican las producciones psicóticas pertenecen al campo del tiempo vivido, los psiquiatras fenomenólogos no son unánimes en el modo de entender la noción de tiempo vivido. Y entre las posiciones más difundidas podemos mencionar aquellas relacionadas con la fenomenología descriptiva de Minkowski y aquellas relacionadas con la fenomenología genética de Binswanger. La diferencia en estas comprensiones implica diferencias en el modo de observación de los fenómenos psicóticos.

Minkowski – menos interesado en seguir al pie de la letra los desdoblamientos conceptuales de la filosofía fenomenológica, conforme vimos – lee en la noción de tiempo vivido, una presentación de las vivencias, generalmente afectivas, las cuales no pueden ser integralmente representadas por la memoria o por cualquier juicio objetivo. A diferencia de los juicios con los cuales registramos en el tiempo, como medida del movimiento, las experiencias que juzgamos pertenecer a nuestro pasado, o a diferencia de los juicios con los cuales anticipamos las experiencias que presumimos coincidir con nuestro futuro, la experiencia del tiempo vivido no tiene localización o fecha justa, pareciéndose, mas bien, a una memoria involuntaria o deseo autónomo, cuyo aparecimiento no debe nada al consorcio de nuestras facultades de representación. Aún así, según Minkowski (1933), el tiempo vivido pertenece a la subjetividad de cada cual. Para cada sujeto el tiempo vivido es una especie de fisiología, apenas secundaria, lo que quiere decir, que es del orden de nuestros comportamientos, en parte indestructibles (como los hábitos personales), en parte inalcanzables (como los deseos individuales). Cada uno de nosotros estaría, en rigor, investido de un fondo de vivencias no representadas, también como de un horizonte de proyectos vagos, ambos copresentes como doble orientación intencional de nuestras acciones presentes. Es en este doble horizonte, en el que habríamos de encontrar los motivos por los cuales alguien se vería obligado a alucinar un fondo, o a delirar un horizonte que por ventura no se hubiese presentado. De donde se sigue una comprensión de la psicosis como una imposibilidad de que el paciente disponga de una orientación temporal. Ayudar al paciente a reconocer, en sus producciones psicóticas, el flujo de acontecimientos vividos que él espontáneamente no experimenta: he ahí la tarea del psiquiatra fenomenólogo.

Para Binswanger, a su vez, el tiempo vivido es mucho más complejo que la apropiación psicológica de Husserl establecida por Minkowski. En primer lugar, no se trata de un acontecimiento que pudiese ser atribuido a una subjetividad, como atributo suyo. Aunque admita que el tiempo vivido siempre se muestre en las acciones concretas desempeñadas por los sujetos empíricos, Binswanger no cree que se trate de algo que pertenezca a cada uno de ellos. Se trata mas bien, de un conjunto de síntesis establecidas alrededor de las subjetividades, en el campo amplio de sus existencias; o sea, en una dimensión trascendental ultra personal. Como mucho, podríamos decir que se trata de la actividad sintética de un yo trascendental, lo cual, a su vez, no es alguien, apenas el conjunto de operaciones intencionales en cuya forma, cada yo empírico puede trascender su condición material, su actualidad empírica (tal como es descrita en los términos del tiempo físico, por ejemplo). Binswanger recurre a los análisis propuestos por Husserl en *Lecciones sobre la fenomenología de la conciencia interna del tiempo* (1893), así como a las transformaciones que esas nociones sufrieron después de 1913 precisamente, para definir tales operaciones intencionales, las síntesis operativas y las categorías. Las primeras incluyen la síntesis retencional (por cuyo medio la "forma" de un acto anterior permanece como fondo para los nuevos actos), la síntesis pasiva (por cuyo medio las formas retenidas se ofrecen a los nuevos actos como una orientación habitual), la síntesis protensional (que es la apertura de un horizonte de futuro a partir de la síntesis pasiva de las formas retenidas) y la síntesis de transición (entre un dato de realidad y otro). Las otras hablan respecto a la actividad de constitución de unidades presuntivas, que son los *noemas*. Y aunque, en la época de las *Investigaciones lógicas* (1900-1), considerase la constitución de los *noemas* una actividad eminentemente reflexiva, o sea, establecida de tal forma que la consciencia de actos se tomase a sí misma en cuenta posicionando los objetos intencionales en el campo virtual; después de 1913, con ocasión de la obra *Ideas I*, Husserl afirmará su comprensión de que tanto las síntesis operativas (retencional, pasiva, protensional y de transición), como la categorial o constitutiva (relativa a la producción de un objeto noemático) son actividades irreflexivas. Lo que permitirá a Binswanger reconocer, tanto en las tentativas reflexivas de proposición de un fondo de hábitos (alucinaciones), como en las tentativas reflexivas de constitución de *noemas* (delirios), el esfuerzo de los sujetos empíricos para superar un fracaso de la espontaneidad intencional de la que deberían poder servirse. O, lo que es lo mismo: la presencia de producciones reflexivas (tanto para suplir un fondo habitual como para suplir la actividad categorial) indica la ausencia o desorientación del yo trascendental más allá de los sujetos empíricos. No se trata, para Binswanger, de una incapacidad de los sujetos empíricos para sentir u operar con dimensiones temporales privadas (incluso aunque se tratase de una temporalidad no cronológica, como pensaba Minkowski); se trata, al contrario, de la incapacidad de estos sujetos empíricos para desempeñar funciones de campo, que les valgan la posibilidad de la repetición y de la trascendencia. Si una analogía aquí puede ayudar: además de contar con "brazos y piernas", les falta a los sujetos empíricos la "comprensión de cómo y para que usarlos junto al mundo". A diferencia de Minkowski, que piensa al psicótico como alguien cuya temporalidad fue mutilada, Binswanger piensa a los sujetos psicóticos como personas excluidas del medio trascendental donde podrían actuar. El tiempo vivido, en este sentido, es el campo trascendental (el yo trascendental). Los sujetos psicóticos no son parte de él, como si ese campo fuese para ellos algún otro, por la cual se ocupan de producir impresiones (alucinatorias) y acciones (delirantes) a través de las cuales operan o piensan como si fuesen parte de un mundo del que, sin embargo, están en algún sentido apartados. Y la tarea del psiquiatra es reconocer, más allá de la apelación imaginaria a la realidad que pudiese estar sugerida en el discurso al paciente, algo que por medio de esa apelación se revela, a saber, una tentativa de producción de suplencias del yo trascendental. Ello significa, por consiguiente, que la producción por la cual el psiquiatra efectivamente se interesa es aquella que solo se muestra indirectamente, como una casi intencionalidad insinuada en el modo en que los pacientes, por sí mismos, intentan apropiarse de la realidad. Independientemente de la realidad, para Binswanger, lo que realmente interesa a los pacientes es producir algo que transforme el otro trascendental (que es el estado de exclusión frente al yo trascendental) en yo trascendental – que es la inserción en los procesos intencionales que constituyen el fondo de impersonalidad y el horizonte de mundanidad de los yo(s) empírico(s).

De todos modos, tanto para Minkowski como para Binswanger, el tiempo vivido no tiene relación con la sucesión de hechos, o con las representaciones judicativas sobre el pasado y futuro cronológicos. Se trata, mas bien, de la historia de los hábitos y de los deseos que no se manifiestan (como orientación íntima, en el caso de Minkowski, u orientación fáctica, en el caso de Binswanger) para los sujetos empíricos.

EL YO EMPÍRICO Y EL YO TRASCENDENTAL: DIFERENCIA FENOMENOLÓGICA ENTRE LA NEUROSIS Y LA PSICOSIS

LA DIFERENCIA QUE LOS psiquiatras fenomenólogos hacen entre el "yo empírico" y el "yo trascendental" sirve para otra función muy importante, que es la de permitir el diagnóstico diferencial entre la neurosis y la psicosis. De un modo general, se puede decir que, mientras en la neurosis podemos verificar un yo empírico fragilizado e incapaz de fluir con las posibilidades del yo trascendental (que es el tiempo vivido), en la psicosis, como consecuencia de la ausencia o fragmentación del yo trascendental, el yo empírico se fortalece en la producción de suplencias del tiempo vivido. En palabras de Tatossian (1979, p. 93): "en la neurosis, hay fragilidad del yo empírico, pero el yo trascendental es fuerte, mientras en el delirio en el que el enfermo afirma violentamente su autonomía y su poder y mantiene la lucha, la fuerza del yo empírico no impide la fragilidad del yo trascendental".

Los psiquiatras fenomenólogos son unánimes en afirmar que las formaciones neuróticas surgen tardíamente comparadas con las psicóticas. Mientras estas ultimas hablan en relación a las tentativas del yo empírico para suplir la ausencia o desorganización del yo trascendental; aquellas presuponen la existencia de un yo trascendental, del cual el yo empírico se intenta separar. Siguiendo a Von Gebsattel (1968), las formaciones neuróticas son fijaciones en el "tiempo experimentado" (*erlebte Zeit*), que es aquel mediante el cual el sujeto empírico busca en origen situarse ante el fluir del yo trascendental. En principio las representaciones del orden del tiempo experimentado son muy importantes para el yo empírico, ya que le aseguran la demarcación de su propia singularidad. Además, aseguran al yo empírico cierto control sobre sí frente al ímpetu ininterrumpido del yo trascendental. El tiempo cronológico o biográfico, en este sentido, podría ser admitido como una representación del orden del tiempo experimentado. Aun así, en la medida en que las mismas representaciones se vuelven frecuentes, en la medida en que el yo empírico comienza a fijarse a ellas, como forma de impedir su propio fluir por el yo trascendental; comienza un proceso de división, un conflicto entre el yo empírico y el yo trascendental. Es como si el yo trascendental se transformase en otro adversario, competidor (pero no ausente o fragmentado, como en el caso de las psicosis, conforme veremos luego a continuación). Razón por la cual, el yo empírico se siente amenazado, como si no pudiese repetir más la experiencia de identificación que construyó junto a las representaciones sociales (que forman el tiempo experimentado). Las formaciones neuróticas – en fin – se presentan como estrategias de defensa frente a la presencia amenazadora del yo trascendental ahora comprendido como un otro trascendental. En virtud de su naturaleza defensiva, las formaciones neuróticas petrifican el yo empírico, que poco a poco va perdiendo la capacidad de experimentarse en situaciones nuevas. El tiempo trascendental continúa corriendo, pero el yo empírico no intenta asumirlo, resignándose a las pocas identificaciones conquistadas hasta aquel momento biográfico (experimentado), hasta el instante en que ellas pierden completamente su actualidad. Este es el momento crítico para el yo empírico neurótico. A la laxitud y comodidad de otrora se impone este extraño trascendental con que el yo empírico no se identifica y contra el cual nada puede hacer.

Las formaciones psicóticas – a su vez – están relacionadas, según Von Gebsattel (1968), con los problemas del tiempo vital o vivido (*gelebte Zeit*). Son respuestas a las modificaciones en las condiciones trascendentales del ser-humano, que se presentan fragilizadas, de tal modo que, el yo trascendental no existe o no proporciona una orientación intencional capaz de sustentar y atraer el yo empírico. El yo trascendental se presenta entonces como un otro trascendental, mucho más radical que aquel que se configura en las neurosis. Finalmente, no se trata – para el yo empírico – de enfrentar alguna diferencia en cuanto a las representaciones (del orden del tiempo experimentado) a las que este yo empírico se adhirió; tampoco, entonces, se trata de una posibilidad diferente de las representaciones con las que yo mismo – en cuanto yo empírico – me identifiqué. Se trata, sí, de la ausencia de posibilidades diferentes, gracias a una privación radical la cual no decidí, sino que vino del otro, como si el tiempo no se ofreciese, aprisionando mi yo empírico en la actualidad. He ahí por qué, en estas condiciones, los yo(s) empírico(s) no se siente(n) en principio amenazado(s). Más correcto sería decir que, frente a la ausencia o desarticulación del yo trascendental, se sienten perdidos, solitarios, desamparados. Esta es la probable razón por la cual, a pesar de su soledad trascendental, el yo empírico busca, en su propia realidad, el horizonte y el fondo de los que está privado, volviéndose, por ello, muy poderoso. El yo empírico, en los contextos en que el yo Trascendental no se presenta o se presenta de modo deficitario, construye por sí mismo lo que le falta. Más aún, en los contextos en que el yo trascendental es un otro de ausencia o de desarticulación, el yo empírico busca inventar o reparar por sí mismo el tiempo que para él no se ofrece. Y a estas acciones del yo empírico los psiquiatras fenomenólogos denominan las formaciones psicóticas. Ellas son las tentativas del yo empírico para producir, artificialmente, las evidencias que constituyen esto que la fenomenología llama de "actitud natural", dominio trascendental de las remisiones espontáneas entre actos (del yo empírico) e inactualidades esenciales (pertenecientes al yo trascendental). Y aunque sea verdad que, en algunos momentos, las producciones psicóticas pueden estar relacionadas con la defensa contra las representaciones del orden del tiempo experimentado – lo que no autoriza de forma alguna a pensar que tales representaciones, generalmente formuladas por el medio social, sean motivo o causa de las producciones psicóticas –, en su mayor parte, tales producciones están destinadas a encontrar y organizar algo anterior a las representaciones del orden del tiempo experimentado.

LECTURA FENOMENOLÓGICA SOBRE LA GÉNESIS Y LOS TIPOS DE FORMACIONES PSICÓTICAS

Los psiquiatras fenomenólogos no son partidarios de la utilización de las categorías fenomenológicas como criterios diagnósticos de cuadros psicóticos. Pero se sirven de ellas para pensar las características individuales (como preferían los más afectos a Minkowski) o la génesis intencional de las formaciones psicóticas (según la orientación de Binswanger). Para este último, muy especialmente, la producción de hipótesis genéticas ayuda al profesional a trascender la dimensión empírica en provecho del reconocimiento de la función intencional que el síntoma simula. Y tal como Binswanger (1971), Henry Maldiney (1976) se ocupa de organizar los diversos casos clínicos relatados por la tradición psiquiátrica fenomenológica a partir de categorías que, más que reescribir la práctica del diagnóstico, pretenden localizar las diferentes génesis y, por extensión, las diferentes funciones intencionales que, a consecuencia de su ausencia o modificación, justificarían las producciones psicóticas presentadas en aquellos casos. Podemos decir, a *grosso modo*, que estos autores distinguen, por un lado, las psicosis relacionadas con la ausencia del yo trascendental y, por otro, las psicosis relacionadas con la división del yo trascendental el cual, ora se presenta sin "fondo" (como si la capacidad de *derelicción*, según Binswanger, o de "*traspasabilidad*", según Maldiney, estuviese comprometida), ora sin horizonte de futuro (como si la capacidad de "comprensión", según Binswanger, o de "*transposibilidad*", según Maldiney, no existiese más).

En el primer grupo, los autores se enfocan hacia aquellas formaciones cuya característica dominante es la flagrante ausencia del yo trascendental, como si los pacientes no consiguiesen operar en el campo de las inactualidades. Se trata de personas que, en diferentes grados, se muestran incapaces de responder a las demandas que comprometen con los deseos, las esperanzas, en fin, con las formas de vida por cuyo medio nos lanzamos al porvenir incierto. Aunque acompañen la semántica específica de las frases, esas personas no captan la malicia, la ironía; no participan de los motivos indecibles en las conmemoraciones, no consiguen comprender el pedido por complicidad, no toman lugar en los chistes (a no ser de forma caricaturesca, como consecuencia de un recurso social aprendido en la convivencia). En casos más ostensivos (que son aquellos relacionados con los autismos), tales personas son incapaces incluso de desempeñar conductas elementales, que le valdrían aceptabilidad social, como la integración entre el mirar y la escucha ante aquellos que les dirigen la palabra. Al contrario, se comportan de modo extraño, respondiendo a las demandas por medio de comportamientos que la psiquiatría tradicional clasifica como alucinatorios, en algunos casos, delirantes en otros, y aún más, en todos ellos, desvinculados de la expectativa social (que, en este caso, tiene relación con el trascenderse en dirección a la inactualidad). En la evaluación de Binswanger, lo que sucede en estos casos no debe su origen a un episodio empírico, como un trauma o un enjuiciamiento vivido en determinado momento biográfico. Para este autor, si los pacientes no pueden participar de los horizontes virtuales o, lo que es lo mismo, si ellos no ostentan un "proyecto" existencial, tal se debe a la ausencia (aunque provisional) de un fondo de referencias trascendentales (hábitos) que les asegurase espontaneidad comportamental. O, más aún, si los pacientes no pueden desear o participar de un proyecto existencial, si ellos no pueden comprender la sutileza de las relaciones fácticas (encubiertas por el carácter empírico de la realidad), es porque ellos no tienen a su disposición el piso de hábitos que pudiesen orientar su trascendencia en el mundo. Ellos no tienen el "sentimiento de situación" (*Befindlichkeit*), el cual no es más que lo existencial, "estar-lanzado" en la mundanidad del mundo (conforme a la terminología heideggeriana), o la capacidad de operar síntesis espontáneas a partir del fondo de formas retenidas (según el lenguaje husserliano). Maldiney (1990) describe esta indisponibilidad del fondo en los términos de una falla en la capacidad de traspasar las muchas orientaciones fácticas entregadas por el mundo. Los pacientes no lograrían dejarse conducir o pasar de una situación a otra en el mundo. La espontaneidad (la traspasabilidad o sentimiento de situación) que falta a estos pacientes es para ellos, más bien, un otro totalmente ajeno, inaccesible. Por esta razón, intentarían crear, para sí, suplencias de la orientación intencional ausente, las cuales no son más que alucinaciones. De la misma forma, buscarían justificar sus creaciones alucinatorias por medio de formulaciones delirantes. Razón por la cual, así como Binswanger, Maldiney hará una distinción entre formaciones esquizofrénicas (que son comportamientos alucinatorios no acompañados de delirios) y formaciones paranoicas (en que las alucinaciones son justificadas de manera delirante). Así, en ambos casos, el yo trascendental es un ilustre desconocido, un ausente, al cual el yo empírico intenta instituir en la realidad, lo que explica por qué la realidad del esquizofrénico, por ejemplo, parece extraña (según Chamond, 2002).

Ya en el segundo grupo, los autores tienen a la vista aquellas formaciones cuya característica dominante está relacionada, por un lado, con la fijación en aquello que se presenta como dimensión habitual, y por otro, con la sobreestimación del horizonte de posibilidades (transposibilidad, según Maldiney). A diferencia de los cuadros anteriores, en estos, no podemos decir que el yo trascendental esté ausente. Más apropiado sería decir que el yo trascendental se presenta entonces dividido o fragmentado. Cuando aparece como orientación intencional venida del pasado o, simplemente, como fondo de *derelicción*, él se hurta en cuanto horizonte de comprensión, dominio de posibilidades virtuales en dirección a las cuales el yo empírico podría trascenderse. Por otra parte, cuando el yo trascendental aparece como horizonte comprensivo acerca de las posibilidades de trascendencia, él se hurta como fondo de *derelicción* y, en consecuencia, el yo empírico no sabe qué parámetro o referencia pasada seguir para lidiar con el futuro. En cualquiera de los dos casos, el yo empírico queda desorientado, incapaz de asumir una posición específica en el fluir del yo trascendental – que además se aparece al psicótico antes como un otro que como un yo trascendental. Razón por la cual, se pone a producir suplencias para las dimensiones ausentes. Estas suplencias son básicamente operaciones de hiperbolización del dominio trascendental presente. Si el yo empírico no dispone de un horizonte de posibilidades, solo apenas de un fondo habitual, él se fija a este último como si ahí estuviese todo lo que hay para ser esperado: melancolía. Si, al contrario, el yo empírico no tiene a su disposición un fondo de hábitos, solo apenas un horizonte de posibilidades, él busca ocuparse de todas las posibilidades de que dispone, pues, de esta forma, juzga poder suplir la falta de orientación espontánea: identificación positiva.

En el primer caso, hay un hundimiento en la dimensión de la transpasibilidad, que de esta forma deja de ser un punto de referencia (en la búsqueda de un objetivo) para volverse la propia meta de la acción. No pudiendo participar de los proyectos pragmáticos o de las relaciones intramundanas que forman el horizonte de posibilidades futuras, los pacientes melancólicos toman cada una de las cosas mundanas de manera absolutamente individual. O, entonces, sin conseguir tomar en cuenta la ligazón que ellos mismos podrían establecer (en el futuro) con los semejantes y con las cosas mundanas, los melancólicos transforman cada objeto en el representante de un absoluto, como si cada objeto comportase una mundanidad específica, que desapareció de la realidad empírica y que ahora el melancólico debe recuperar (frecuentemente de manera delirante). En base a esto, tratan al mundo de manera compartimentada, como si cada parte fuese para sí misma el horizonte interno y externo, lo que, al final, acaba por volver inviable la acción, sometiendo al paciente al riesgo de inercia y de exclusión social.

En el segundo caso, no presentándose un horizonte interno (pasado) desde donde los pacientes podrían establecer una elección, hay una sobreestimación de las posibilidades existenciales abiertas por el mundo en la actualidad de la situación, como si todo fuese importante, no pudiendo ser descartado nada. Al final, si no pueden identificar lo que propiamente interesa a cada cual, entonces los pacientes maniacos escogen todas las posibilidades. Cualquier descarte podría implicar el descarte de sí mismo. De donde se seguiría cierta inconsecuencia comportamental, que consiste en la tentativa de ser capaces de todo. Los pacientes maniacos enfrentan el mundo como una sola totalidad, que les pertenecería hasta tal punto de que no se sienten autorizados a descartar lo que quiera que sea.

Los psiquiatras fenomenólogos, aun así, no quieren que el análisis de la génesis de las formaciones psicóticas sea la ocasión para una comprensión estructural sobre los tipos de psicosis. Aunque admitan gran diferencia en las características comportamentales y, sobre todo, en la génesis de las diferentes formaciones; los psiquiatras fenomenólogos defienden la comprensión de que entre una formación y otra existe antes una diferencia de grado, precisamente, una diferencia en el grado de presencia del yo trascendental. En este sentido, no es imposible que alguien después de haber alucinado un correlato del yo trascendental ausente, un momento después, pueda, por razón exclusivamente de la presentación de un fondo de hábitos, comportarse de manera melancólica. Además, hay que considerar, según los psiquiatras fenomenólogos, la proximidad entre: i) ciertas formaciones psicóticas, como las formaciones delirantes características de los melancólicos (y por cuyo medio buscan compartimentar la experiencia) y ii) las construcciones delirantes presentes en ciertas formaciones neuróticas (como en aquellas típicas de las neurosis obsesivas), en las que el paciente fragmenta su realidad para así desviarse del yo trascendental (percibido como otro trascendental). Con todo, a pesar de la polémica que establecen entre sí respecto de este tema, de un modo general, al considerar las génesis de una y de otra formación, los psiquiatras fenomenólogos sustentan la diferencia entre estos dos tipos de delirios. Los delirios psicóticos son suplencias de un yo trascendental y no tentativas para evitarlo. Son tentativas para hacer que el otro trascendental pueda ser un yo trascendental.

¿FENOMENOLOGÍA DE LA PATOLOGÍA O PATOLOGÍA FENOMENOLÓGICA?

AL RECONOCER QUE LA génesis temporal de la actividad intencional establecida por la fenomenología husserliana tardía podría ayudar a la psiquiatría a definir más claramente el interés psiquiátrico por las producciones psicóticas, Binswanger provocó muchas polémicas. Estas no tuvieron relación directa con el supra-reconocimiento. Al final, a todos les pareció muy apropiado definir la producción psicótica como una forma de suplencia de algo que no se actualiza para el sujeto psicótico, precisamente, la actividad intencional. El principal motivo de las polémicas estaba relacionado más bien con el hecho de que Binswanger se había eximido de explicar bajo qué condiciones él puede servirse de las facultades noéticas y de los procesos intencionales operativos (relativos a la consciencia trascendental) para aclarar el fracaso de la vida intencional de sujetos empíricos (en el caso, los psicóticos). Binswanger tomó prestadas de Husserl las nociones pertenecientes al cuadro de la intencionalidad operativa (eminentemente temporal) como si ellas pudiesen proporcionar la norma cuyo desvío definiría el fenómeno psicótico. De tal manera que, en vez de hacer una fenomenología de la patología, Binswanger acabó por escribir tratados de patología fenomenológica, cuyos sujetos serian los psicóticos. La "normalidad" trascendental atribuida a la analítica husserliana de la intencionalidad operativa aseguraría una especie de referencia imaginaria que el psiquiatra debería observar. Observancia esta que, además, dispensaría al psiquiatra de pensar respecto al papel que él mismo podría desempeñar junto a las producciones de sus pacientes. En nombre de una fantasía sobre la normalidad trascendental, Binswanger se habría desentendido de pensar el lugar y la tarea ética del psiquiatra en la construcción del diagnóstico, o la importancia de las demandas sociales en la génesis y en el tratamiento de las formaciones psicóticas.

No es la misma cosa decir que las producciones psicóticas son tentativas de suplencia de las actividades intencionales que lo sujetos psicóticos no pueden realizar; que decir que las producciones psicóticas son desvíos de la forma en la cual los sujetos viven la intencionalidad. En el primer caso, estamos describiendo los motivos por los cuales las producciones psicóticas pueden ser establecidas. En el segundo, estamos vinculando las producciones psicóticas a un tipo de "deber-ser" que ellas no cumplen; razón por la cual son consideradas patológicas. Y aunque se trate de una diferencia bien marcada, muchas veces, en los discursos de la psiquiatría fenomenológica no sabemos exactamente cuál es el horizonte de fines perseguido por la psiquiatría: ¿Comprender la singularidad de las producciones y defenderlas de las explicaciones normativas? O, ¿Comprenderlas a partir de una norma trascendental, lo que favorecería la interpretación del propósito que estarían cumpliendo? No se trata aquí de dar la razón a Minkowski contra Binswanger, como si la insistencia del primero en la temática de la singularidad de las producciones de los pacientes lo librase de los riesgos de la regulación normativa. La preocupación con la singularidad de las producciones era también una preocupación de Binswanger[45]. Y lo problemático en ambos autores es que, tanto en uno como en otro, la defensa de la singularidad parece desarticulada en las reflexiones sobre la génesis de las producciones psicóticas. Cuando dicen que las producciones psicóticas son tentativas de suplencia de las actividades intencionales que los sujetos intencionales no pueden realizar, no aclaran exactamente por qué es exigida tal suplencia. ¿Por qué los sujetos empíricos son compelidos a producir suplencias o, quien sabe, por qué los sujetos empíricos se motivan para hacerlo?

Tal vez pudiésemos conjeturar una génesis empírica. Si los sujetos empíricos se ocupan de producir suplencias del yo trascendental, esto tal vez sea en respuesta a las exigencias de los otros sujetos empíricos. Mas tal respuesta no satisface las exigencias del psiquiatra fenomenólogo. No es en el campo empírico donde busca la génesis o motivación fundamental de las producciones psicóticas de sus pacientes. El recurso reductivo se lo prohíbe. Y cuando lo intentan – como es el caso de Binswanger –, rápidamente son censurados por sus colegas, como si le faltase a la especulación psiquiátrica el rigor propio de la investigación fenomenológica. Para los psiquiatras fenomenólogos, reducir implica no solamente una separación en relación a las tesis naturalistas; sino también, abandonar un punto de vista empírico y, con él, aquello que – en la actualidad de la situación – tal vez exigiese una operación intencional o la suplencia de ésta. Y he aquí por qué los psiquiatras fenomenólogos no dan demasiado valor a las situaciones familiares, a la biografía de los sujetos, a las demandas institucionales que recaen sobre los pacientes.

Y tal vez esté aquí – nos arriesgamos a decir – la razón por la cual, no pudiendo recurrir a la vida empírica para justificar el surgimiento de las producciones psicóticas de sus pacientes, los psiquiatras fenomenólogos confieren al discurso fenomenológico un lugar de norma, de la cual el discurso de sus pacientes sería una variación, una variación patológica. En consecuencia, la fenomenología, que en la pluma de los psiquiatras fenomenólogos debería asegurar, para la suplencia de ficción producida por los pacientes, derecho de ciudadanía, se transformó en una especie de norma trascendental. Los procesos intencionales exhaustivamente explotados por Binswanger, más que ofrecer parámetros diferenciales, surgen como modelos a partir de donde las suplencias deben ser interpretadas. La intencionalidad operativa se volvió una "versión" trascendental de aquello que la propia psiquiatría fenomenológica tanto combatía, a saber, las normas empíricas.

Prueba de esto es la centralidad que, poco a poco, la noción de yo trascendental fue asumiendo en la obra de Binswanger. Utilizada para designar la totalidad de los procesos intencionales que componen el fondo y el horizonte trascendentales de un sujeto empírico, la noción de yo trascendental representaría una especie de regularidad y, en estos términos, una especie de sentido que los psiquiatras buscarían ver funcionando en las diferentes relaciones sociales. En el dominio del yo trascendental, las diferencias empíricas que distinguirían para siempre el yo empírico del otro serían sobrepasadas por los actos de trascendencia en dirección a una mundanidad – más que impersonal – colectiva. Y las psicosis, a su vez, tendrían que ver con el fracaso de los sujetos empíricos para vivir el yo trascendental. Para los sujetos psicóticos, el yo trascendental sería antes un otro trascendental que impediría las posibilidades temporales de aquel. Frente a este otro cabría a los sujetos psicóticos la producción de suplencias de las posibilidades que éste no les proporcionaría. Y aunque considerasen las diferentes formaciones psicóticas como producciones originales, para los psiquiatras fenomenólogos, la aceptación de estas producciones dependería del reconocimiento en ellas de un correlato *delirante* del yo trascendental.

La psiquiatría fenomenológica, en fin, al remitir al campo del deber-ser aquello que delimitaría la singularidad de las producciones de los diferentes sujetos, se transformó en ciencia normativa. Desde el punto de vista clínico, una de las consecuencias más problemáticas de esta maniobra para explicar la génesis de las producciones psicóticas de los pacientes consiste en la suspensión del análisis de la participación del psiquiatra en las producciones psicóticas de los pacientes. La singularidad del psiquiatra, sus inducciones, su testimonio, en fin, su presencia deja de ser considerada, aunque, con mucha frecuencia, los psicóticos la reclamen. El diagnóstico, por consiguiente, no puede tomar en cuenta la actualidad de la relación concreta entre el paciente y el psiquiatra. El psiquiatra no es aquí más que el agente de un saber, el agente de un saber fenomenológico sobre los procesos intencionales, con el agravante de que este saber, en rebeldía con las pretensiones filosóficas de la fenomenología, ahora necesita desempeñar – de la mano del psiquiatra – la función que originalmente la filosofía fenomenológica quería combatir, o sea, el uso normativo.

7. La psicosis en el discurso del psiconálisis: ¿estructura defensiva o invención?

INTRODUCCIÓN

ESTABLECEMOS, EN EL PRESENTE capítulo, un pequeño estudio sobre el modo en el que Jacques Lacan, en la década de 1930, partiendo de la fenomenología de las psicosis o, por lo menos, de aquello que fue para ella una especie de rudimento, removió la base para que se comprendiesen los comportamientos psicóticos, desde el campo de las causas anatomofisiológicas hacia el campo de la génesis social. En vez de una disfunción orgánica, la psicosis sería consecuencia de una falla en el proceso de socialización de los sujetos que, en razón de eso, no merecerían del gran otro (entendido como tesoro de significantes) una identidad social. O, conforme elaborará de manera más precisa en los años de 1950, los sujetos psicóticos no merecerían del gran otro ni tan siquiera los medios simbólicos para defenderse frente a las demandas por identidad imaginaria; razón por la cual se verían forzados a producir una suplencia de la defensa, una metáfora delirante de la ley simbólica con la cual podrían detener las demandas a ellos dirigidas. En otras palabras, en razón de la falencia de la relación simbólica entre el sujeto y el gran otro, especialmente en función de la "exclusión" de la ley que la regularía, el sujeto debería conseguir el retorno metafórico ("forclusión", según Freud, 1923a) de esa misma ley como una construcción delirante, por lo tanto psicótica. Y la apuesta ética del psicoanálisis, en ese momento, es que la autorización clínica de la metáfora delirante estabilizaría la relación del sujeto psicótico con el gran otro.

En la década de 1970, sin embargo, habiendo percibido que ni siquiera ese recurso fuera capaz de armonizar la relación entre el sujeto (de la psicosis) y el gran otro, y que, tal vez, al psicótico las demandas del gran otro ni siquiera le interesasen, Lacan dio un bandazo, no solo en el tratamiento de la psicosis, sino también, en la propia orientación ética del psicoanálisis. Contra lo que aprendiera inspirado en la fenomenología – a saber, que la producción de un sujeto es una relación de sujeción al gran otro (aunque para él se tratase de un gran otro simbólico-imaginario, lo que significa decir estructurante y no transcendental) –, contra su propia intuición sobre la función de la ley y de su sustituto delirante en el problema de las sujeciones sociales fracasadas, Lacan pasa a decir que, para un sujeto, lo que importa es el gozo que él pueda alcanzar solo, al producir su *synthome*, su ligazón particular entre lo real, lo simbólico y lo imaginario. Desde el punto de vista del sujeto del gozo, las demandas del gran otro perdieron su función. Y la psicosis, a su vez, sería, tan solamente, la dificultad de un sujeto para ejercer (frente al gran otro) la condición de sujeto de gozo (en el que la psicosis no sería diferente de la neurosis, y viceversa).

Para nuestra lectura, sin embargo, por más que podamos acompañar a Lacan en su deposición del lugar constituidor que las demandas del gran otro puedan tener en nuestra existencia, de ahí no se sigue que los sujetos puedan ser, de ese modo, tan autónomos. En el caso del gozo, la producción de un *synthome* siempre implica operar con "eso" sobre lo que no tenemos exclusividad. Si podemos decir que el gozo que nos acomete ya no es más algo establecido por el gran otro, no por eso podemos decir que ese gozo sea nuestro. Más que solitario, el gozo parece aquí irreductible, sea para "uno" sea para el "otro". En cierta medida, es como si él no perteneciese ni al "uno" ni al "dos". ¿Tendríamos que admitir aquí un "contacto extraño"? ¿Sería éste un trascendental?

Ciertamente, ya no se trataría del yo trascendental de los fenomenólogos. Y en el caso de la psicosis, si podemos decir que hay en ella alguna dificultad, esta tal vez no esté relacionada con la capacidad de gozo sobre el otro, sino con la habilidad para ocupar ese lugar ambiguo entre lo que es propio y lo que es extranjero.

DE LA FENOMENOLOGÍA EMPÍRICA AL RECONOCIMIENTO DEL PAPEL DE LA LEY

EL MODO EN EL que Lacan piensa la psicosis no es del todo extraño a la tradición fenomenológica. De acuerdo con François Leguil (apud Benetti, 2005, p. 5), en los años 1930, era en Karl Jaspers (1913) donde Lacan buscaba inspiración para pensar la psicosis, antes como fenómeno social que como fenómeno anatomofisiológico. En su tesis de doctorado titulada "La psicosis paranoica en sus relaciones con la personalidad" (1932), Lacan se ocupa de mostrar – en términos muy próximos a aquellos empleados por la fenomenología de las psicosis – que la paranoia es una tentativa de reparación de una falla en el proceso, sin el cual un sujeto impersonal no se transforma en una personalidad, siendo tal proceso, la alienación en el mundo social. El acúmulo de vivencias malogradas de inclusión social y el consecuente fracaso en la experiencia de comprensión de la propia personalidad, determinarían, para el sujeto, la necesidad de constitución de una suplencia de personalidad. La paranoia sería apenas una entre las muchas formas de suplencia. Mientras – y aquí Lacan comenzaba a distanciarse de Karl Jaspers y de toda la tradición de psiquiatras fenomenológicos – la producción de esa suplencia no parece suficiente para apaciguar al sujeto psicótico. Más allá de ella, es como si el psicótico necesitase de un rito, de un recurso de integración en el mundo social. Conforme a la lectura de Lacan en aquel momento (1932), este recurso no sería otro que el "pasaje al acto" (*acting out*) de la fantasía psicótica producida como suplencia de personalidad.

Sigamos, por un momento, un caso clínico de Lacan. En verdad, el único al cual dedicó un estudio completo en casi 50 años de actividad profesional, a saber, el caso Aimée, nombre ficticio de Marguerite Anzieu[46]. Ya en su juventud en el interior de Francia, viviendo con sus padres, Aimée presentaba síntomas psiquiátricos. Fue entonces internada consecuencia de un cuadro constante de delirios de persecución, delirios de grandeza y formaciones erotomaniacas cuyo tema dominante era la identificación a la figura de un(a) escritor(a). Después de la internación, consiguió trabajo como funcionaria pública, sin jamás abandonar la esperanza de volverse un(a) gran escritor(a). Fue madre, y consiguió trasladarse a París, donde al fin, pretendía ser reconocida como mujer de las letras y de la ciencia; sus tentativas fueron infructíferas. Nadie se interesó por sus textos. Hasta que en 1931, intentó acuchillar a Huguette Duflos (1887-1982), una famosa actriz de teatro de la época. Pues la actriz "sería" la responsable del veto de los textos que Aimée sometía a los directores y agentes de arte. Además, conforme a la construcción paranoica de Aimée, la Duflos tendría un "plan" para asesinar a su hijo. Cuando más tarde Lacan leyó los textos de Aimée, le llamó la atención el hecho de que la Duflos correspondía exactamente a los personajes que Aimée construía; de donde Lacan entonces, infirió que la relación paranoica envolvía no exactamente a Aimée y los artistas, sino a Aimée y los tipos ideales que ella misma creaba (conforme con Safatle, 2007). Lo más sorprendente, sin embargo, fue que, con la prisión, los delirios cesaron súbitamente. Su semblante se pacificó. Siguiendo la lectura de Lacan, sería como si, en aquel momento, la prisión hubiese representado para Aimée una primera experiencia de inclusión en el mundo del cual antes no formaba parte. Lo que supuestamente explicaría la pacificación alcanzada. Gracias a la intervención de la ley, Aimée fue finalmente reconocida. De tal manera que, tratando de describir las razones o motivos que desencadenarían la psicosis, bien como las estrategias de intervención que tendrían efecto sobre ella, Lacan menciona algo aparentemente más importante que las sucesivas experiencias de exclusión social, a saber, la presencia o ausencia de la ley como mediadora entre las suplencias de personalidad y las expectativas sociales.

En los años 1950-1960, la figura de la ley como mediadora pasó a ocupar lugar central en la elaboración lacaniana sobre la génesis y terapéutica de la psicosis. Y, no por casualidad, el estructuralismo entregó a Lacan una llave de lectura que le permitió volver a Freud, especialmente a la apropiación psicoanalítica del mito de Edipo, localizando, en la figura del padre, el representante de la ley que faltaría al psicótico. He aqui el momento de la primera clínica lacaniana de las psicosis. Lacan creía que, por medio de las formaciones alucinatorias y delirantes, los psicóticos estarían intentando producir, más allá de suplencias de personalidad, una metáfora de la ley que les asegurase a tales suplencias un lugar social. Los psicóticos estarían intentando producir una metáfora del padre. Y cabría a los analistas servir de secretarios en la producción de esta metáfora.

Con todo, la terapéutica de la psicosis reservaba sorpresas. Metáforas delirantes de la función paterna no necesariamente aseguraban a los psicóticos un lugar de aceptación social. Muchas veces, ellas suministraban los motivos para nuevas imposiciones por parte del gran otro. Razón por la cual, en los años setenta, Lacan establecerá una relectura de la función del analista frente a la producción psicótica. Mucho antes de motivar en los consultantes la producción de una metáfora delirante del padre, el analista debería poder reconocer, en las diversas producciones de sus consultantes, la capacidad que tienen por sí mismos para vincularse a los demás, sin someterse a ellos. En otras palabras: las producciones psicóticas dejan de ser vistas, por Lacan, como tentativas de inserción en la cadena de sentido ordenada por el gran otro, para volverse modos de individuación ante un alguien otro ya no tan poderoso. Lacan se aparta no solo de la tesis fenomenológica de que la psicosis es una falla en el proceso de alienación frente al otro, sino también de su propia tesis sobre la función universal del padre en el proceso de alienación. La psicosis, así como cualquier otra estructura clínica, es una tentativa de individuación. Y la cuestión que aquí tenemos que discutir es: hasta qué punto la individuación propuesta por Lacan efectivamente salva al sujeto del "otro", aunque no se trate ya más del "gran otro".

LA PSICOSIS EN LA PRIMERA CLÍNICA LACANIANA

PARA CALLIGARIS (1989, p. 9), la clínica psicoanalítica difiere de la psiquiátrica en no guiarse, como esta última, por la constatación de la presencia o ausencia de los fenómenos elementales de la crisis psicótica: alucinaciones, delirios disociativos, persecutorios... La clínica psicoanalítica es una clínica estructural, lo que quiere decir que se orienta por las estructuras que se dejan reconocer a partir del lugar que el discurso del consultante reserva al analista. Orientación presente también en la Terapia Gestalt, aunque los terapeutas Gestalt no utilicen el término "estructura" para designar el vínculo discursivo entre el consultante y el clínico. Prefieren el término "campo". Tampoco utilizan el término "transferencia" para referirse al lugar específico que el discurso del consultante reserva al clínico. Esto es así porque la noción de "transferencia" hace suponer que la estructura en la cual el analizado enreda al analista, podría no ser contaminada por la presencia de éste. A diferencia del psicoanálisis, para la Terapia Gestalt toda repetición es una creación en la actualidad de los eventos de frontera y, en este sentido, el clínico sí contamina el campo y las formaciones que se repiten en la sesión. En este sentido, para la Terapia Gestalt, el clínico no es "transferido" a otra escena; la otra escena es la que se actualiza en la medida en que asimila la presencia actual del clínico. De todas maneras, es en función de esa forma de comprender la clínica – como una estructura discursiva en que el analista es invitado a asumir un lugar – como el psicoanálisis, así como la Terapia Gestalt más tarde, puede hablar, por ejemplo, de psicosis, incluso en la ausencia de los fenómenos catalogados como manifestaciones psicóticas. Esto es posible, de acuerdo con Calligaris, porque el psicoanálisis reconoce que hay una estructura psicótica, una forma de ligazón entre el analista y el analizado, la cual no necesariamente desemboca en una crisis psicótica, y, por consiguiente, en las manifestaciones comportamentales exhaustivamente descritas por la psiquiatría. Hay, para el psicoanálisis, una psicosis fuera de la crisis. Hay, pués, una estructura psicótica. Ahora bien, ¿Qué debemos entender aquí por estructura psicótica?

ESTRUCTURA PSÍQUICA COMO SUJETO A PARTIR DEL OTRO

Según la lectura que Calligaris (1989, p. 13) hace de Lacan, la estructura psicótica, como cualquier otra estructura (la neurótica, por ejemplo) es una forma de defensa. Lacan, así, no haría más que replicar la tesis freudiana, según la cual, todas las psiconeurosis son formas de defensa del sistema psíquico (Freud, 1924, p. 229). Pero, ¿de qué se defiende el sistema psíquico? ¿Qué amenaza exigiría, de este sistema, estructuras como la neurótica y la psicótica? De acuerdo con Melman (2004), más allá de los términos de la metapsicología freudiana (lo que significa, a partir de esos términos), para la lectura lacaniana de la formación del sujeto del psicoanálisis (Lacan, 1966) – o, lo que es lo mismo, para la comprensión lacaniana del sistema psíquico como una forma de lazo social – el sistema psíquico se defiende de aquello que, imaginariamente, habría de ser su destino en el caso de que no se defendiese, a saber: tener su ser (lo que significa decir, su cuerpo) reducido a "objeto de una Demanda imaginaria" postulada por la cultura, por el gran otro. O, en otras palabras, el sistema psíquico se defiende de tener su ser reducido a la condición de objeto de gozo de ese gran otro. Para escapar de ese destino, el sistema psíquico – en la forma de sus diferentes estructuras –

produciría una especie de metáfora, en cuyos términos habría de sustituir, al cuerpo gozado por el gran otro, un significante, por cuyo medio podría entonces responder a la demanda, ejerciendo sobre esta un poder, un saber. El sistema psíquico – ahora constituido como una significación producida en el ámbito de la estructura – pasaría de la condición de objeto de la demanda a la de sujeto de un "saber" sobre la demanda. Por medio de ese saber, el sistema psíquico permanecería defendido.

Lacan (1964), a su modo, propone dos operaciones lógicas para pensar la emergencia del sistema psíquico en cuanto un "saber de defensa", en cuanto un "sujeto de saber" frente a las demandas del otro; son las operaciones de alienación y separación. Con la noción de alienación, Lacan se propone describir el proceso de formación de este "sujeto de saber", que coincide con la descripción de la entrada del niño en el mundo del lenguaje. Conforme a lo que mostramos en otro lugar (Müller-Granzotto, M.J., 2008), para un infante, que aún no "sabe" nada de sí, el hambre, por ejemplo, no tiene sentido determinado. Ella no tiene correspondencia con un tipo específico de alimento o demanda intersubjetiva. Esto solo va a suceder en la medida en que el infante vaya siendo atravesado por el lenguaje. En un primer "estadio", el infante encuentra, junto al cuerpo de aquel que le habla (por ejemplo, la madre), la protección imaginaria, mediante la cual él se va a constituir como un significante de su propia unidad, de su propia hambre. He aquí la alienación del infante en el significante materno. Luego, mientras tanto, el significante (materno) de ese hambre va a ser subsumido por otro hablante (por ejemplo, el padre), el cual, más que como un cuerpo especular, se presenta como un menú de significantes (una solución para el hambre). En la mediación de este menú, el significante de hambre adquirirá el status de finalidad, meta, saber, en fin, "sujeto de un saber". De donde se sigue, para Lacan, que el sujeto es siempre un efecto del lenguaje, la alienación del infante en el y por el lenguaje. En las palabras de Lacan (1964, p. 187), "el sujeto nace en lo que, en el campo del Otro, surge el significante. Pero, por este mismo hecho, esto – que antes no era nada sino sujeto por venir – se coagula en significante". El lenguaje, a su vez, es para Lacan (1964, p. 193-4), la forma siempre binaria (significante materno, significante paterno) de presentación de lo que sea el otro: ese lugar en que se sitúa "la cadena significante que guía todo lo que va a poder presentificarse como sujeto".

Esto no significa que el sujeto así parido (así hablado) corresponda al ser del infante. En cuanto efecto de la captura del infante por el discurso, el sujeto no coincide con el propio ser del infante. Este queda separado, perdido, como aquello que no puede ser significado por el otro. Lo que hace que Lacan (1964, p. 178) diga que "la relación del sujeto con su propio discurso se sustenta, por tanto, en un efecto singular: el sujeto solo está allí presentificado al precio de mostrarse ausente en su ser". (Lacan, 1964, p. 178). Alienado en el y por el lenguaje, el sujeto se experimenta como significante del otro, como una interrogación producida por el significante materno y para la cual el significante paterno puede tener una respuesta. Además, se experimenta como radicalmente inesencial, en tanto que las respuestas no coinciden con su ser. En el Seminario 7, que versa sobre la Ética del Psicoanálisis, en un pasaje en que se ocupa de disertar sobre algo extraño que perfora la consistencia imaginaria del amor cortés, Lacan (Lacan, 1959-60, p. 188) emplea el neologismo "extimidad" para designar esa experiencia que el sujeto tiene de su propia inesencialidad, afirmando aún, en otra ocasión (1964, p. 173), que la extimidad "puede ser aquello que describimos como siendo ese lugar central, esa exterioridad íntima, [...] que es la Cosa [*Das Ding* freudiano], [...] que resta todavía como pregunta, o incluso como misterio [...]." Se trata, para el sujeto, de algo simultáneamente íntimo y exterior, que aún habiendo quedado fuera de la identidad lenguajera, continua presente, desde afuera, como un malestar. Lo que puede ser ilustrado en las palabras de Rimbaud, para quien, todavía siguiendo a Lacan, 'el yo es otro', de tal manera que, cuanto más intenta el sujeto rescatarse a "sí mismo", buscando la verdad de su conducta, más se encuentra con el hecho de que el "sí mismo" es algo otro. De donde se sigue que, bajo la forma de alienación, surge un sujeto dividido, por un lado marcado por un significante (que viene del Otro materno y que, en el Otro paterno, siempre puede renovarse), pero también perdido, desprovisto de ser, sujeto "falto-del-ser", enfrentado con su "extimidad".

En bien de la verdad, "dos faltas se encubren aquí", dice Lacan en el Seminario XI (1964, p. 194-5): una "es de la competencia del defecto central en torno al cual gira la dialéctica entre lo que proviene del sujeto con su proprio ser en relación al OTRO – por el hecho de que el sujeto depende del significante y de que el significante está primero en el campo del Otro. Esta falta viene a retomar la otra, que es falta real, anterior, a situar en lo procedente de lo vivo, quiere decirse, en la reproducción sexuada".

Esta división, entretanto, abre la posibilidad para la segunda operación descrita por Lacan, a saber, la separación. En ella, no se trata ya de mostrar los efectos de la alienación (el sujeto y su resto). Se trata de hacer ver como el sujeto, no obstante persistir enganchado a los lazos significantes establecidos en el seno del gran otro, aun así, puede operar con ese otro desde otro lugar, desde un lugar separado, precisamente: el lugar de la falta, el lugar de la "falta-del-ser". Para tal fin, el sujeto hace de su falta un objeto (el "objeto a"), que así es ofrecido al otro como aquello que el otro no puede tener, desencadenando, en ese otro, una falta correlacionada. De esta forma el sujeto no solo hace de su propia falta un objeto, sino que también la reencuentra en el otro, como aquello que el otro no puede tener. He aquí en qué sentido, para Lacan, el "objeto a" puede ser considerado la causa del deseo en el otro. Por cuenta del "objeto a", el otro ya no es más el menú, el tesoro de significantes a partir del cual el sujeto emerge como "falta-de-ser". El otro es también él mismo, un faltante. Al igual que el sujeto, el otro también está impedido. En las palabras de

Colette Soler (1977, p. 63), "El Otro implicado en la separación no es el Otro implicado en la alienación. Es otro aspecto del Otro, no el Otro lleno de significantes, sino, al contrario, un Otro al que falta alguna cosa".

Ese operar con la falta, que define al sujeto en la separación, no significa que Lacan apueste por algún tipo de familiaridad negativa, entre el sujeto y su ser, o entre el sujeto y el ser del otro semejante. Al revés, no se trata de resucitar el mito de Aristófanes, como si el sujeto siempre pudiese encontrar su mitad en la mitad del otro semejante. Esta fantasía es apenas un efecto de la cadena simbólica en la que el sujeto está alienado. Se trata de la ilusión de que pueda haber un significante otro que recupere, represente, signifique, aquello que falta. Sin embargo, desde el punto de vista del sujeto (que surge de una doble falta), el deseo – desencadenado por el objeto que falta, que es el "objeto a" – es siempre un deseo de falta; y el amor, una relación imposible.

DIFERENCIA ENTRE LA ESTRUCTURA NEURÓTICA Y PSICÓTICA

De acuerdo con Calligaris, del hecho de que tanto la estructura neurótica como la psicótica se constituyan como defensas frente a la demanda del gran otro, no se sigue que sean iguales, o que los sujetos y los saberes, producidos en ellas, sean iguales. Tesis con la cual la Terapia Gestalt concuerda, aun contradiciendo la comprensión, defendida por Lacan hasta mediados de los años sesenta, de que las diversas estructuras no se comunican entre sí – un neurótico jamás será un psicótico y viceversa. Para la Terapia Gestalt, las varias formas de ajuste (o las diversas estructuras) forman un sistema único, lo que no quiere decir que no sean diferentes entre sí. ¿En que difieren, entonces?

Para decirlo de un modo simple (lo que en psicoanálisis es siempre un gran riesgo): en la estructura neurótica, el sistema psíquico necesita de la mediación de una ley que haga de él un significante, un sujeto investido de un saber relativo a la demanda. En las palabras de Calligaris (1989, p. 14):

[...] la apuesta neurótica es que haya 'al menos uno' que sepa lidiar con la demanda del Otro; entonces, el saber va a tener un sujeto supuesto, y la problemática de defensa se va a jugar en la relación (deuda, generalmente) de cada sujeto con el 'al menos uno' que sabe. Es en esta relación en la que el sujeto se constituye y obtiene una significación.

Ese "al menos uno" es lo que Freud y, consecuentemente, el psicoanálisis y su estela, denominó función paterna. Se trata de ese significante segundo, en nombre del cual el sujeto de la estructura neurótica aliena su poder de defensa, por "suponer" en aquel significante una consistencia, una potencia mayor para lidiar con la demanda. Cabas (1988, p. 114-115) denomina "función fálica" a ese padre, a ese "al menos uno" de quien se supone un saber. En el decir de Calligaris (1989, p. 18): "el padre es quien sabe lidiar con el deseo materno y en consecuencia, quien puede decidir sobre la significación sexuada de los hijos". Pero, esta estrategia de defensa, según Calligaris, nunca es exitosa. En primer lugar, porque la figura paterna solo puede producir un saber sexual (lo que significa decir parcial), que no cubre el todo de la demanda (como el sujeto de la estructura neurótica esperaría). En segundo lugar, porque, para el sujeto de la estructura neurótica, se trata siempre de un saber que él supone del padre y no de sí. Luego, para poder defenderse, el sujeto pasa a depender del padre, de donde provendrá una deuda, en nombre de la cual pasará a trabajar y a la cual él siempre volverá[47].

La diferencia entre las estructuras, en lo que se relaciona con la estructura psicótica, argumenta Calligaris (1989, p. 14), reside en que "la elección psicótica es aparentemente otra: ella no pasa por la referencia a un sujeto supuesto de saber X, aunque pase, ciertamente, por la referencia a un saber de defensa, si es que el psicótico es sujeto".

El sujeto de la estructura psicótica no "dispone" de un padre que le asegure el saber sobre la demanda. Entonces necesita producir ese saber por su cuenta. Pero, como la demanda es infinita, él nunca alcanza ese saber que lo podría defender. Por eso, el psicótico no puede parar, necesita siempre continuar produciendo, caminando en un errar sin fin – que, de ninguna forma, se puede confundir con el error, con la no correspondencia a la verdad de la ley paterna. Al contrario, el errar es el deambular en nombre propio, con su propio cuerpo, en la superficie de las cosas tal como ellas se manifiestan de modo "real", y no según el valor que puedan adquirir a los ojos de la ley paterna. Lo que no hace del deambular una producción exclusivamente motora también puede ser una producción intelectual, hecha invención sin maestro, sin verdad *a priori*, que se regla en la medida en que se hace, cual creatividad sin frenos. Por consiguiente, no podemos confundir el deambular intelectual con los pensamientos desorganizados. Estos son síntomas del brote, y no de una estructura psicótica en funcionamiento antes del brote.

Esa ausencia del padre, en la producción de una metáfora por el sujeto en la estructura psicótica, es lo que Freud, en sus escritos sobre la diferencia entre la neurosis y la psicosis (1924), denominaba *Verwerfung*. Este término fue traducido por Lacan como *forclusión*: expresión jurídica que en rigor significa prescripción, pero que, puede ser admitida en español como el acto de incluir, desde fuera, aquello que fue excluido desde dentro de un determinado contexto: forclusión – según la versión de Quinet (2006, p. 47). Lo que significa decir que, el sujeto de la estructura psicótica no incluye, en apoyo a su propia producción metafórica de saber, la ley del padre. Esta no se presenta para aquel, o, más bien, ella no ejerce función para él.

Con todo ello, eso no significa que, en algún momento, el sujeto de la estructura psicótica no pueda o, tal vez fuera más apropiado decir, no necesite recurrir a la ley del padre. Ese momento es aquel en el que la producción metafórica errática del sujeto de la estructura psicótica es víctima de una reclamación X – practicada por el gran otro gozador. En tal ocasión, se establece una crisis en la defensa psicótica. O, lo que es lo mismo: el psicótico sufre un golpe que se hace sentir en lo real, que se hace sentir como angustia insoportable. Él experimenta un malogro, un fracaso, para el cual, va a solicitar, entonces, el auxilio de una ley paterna, solo que aplicada al cuerpo, al campo de lo real, y no a los significantes, como en el caso del sujeto de la estructura neurótica. Lo que fue excluido desde dentro del campo simbólico retornó hacia la subjetividad psicótica desde fuera, desde el lado de aquello que para ella es real, precisamente, su cuerpo: forclusión. El sujeto psicótico en crisis delira un padre que lo pueda salvar en lo real, que haga cuerpo consigo contra el gran otro gozador. El sujeto psicótico produce entonces una "metáfora delirante".

LA CLÍNICA COMO APOYO A LAS "METÁFORAS DELIRANTES" DEL NOMBRE-DEL-PADRE

Pues bien, en 1956, en su "Seminario sobre las Psicosis", y en el texto "De una cuestión preliminar a todo el tratamiento posible de la psicosis" (1958), Lacan reconoce en las nociones de "forclusión" y "metáfora delirante" las bases para una clínica de las psicosis. Para Lacan (1958, p. 914):

> [....] es necesario que el Nombre-del-Padre forcluído, esto es, que jamás provino del lugar del Otro, sea allí invocado en oposición simbólica al sujeto. Es la falta del Nombre-del-Padre en ese lugar que, por el agujero que abre en el significado, da inicio a la cascada de reubicaciones del significante de donde proviene el desastre creciente del imaginario, hasta que sea alcanzado el nivel en que el significante y significado se estabilicen en la metáfora delirante. Pero, ¿Cómo puede el Nombre-del-Padre ser llamado por el sujeto desde el único lugar de donde podría haber venido y nunca estuvo? A través de nada más y nada menos que de un padre real, no forzosamente, en absoluto, el padre del sujeto, sino Un-padre.

La "metáfora delirante" – en cuanto que corresponde a un padre recuperado en el campo de lo real – tiene aquí el sentido de un "procedimiento de remiendo" (conforme con Laurent, 1992, p. 11) que el psicótico operaría frente a los déficits que el gran otro gozador apuntaría en el modo errático según el cual, el propio psicótico respondería a las demandas sociales. Como consecuencia de esto, la estrategia del analista – en este momento de la clínica lacaniana – no podría ser otra sino apoyar (como secretario) los remiendos establecidos por el sujeto psicótico. O, incluso, la estrategia clínica consistiría en apoyar (como secretario), junto al consultante psicótico, la producción de prótesis del padre. El analista podría, él mismo, ocupar ese lugar protésico, con el objetivo de calibrar la falta o exceso en las respuestas erráticas del psicótico respecto al gran otro. Lo que significa decir que: en el caso de que las respuestas erráticas fuesen en exceso imaginarias, como en las paranoias, el analista debería trabajar para provocar un vaciamiento del imaginario. La metáfora paterna aquí implicaría una acción de limitación del gozo errático en el campo imaginario. Pero si las respuestas erráticas del psicótico fuesen alucinatorias, exageradamente esquizofrénicas, o sea, sin ninguna relación con el gran otro, la metáfora paterna que el analista debería ayudar a producir tendría relación con una intensificación de las relaciones imaginarias, por ejemplo, en la forma de proposición de talleres laborales, en los que el psicótico pudiese producir bienes con valor de circulación social. En ambos casos, según Jean Laplanche (1991), el analista restituiría –como un remiendo producido a partir de lo real – la dimensión simbólica que, de un modo general, el sujeto psicótico perdió. En otras palabras, el analista – en cuanto metáfora del padre – establecería una prótesis simbólica de los modos de ligazón del psicótico con el gran otro. He aquí lo que llevó a muchos analistas a comprender que el trabajo clínico con los psicóticos consistiría en dar "reglas", colocar "límites", producir, en los términos de una metáfora delirante, un "punto de basta". Este trabajo ayudaría, además, a evitar algo desastroso, sino para el tratamiento, al menos para las expectativas del gran otro, a saber, que los consultantes pasasen al acto (*acting out*) sus propias producciones erráticas. Incluso porque tal pasaje podría ser motivado por el propio analista, en caso de que abandonase su lugar de padre metafórico para actuar como gran otro gozador, por ejemplo, en los elogios exagerados o en la amonestación ostensiva a las acciones del sujeto psicótico. De donde proviene la necesidad de que el analista evalúe constantemente su posición en la relación transferencial con el psicótico, buscando eliminar la posibilidad de transformarse en un gran otro. En cuanto metáfora del padre, el analista es aquel que ayuda al sujeto psicótico a establecer por su cuenta un "punto de basta" en su propio desplazamiento errático, de tal suerte que quede protegido contra la denuncia descalificadora del gran otro.

Y es justamente en este punto en el que Lacan comienza a preguntarse sobre el sentido ético de su propuesta clínica para las psicosis. Al final, tal como ya había constatado en los años 1930, y a pesar de los problemas que pueda traer al medio social, el pasaje al acto es para el psicótico una experiencia pacificadora. Lacan identifica así una oposición entre su propuesta – establecida en los años 1950 – de infinitización del sujeto en el trabajo del delirio y la solución psicótica del "pasaje al acto", conforme a los estudios de los años 1930. En cierta medida, Lacan comienza a notar que el trabajo de contención del gozo errático vía producción de una metáfora paterna (que asegurase una mediación simbólica en el trato de las demandas sociales) no necesariamente implica la estabilización del sujeto psicótico. Incluso porque la solución para el psicótico continuaría en el campo del otro, aquí, en este caso, representado por el analista. En este sentido, al reexaminar la obra *Memorias de un enfermo de los nervios* (Schreber, 1903), la cual sirvió de base a Freud (1911) para teorizar sobre la función del delirio en la cura de la psicosis, Lacan se dio cuenta de que la metáfora delirante por cuyo medio el Presidente Schreber supuestamente lograra estabilidad emocional no estaba presente en todos los momentos de la vida de este enfermo de los nervios. Por ejemplo: Schreber no conversaba con sus amigos, o ejercía sus funciones de ministro de justicia como si fuese "mujer de Dios". Si es verdad que es el propio Schreber quien admite que "sentirse mujer de Dios" le ayuda a enfrentar las solicitudes para las cuales no tiene respuesta, también es verdad, según su propio relato, que en los momentos de mayor integración social el delirio no tiene función. Peor que eso: al final de la vida ni siquiera el delirio consiguió salvar a Schreber, que falleció extremadamente enloquecido. De donde se desprendió una gran desconfianza de Lacan en relación a la función de la metáfora delirante en el tratamiento de las psicosis.

Por cierto, esta tesis – de que la metáfora delirante es el retorno de la ley paterna en lo real – es la más problemática si intentásemos comprenderla a partir de la Terapia Gestalt. Pues, dicha tesis implica admitir que, de alguna manera, la inhibición reprimida (como ley paterna) puede ejercer una función de organización de la función *ello* (o de lo real, conforme a la terminología del psicoanálisis). Lo que no es – según nuestra evaluación – de forma alguna evidente. Incluso en el caso de los delirios erotomaníacos, como el del Presidente Schreber (1903), no es necesario que sean la expresión de la ley paterna actuando en lo real. Para Schreber, que creía ser – después de una imposición sufrida – la mujer de Dios, los motivos para esa respuesta delirante podrían ser múltiples. Es tan arbitrario decir que tal delirio es el efecto de la adhesión de Schreber a una ley paterna, que le ordenó una posición sexual diferente de aquella establecida antes de la imposición; como decir que fue la "Providencia" misma que así lo determinó. Lo que el discurso del psicoanálisis freudiano, y la vuelta a él a través de la primera enseñanza de Lacan, no consideran, es la posibilidad de que haya, para Schreber, una función creadora, una capacidad para producir ajustes creadores. O, incluso, lo que tales discursos no consideran es la posibilidad de que el sujeto de la estructura, sea cual sea (neurótica, psicótica, perversa...), disponga de un poder creador gestáltico, lo que significa: un poder que solo existe en el interior de un campo, de un lazo social, pero que no obligatoriamente es efecto de él. La Terapia Gestalt denomina a este poder función acto (o función *yo*); y los delirios pueden perfectamente bien ser el resultado de una producción establecida por esta función. Tocamos aquí el punto más delicado que definitivamente aparta la Terapia Gestalt de la perspectiva lacaniana adoptada antes de los años setenta, al menos para pensar la psicosis. A diferencia de ésta, la Terapia Gestalt no cree que la función *ello* necesite de un intermediario (de una ley paterna, por ejemplo) para funcionar como fondo de la función acto (yo) en el enfrentamiento de los datos (o demandas del gran otro gozador) en la frontera de contacto. La función *ello* no carece de un tutor, de una ley que establezca entre ella y la función acto (yo) una suerte de mediación. Vale aquí la noción de espontaneidad que caracterizó la formación de las *gestalten* y que es la base de la definición de ajuste creador. De donde no se sigue, para la Terapia Gestalt, que la función *ello* siempre se manifieste, al menos de una manera articulada, hasta el punto de favorecer la alienación pasiva de las funciones acto (yo) involucradas en la experiencia de contacto. La función *ello* puede no presentarse (y este sea, tal vez, el principal legado de la psiquiatría fenomenológica para la Terapia Gestalt). Las acciones de las funciones acto (yo) envueltas en un determinado episodio de contacto, inclusive aquellas que cumplen la función de gran otro gozador, pueden no encontrar las excitaciones que concurrieron para la producción de un horizonte de deseo; y he aquí, entonces, lo que va a exigir, de las funciones acto (yo) involucradas en este campo, ajustes psicóticos (los cuales son apenas un tipo de entre muchas formas de ajuste creador). Lo que sucedió con la función *ello* en esta situación y los efectos que eso puede provocar en el campo, lo estudiaremos más adelante. Lo que podemos anticipar por ahora, es que tal acontecimiento no tiene relación, para la Terapia Gestalt, con la ausencia de una inhibición reprimida (ley paterna); tampoco la rearticulación del ajuste – en la forma de producción de una metáfora delirante, por ejemplo – tiene que ver con el retorno de esta inhibición (retorno de la ley del padre en lo real), aun cuando sea solo para interactuar con los co-datos. Eso no destruye, del todo, nuestro interés por la clínica lacaniana de las psicosis. Al final, por razones acerca de las que el propio Lacan no proporciona muchas indicaciones, pero que ciertamente incluyen aquel conflicto entre la infinitización del delirio y el pasaje al acto, en los años setenta, encontraremos una manera muy diferente de pensar la psicosis y la intervención clínica junto a los sujetos psicóticos. La marca característica de esa nueva formulación lacaniana, conforme ya anticipamos, tiene relación con el reconocimiento de una creatividad aleatoria, forma en la cual los sujetos psicóticos alcanzarían una individuación frente al gran otro. Y nuestra pregunta es: ¿Hasta qué punto esa capacidad de individuación puede ser comparada a aquello que en Terapia Gestalt denominamos ajuste creador?

LA PSICOSIS EN LA SEGUNDA CLÍNICA LACANIANA

En 1946, en un texto titulado "Propuesta acerca de la causalidad psíquica", y cuyo objetivo era criticar el organodinamismo con el cual su colega de residencia Henry Ey intentaba elaborar lo que ambos habían aprendido con Clérambauldt, Lacan emplea expresiones claramente vinculadas a la tradición fenomenológica que ya habían aparecido en la tesis de 1932. Lacan escribe sobre el "ser del hombre" y sobre la "libertad con la locura como límite". Se trata de expresiones que, como vimos, acabaron perdiendo su lugar frente al descubrimiento de la función que el "delirio de una metáfora de la ley del padre" podría ejercer a favor de los sujetos sin ley paterna, o simplemente, psicóticos. Pero la crisis ética enfrentada después de los años 1970 en relación a la "eficiencia de la infinitización de la metáfora delirante como dirección en el tratamiento de la psicosis" hizo a Lacan volver a las antiguas asociaciones entre locura y libertad. No en favor de la fenomenología, ni de cualquier tesis sobre la supuesta función catártica que el pasaje al acto provocaría (tesis jamás suscrita por Lacan), y sí, en provecho de algo que Lacan encontró leyendo a James Joyce, a saber, la singularidad del hacer como acto, como acto de producción de suplencias individuales, subjetivas, desvinculadas de la pretensión del gran otro. Lacan denominó esas suplencias de *"synthomes"*. De ahí en adelante, es como si la noción de alienación en el gran otro definitivamente hubiese dejado de ser la referencia principal para la concepción de las estructuras o sistemas psíquicos. Los conflictos binarios y la mediación apaciguadora de la función paterna no tendrían ya más tanta importancia para pensar al sujeto del psicoanálisis, una vez que este estaría del lado de la creación sintomática, solitaria, gozosa, producida a costa de los efectos generados sobre el gran otro; jamás a partir de las demandas de este.

Pues bien, ese desvío lacaniano trajo varias consecuencias. Primeramente, ya no más es posible pensar las estructuras en cuanto formas de defensa frente a las demandas del gran otro gozador. De la misma forma, ya no más es posible distinguir la neurosis de la psicosis en función de la presencia o ausencia de la función paterna. Existe solamente la pluralidad de sujetos singulares, que se diferencian apenas por el modo en que se articulan, cada vez, como un cuarto elemento reparador de la ligazón entre lo real, lo simbólico y lo imaginario. Hablar en psicosis sería tan solamente hablar en una ligazón débil entre los tres registros. Y la dirección ética del tratamiento de las psicosis consistiría apenas en el acompañamiento del trabajo sintomático de producción de suplencias subjetivas o "nudos" entre los registros desarticulados. Diferentemente de la orientación de los años 1950, el analista jamás ocuparía el lugar de metáfora del padre. El analista jamás podría entregar un significante (S1) a partir del cual el analizado pudiese construir su metáfora. Ahora el lugar del analista es el lugar vacío. Lo que de ninguna forma quiere decir un lugar inoperante.

DEL NOMBRE-DEL-PADRE AL PADRE DEL NOMBRE:
DEL SUJETO DEL DESEO AL SUJETO DEL GOZO

Este cambio en la dirección ética de la obra lacaniana se debió en parte a la escucha de las psicosis. Estas volvían evidente algo que Lacan ya había notado en el inicio de su carrera como médico, precisamente, que la locura, en el humano, estaba antes al servicio de una creación individual que a favor de una defensa. Y que el discurso del psicoanálisis debería poder estar a la altura de esas creaciones. Pero, para eso, tendría que suspender la pretensión universalista, la cual, además de responder a un motivo ético, que era la escucha del sujeto del inconsciente, siempre se impuso en el campo de la elaboración teórica a despecho de las producciones individuales en las sesiones. Lacan tiene aquí en mente, sobre todo, la función que el constructo Nombre-del-Padre ejerció en su obra hasta antes de 1970. La escucha de la psicosis muestra que el encuentro con Un-padre en lo real, no solo no implica, necesariamente, la producción de una metáfora del Padre Simbólico, sino que también, ni siquiera el psicótico da muestras de que necesite de una mediación metafórica para lidiar con el gran otro gozador. Es como si la forclusión no hiciese diferencia, ya que el Nombre-del-Padre no sería ya más algo importante para el psicótico. Lo que no quiere decir que Lacan considerase que la relación del psicótico con el gran otro gozador hubiese dejado de ser problemática. Aún más, es como si el psicótico no necesitase de esa relación. Las respuestas del psicótico no parecen querer un lugar en la cadena de significantes. Razón por la cual, en sus últimos seminarios, Lacan no va a hablar más del Nombre-del-Padre, sino de los Nombres-del-Padre. Lacan pasa del Nombre del padre en singular al Nombres-del-Padre en plural. Lo que quiere decir que el significante del Nombre-del-Padre, antes considerado el mediador universal de la relación de los sujetos falta-del-ser con el gran otro gozador, ahora se diversificó. El Nombre-del-Padre ya no será más lo mismo para todos. Lo que equivale a decir que cada cual tiene su significante del padre e, incluso cada sujeto tiene varios significantes del padre (conforme con Stevens, 2000).

Podríamos aquí arriesgarnos a decir que fue el mirar de Lacan lo que se modificó. De ahí en adelante, para Lacan, mucho más que la posibilidad de una comprensión estructural de la realidad será la diversidad de las producciones en el campo de la clínica lo que interese. A cuenta de esto, si Lacan todavía hace referencia al padre, ya no se tratará más del padre de la ley, del padre como representante de la ley. El padre será una producción particular, un S1 fuera de la cadena significante, un S1 que no remite al S2 y así sucesivamente. Se trata ahora de un significante un, según la nueva formalización que Lacan introduce ahora. Lo que le permite hablar de varios S1(s) separados entre sí. Algunos de ellos dan al sujeto un modo de inscripción en el otro X. Pero no valen para su relación con el gran otro. Cada cual es, ante todo, un trazo, una marca, una letra que escribe el gozo particular, singular, de cada sujeto.

Eso quiere decir que, en su última enseñanza, Lacan operó un desplazamiento en la forma de comprender la noción de sujeto (o función psíquica). Lacan diferencia ahora entre el sujeto del significante y el sujeto del gozo. El sujeto del significante es exactamente aquel representado por un significante (el padre) para otro significante (la madre); y el sujeto del gozo aparece nada más como un significante. En cuanto tal, el sujeto del gozo no es aquel que se defiende de una demanda ajena, sino el que articula, en forma de una letra, una atadura entre lo real, lo simbólico y lo imaginario. El sujeto del gozo es aquel que nombra esa atadura, produce tal enlace. En otras palabras, si la primera formalización clínica lacaniana es una consideración a partir del síntoma como un significante que representa al sujeto para otro significante, una formación del inconsciente, metafórica, eminentemente simbólica; si en esa formulación hay dos significantes operatorios, en la última, en cambio, en la que no existe tal significante binario, nosotros tenemos el *significante un*, o sea, solo un significante que es el uno en cuanto letra. Esta letra no es la representación del sujeto para otra letra, para un significante segundo. La letra es sola, tal cual pieza de fijación, que fija el gozo, lo localiza y lo circunscribe.

He ahí, entonces, lo que explica el modo distinto, según el cual Lacan, en su segunda enseñanza, pasó a emplear el significante padre, ahora como padre en singular. Si cada significante es solo, no existe más la necesidad de un mediador, de un padre que represente al sujeto. El sujeto es el padre y, en cuanto tal, él hace la articulación entre lo real, lo simbólico y lo imaginario. En efecto, pasamos con Lacan del "nombre del padre" al "padre del nombre", e incluso al "padre como nombrador". Más que un tercero de quien dependeríamos para enfrentar al gran otro, el padre se transforma en una especie de producción de cada cual. El padre se transforma en *synthome*. Es así como el padre aparece en la obra R.S.I. (1975). El síntoma es la producción por la cual operamos la enmienda en las fisuras del bramante que articula, en un mismo nudo borromeo, los registros real, simbólico e imaginario (y que en Terapia Gestalt podríamos llamar de *ello*, *acto* y *personalidad*).

De donde podemos, en fin, concluir: i) si la primera clínica es una clínica binaria, pensada a partir de la relación de los significantes, en la que la relación del sujeto (falta-del-ser) con el gran otro (demanda de la madre) es mediada por un universal (que es el Nombre-del-Padre), en la que el Nombre-del-Padre está forcluido, o no, en la que tenemos como consecuencia neurosis o psicosis, ii) la segunda clínica es ternaria, es la clínica del nudo borromeo, de las infinitas amarraduras y desenlaces singulares entre lo real, lo simbólico y lo imaginario. No es ya más el significante que está en el lugar predominante, sino el gozo ocurrido en un modo de producción singular, de un síntoma individual, como padre del nombre. Jacques-Alain Miller (conforme con Leite, 2000, p. 32) precisa que la primera clínica está jerarquizada: en ella lo simbólico es el maestro, lo imaginario, lo esclavo y lo real es el resultado de la discordancia entre ellos. A su vez, la segunda clínica no está jerarquizada, pues los tres elementos están en posición "fraternal". R.S.I. (Real, Simbólico e Imaginario) – según Miller (1994-1995).

Ahora bien, tratándose de la psicosis, si la primera formulación clínica de Lacan está centrada en la forclusión localizada en el nivel del significante Nombre-del-Padre, la segunda, es una clínica de la pluralización de los nombres-del-padre, los cuales van a constituirse como *synthomes* estabilizadores de los sujetos en sus relaciones con las brechas abiertas entre los registros que constituyen las tres dimensiones de los lazos sociales de cada cual: lo real, lo simbólico y lo imaginario. Estas brechas pueden haber sido abiertas tanto por el otro, como por el propio sujeto psicótico (Lacan, 1976-1967). De tal manera que esos *synthomes* constituyen, conforme Benetti (2005, p. 2), una especie de cuarto término reparador de los accidentes estructurales en la constitución del nudo borromeo de tres registros. Ellos posibilitan un enlazamiento que pueda restituir las propiedades borromeanas del nudo de tres elementos. Pues bien, para Lacan los accidentes causadores de brechas entre los nudos son ocurrencias en cualquiera de los lazos sociales, lo que hace difícil establecer una diferencia entre psicóticos y no psicóticos. Todos, en alguna medida, de una sesión a otra, desarticulamos nuestros nudos. Y el *synthome*, más que el indicio de una dificultad en el enfrentamiento de la desarticulación (de la castración, por ejemplo), es el indicador de una producción reparadora. Sin embargo, eso no quiere decir que consigamos solos establecer esas reparaciones. La psicosis aparentemente tiene que ver con la dificultad que algunos sujetos presentan para reparar sus propias brechas. Y la pregunta de la segunda clínica de las psicosis, según Benetti (2005, p. 11), es ¿cómo podemos "escuchar al psicótico para que produzca otras soluciones como son las suplencias subjetivas"?

EL NO-LUGAR DEL ANALISTA Y EL LAZO SOCIAL CON EL PSICÓTICO

La respuesta a esta pregunta exige un retorno al Seminario XVII – El revés del psicoanálisis, dado entre 1969/1970. En el Lacan (1969-1970, p. 11) propone una formalización de lo que pasó a llamar de "campo de gozo", entendiéndose por este concepto una pragmática social organizada en forma de "discursos". Como modo de gozo, cada discurso es un lazo social en el que podemos verificar una forma de dominación, la dominación que un agente intenta impone a otro; y es por eso que, en cada discurso, deberíamos poder reconocer dos polos distintos: el polo dominante (en el que, a partir de la imposibilidad de atenerse a a la verdad sobre sí, el agente ordena al otro una producción) y el dominado (en que el otro opera la producción ordenada por el agente). Lacan distingue cuatro tipos fundamentales de discurso: a) el discurso del maestro, en el que el agente intenta gobernar al otro, haciendo de este un esclavo; b) el discurso histérico, en el que el agente hace desear al otro, haciendo de este un maestro; c) el discurso universitario, en el que el agente intenta educar al otro, haciendo de él un objeto; y d) el discurso del analista, que es el único en que el agente toma al otro como sujeto, ordenando a este que pueda significar para sí mismo el gozo que, en cuanto sujeto, pueda producir. Para mejor describir la dinámica de estos cuatro discursos – y la razón por la cual siempre fracasan – Lacan elige cuatro elementos que pueden alternarse en los lugares de dominante y dominado.

a   Para que se establezca el discurso del maestro, que es el gobernar, es necesario que el agente sea más que un sujeto ($) – y por sujeto debemos aquí entender una pregunta, una duda. Es necesario que el agente sea un comando X, el cual, por su unicidad, priva al otro de opciones, haciendo de este un esclavo. A la unicidad del comando Lacan denomina "S1", lo cual no debe ser aquí confundido con el S1 que representa el deseo materno, la demanda de la madre (conforme a la primera enseñanza lacaniana).

b Para que se establezca el discurso histérico, que es el hacer desear, es necesario que el agente sea, más allá del equívoco (*a*), una duda, una pregunta. A esta duda Lacan denomina de Sujeto ($), lo cual tampoco debe ser confundido con el sujeto-falta-del-ser, que es el sujeto alienado en el deseo de la madre y en la ley del padre, conforme a la primera clínica lacaniana. El sujeto aquí es un sujeto "habla-ser", que por su habla, por su pregunta, hace al otro desear una respuesta, buscarla como si pudiese responder, como si pudiese de hecho comandar, cual maestro.

c Para que se establezca el discurso universitario, que es el educar, es necesario que el agente sea, más allá del comando (S1), la repetición del comando, repetición esta a la cual Lacan denomina S2 – y que no se debe confundir con la Ley-del-Padre, tal como es en la primera clínica. El S2 – en cuanto repetición del comando – es un saber, un saber comandar, un saber gozar del otro así reducido a la errancia de un objeto.

d Para que se establezca el discurso del analista, que es hacer al otro representar para sí mismo su gozo, es necesario que el agente, más allá de todo saber (S2), sea la errancia del objeto, entendiéndose por errancia el hecho de que el objeto no consiga indicar con precisión su origen, el agente o el saber del que ha sido derivado, como si siempre mantuviese un equívoco imposible de ser resuelto. Lacan denomina de "*a*" a esta condición de errancia – y que no debe ser confundida con el "objeto *a*" en cuanto causa del deseo, según lo establecido en 1964, en el seminario XI. La "*a*" es ahora un "más-gozar", un desperdicio, una entropía, la pérdida del origen o del comando desde donde fue generado. Es solo a partir de este lugar desde donde se puede pedir al otro que sea un Sujeto ($), una pregunta sobre el propio gozo.

Pues bien, conforme a Lacan, en la psicosis, los discursos no funcionan. Lo que vuelve a decir que los agentes no consiguen ordenar algo al otro. Ellos están presos en el lugar del dominado; motivo por el cual la intervención del analista consiste en restituir al psicótico el lugar de agente. Por lo tanto, para responder la pregunta de antes – a saber, cómo podemos escuchar al psicótico para que él produzca las suplencias subjetivas para las brechas en su relación (real, simbólica e imaginaria) con el otro – hay que identificar cual es la posición ocupada por el psicótico en el discurso.

Benetti, en este sentido, dice que: "hay dos posiciones para el sujeto psicótico en el discurso: o él está en *a*, como objeto de gozo, o en S2, como Saber" (2005, p. 11). Y del punto de vista de la segunda clínica, escuchar al psicótico en una y en otra posición implica un conjunto diferenciado de maniobras, las cuales, en líneas generales, tienen relación con restituir al psicótico en la condición de agente, o, lo que es lo mismo, sustentar la autonomía de los psicóticos en la producción de soluciones (para las brechas que puedan estar viviendo en sus relaciones con los otros). Para tanto, o el analista "se posiciona como secretario que no coloca significantes, Un (S1)" – como haría un maestro frente a alguien dispuesto a repetir un comando, o sea, mediante alguien en la posición de S2. De esta forma, el analista posibilita que el lugar del agente "quede vacio" (Benetti, 2005, p. 11). O, entonces, el analista "puede posicionarse como testigo" (Benetti, 2005, p. 11), sin proponer saber alguno (S2), cuando el psicótico estuviera en el lugar de un objeto dominado (*a*): dominado por las voces, por las alucinaciones que lo persiguen, por ejemplo.

En el primer caso – que es, por ejemplo, el caso de un sujeto psicótico que afirme estar siendo perseguido por alguien –, la idea del tratamiento no es, de ninguna manera, confirmar la paranoia. Menos aún descalificarla, lo que sería una imposición que podría agravar el cuadro de sujeción al gozo del gran otro. Lo que se imagina recomendable, en estas situaciones, es hacer lo que Lacan hizo en una presentación del consultante G. Primeau, que justamente comenzó a quejarse de alguien en la audiencia. Lacan intervino para impedir que la desarticulación del imaginario se convirtiese en un delirio desenfrenado, asegurando a su consultante que la persona de la audiencia estaba interesada en lo que estaba oyendo y no tenía ninguna razón para perseguir a quienquiera que fuese. Lo que estabilizó a G. Primeau. Lacan trabajo aquí como secretario.

En el segundo caso, – que es, por ejemplo, el de un consultante que se dice atormentado por voces, caso característico de alguien en la posición de objeto (a) – la intervención del analista consiste simplemente en testificar la producción errática, sin nada que hacer o nada que decir, sustentando un lugar vacío hasta que el consultante pueda realizar, él mismo, el vaciado de su producción. Tal ocurre, por ejemplo, cuando el consultante, en vez de huir de las voces, crea algo concreto, como un dibujo, un verso, un cuento, de lo cual pueda responsabilizarse (imaginariamente), junto a lo cual pueda encontrar una satisfacción (real) y con lo cual pueda establecer cambios sociales (dimensión simbólica). Incluso ahí el analista no debe decir nada, pues el apoyo efusivo podría reconducir al consultante a la condición de objeto de gozo del gran otro (que fuese para él el agente dominador). La idea es que el analista trabaje para bloquear el movimiento de la alucinación a través de las "maniobras de *vínculo-suelto* y *trivialización de la transferencia*, haciendo *intervenciones* en el nudo borromeano" (Benetti, 2005, p. 11), cuando una de las dimensiones del nudo se presente rota o fallada. Al final, lo que importa en esta clínica es restituir a alguien el lugar de agente capaz de gozar con su propia producción, con su propia capacidad inventiva.

¿ES EL GOZO UN? UNA PREGUNTA GESTÁLTICA

En líneas generales, el sentido ético de esta forma de intervenir está en apostar que el psicótico pueda reconocer, en su producción errática, un modo de satisfacción que se baste, sin necesidad del consentimiento ajeno y, por consiguiente, sin la necesidad del recurso a la metáfora delirante. Al final, la metáfora delirante no es capaz de incluir al psicótico en relaciones sociales junto a las que, de manera autónoma, pueda inventar su propia diferencia o individualidad. Con todo, – y esta es la cuestión con la cual nos gustaría concluir nuestro debate sobre las clínicas lacanianas de la psicosis – por más que la inventividad distinga al sujeto gozoso del gran otro gozador, eso no es garantía de una individualidad unaria, agente y dominante. Al final, aunque consiga desembarazarse de ese gran otro gozador, aunque pueda reducirlo a un dominado gozado, incluso así estará a vueltas con una alteridad. El gozo – que se quiere Un – siempre será tributario de la pasividad del dominado; pasividad que, además, puede haber sido decidida por el otro, buscando relativizar el poder del supuesto dominante. Es como si, a pesar de la proclamación de la independencia gozosa frente al otro, este otro volviese por la otra punta, no solo como un gran otro tesoro de significantes, sino incluso como un gran otro malogrado, denunciado en su inconsistencia. El otro puede volver en el campo de lo real, como algo que no se deja significar, representar, sea como dominante o dominado. El otro puede volver como ambigüedad indecible entre el dominante y el dominado, entre lo real lo simbólico y lo imaginario.

Aunque ahora podamos acompañar a Lacan y admitir que, en el dominio del deseo (político) es imposible decir hasta que punto nuestra participación en la fantasía del otro comprende una "relación"; no creemos que el fracaso de las "relaciones deseables" implique – como alternativa ética al sujeto – el solipsismo gozoso. Incluso porque, si el gozo se hace a nivel del cuerpo, por cuanto el cuerpo es enteramente poroso y abierto al mundo antropológico y al mundo impersonal de los hábitos, de ninguna forma él es solitario, de ninguna forma él goza como "un". Mejor, tal vez, sería mejor decir que él goce en lo indeterminado, en la imposibilidad de la distinción entre el un y el dos. Y es exactamente en este punto, en este punto de indeterminación y ambigüedad que define la porosidad de nuestra corporeidad donde creemos poder encontrar el meollo de una posición gestáltica, que consiste, justamente, en asumir en torno a las representaciones sociales que constituyen nuestra vida antropológica, más acá del dominio de deseos que nos invitan a aquello que no existe (por ejemplo, la "relación" política isonómica), la presencia de una alteridad, comúnmente alejada de la esfera de tales representaciones. Esta alteridad es el otro, el otro en sentido radical. Este no es más, o no es todavía, el agente político (bios), el representante del estado de derecho y de todas las identidades compartidas antropológicamente. No se trata del otro social junto al cual experimentamos una especie de identificación. Se trata, mas bien, de la ambigüedad que define el horizonte de indeterminación entre nuestros gestos y el gesto de los semejantes, como si hubiese, entre nosotros, una especie de participación en un mundo común e insondable: *Gestalt*.

Conforme a nuestra evaluación, en la experiencia clínica, el analista no puede ignorar que: incluso su silencio introduce cuando no una demanda al menos un trazo de ambigüedad, cuyo efecto es por lo menos la destitución del imaginario de soledad con el cual Lacan se refería al gozo individual del psicótico en torno a su propia producción. Por más que el analizado intente liberarse del analista, o este se ocupe de no introducir un S1 para el analizando, la simple presencia de uno para el otro representa el desencadenamiento de un horizonte de indeterminación. Si acaso pudiéramos decir que ahí, alguien goce, se trata de un gozo en torno a un objeto indeterminado. El clínico, en consecuencia, no puede ser solamente un secretario, tampoco solo un lugar vacío, cual testigo – incluso porque los testigos siempre introducen un punto de vista. Menos aún un intermediario claramente definido (cual representante de una ley universal).

RETORNO A LA TEORÍA DEL SELF Y A LAS CLÍNICAS GESTÁLTICAS DE LA PSICOSIS

PARA REPENSAR EL LUGAR del clínico, volvemos a la teoría del *self* de PHG, entendiéndose por esta, una teoría sobre las diferentes dimensiones copresentes en el campo psicosocial formado por el clínico y sus socios. Además de la dimensión imaginaria (o función personalidad, correspondiente al otro social) y de la dimensión simbólica (que corresponde a la capacidad de individuación introducida por los actos diversos, que incluyen desde nuestra motricidad hasta los significantes que empleamos en la comunicación intersubjetiva), la teoría del *self* busca dar ciudadanía a esa "condición intersubjetiva inexorable", que es llamada función *ello* y que corresponde a nuestra participación en la ambigüedad de los hábitos, los cuales se imponen a nosotros, cual pulsión, sin que podamos delimitar su génesis o titularidad, o hasta el punto en que tales hábitos son nuestros o de la comunidad en que estamos insertos. La atención a esta dimensión puede significar un nuevo parámetro para comprender lo que pueda ser una formación psicótica y, por consiguiente, una nueva elaboración o lugar ético del clínico ante las formaciones psicóticas.

Irreductible a una estructura que la pudiese aclarar, sea como Dos (o como sujeto significante de la precariedad del funcionamiento de los significantes frente a otros significantes), sea como Un (sujeto de gozo), para PHG (1951), la función *ello* es la manifestación íntima de una alteridad que no podemos reducir al yo (simbólico) o al otro (imaginario). Aunque reconozcan que esta solo pueda manifestarse a partir de una demanda establecida en el campo intersubjetivo social, o sea, por el otro social (que en los términos de la teoría del *self* correspondería a la función personalidad), la función *ello* no es un hecho que podamos reducir a lo que de singular nos ocurra (como los actos, que introducen la dimensión simbólica de nuestra existencia intersubjetiva), o a lo que de público las demandas introdujeran. La función *ello* es ante todo un fondo impersonal e indeterminado, que se presenta como el rastro de una historia que se perdió y que ahora, como consecuencia de su manifestación desestabilizadora junto a lo imaginario (función personalidad) que dividimos con el semejante, exige una creación (función acto o simbólico) que la venga a integrar, aunque tal integración sea solo presuntiva, como una dimensión virtual, la que llamamos deseo.

Pues bien, tratándose de las formaciones psicóticas, la teoría del *self* especula que, al contrario de lo que podríamos comprender a partir de un discurso lacaniano, los sujetos (de acto) no operan con las pulsiones; o, en un lenguaje propiamente gestáltico, los sujetos de acto no operan con la función *ello*. La ambigüedad de la presencia de este lo otro al mismo tiempo íntimo y extranjero, por alguna razón que hasta hoy nadie ha podido averiguar de manera suficiente, parece no presentarse. O, por lo menos, de él la función acto (o registro simbólico) parece no ocuparse. Pero, una vez que la manifestación de lo otro es siempre la ocasión de instauración de una falta y, en consecuencia, la oportunidad para la invención de respuestas con valor político-económico; razón por la cual las demandas sociales por tal dimensión no parecen cesar; los sujetos de actos demandados necesitan posicionarse. Y si no pueden contar con la función *ello* demandada, pueden al menos contar con la realidad imaginaria (función personalidad), la cual rehacen y deshacen como si ella pudiese sustituir la función *ello*. He aquí, entonces las formaciones psicóticas, que son suplencias creativas de las pulsiones (o hábitos) y deseos (o creaciones virtuales) demandadas en el lazo social.

Ahora bien, a diferencia de una perspectiva psicoanalítica, las formaciones psicóticas no son el indicio del fracaso del proceso de alienación de los sujetos en el otro social, o incluso el indicio de la incapacidad del sujeto para ejercer el poder (de gozar) sobre la alteridad. En otras palabras, los ajustes psicóticos no son indicios de un sujeto en sufrimiento psíquico. Son modos de ajuste creativo, expresión de una autonomía posible frente a las demandas políticas por aquello que hace mover la economía deseadora, precisamente, lo extraño (función *ello*) como desencadenador de la falta. Lo que implica, finalmente, que el lugar clínico que podamos ocupar ahí no tiene que ver con la idea de un secretario-tutor, o de un testigo-tutor. Si algunas veces podemos ser invitados a ocupar el lugar de secretarios o testigos, tal lugar no está marcado por la función de la reparación de una incapacidad, impotencia o imposibilidad. Para la clínica gestáltica, las formaciones psicóticas no son enfermedades. Son formas de vida.

Ello no impide que, con mucha frecuencia, el otro social no tenga disponibilidad para participar de las respuestas posibles producidas por los sujetos de la psicosis. Al final, a diferencia de las respuestas que se ocupan de las pulsiones y de los deseos, las respuestas psicóticas no tienen valor de circulación político-económica. En otras palabras, las respuestas psicóticas parecen poco interesantes. Desde punto de vista de la economía-política deseadora, pueden parecer contraproducentes. Razón por la cual deben ser excluidas. Y he ahí el momento en el que los sujetos de las formaciones pasan a vivir un cuadro de sufrimiento a consecuencia de la exclusión social. Lo que inaugura otra perspectiva clínica, que no se confunde con la acogida de las formaciones psicóticas, sino con la intervención ético-política y antropológica junto a las formas de exclusión social de los sujetos para los cuales las pulsiones y los deseos no constituyen objeto de trueque social.

Notas

1. De ahora en adelante, al referirnos a los Centros de Atención Psicosocial, vamos a usar la sigla CAPS. Se trata de un Programa del Gobierno Federal brasileño en sociedad con las municipalidades, fiscalizado por las Coordinadoras Estatales de Salud Mental. Fueron instituidos juntamente con los Núcleos de Asistencia Psicosocial (NAPS), a través de la Ordenanza/ SNAS N° 224 – 29 de enero de 1992. Son unidades de salud localizadas en los municipios, muchas de ellas con alcance regional, y que ofrecen atención comunitaria gratuita y cuidados intermedios entre el régimen ambulatorio y la internación hospitalaria, en uno o más turnos de 4 horas, con equipo multiprofesional. Tiene como objetivos:

- prestar atención clínica en régimen de atención diaria, evitando las internaciones en hospitales psiquiátricos;
- acoger y atender a las personas con trastornos mentales graves y persistentes, procurando preservar y fortalecer los lazos sociales del usuario en su territorio;
- promover la inserción social de las personas con trastornos mentales por medio de acciones intersectoriales;
- regular la puerta de entrada de la red de asistencia en salud mental en su área de actuación;
- dar soporte a la atención en salud mental en la red básica;
- organizar la red de atención a las personas con trastornos mentales en los municipios;
- articular estratégicamente la red y la política de salud mental en un determinado territorio;
- promover la reinserción social del individuo a través del acceso al trabajo, ocio, ejercicio de los derechos civiles y fortalecimiento de los lazos familiares y comunitarios;

Los diferentes servicios ofrecidos no se restringen al espacio físico de la unidad, debiendo incluir acciones en las comunidades y familias en que viven los usuarios, generalmente personas sujetas a vulnerabilidades psicosociales graves. Estos servicios deben ser sustitutivos y no complementarios al hospital psiquiátrico. Tal característica hace de los CAPS el núcleo de una nueva clínica, dirigida hacia la promoción de la autonomía psicosocial de los sujetos usuarios, los cuales son entonces considerados responsables y protagonistas de sus propios tratamientos (conforme a Brasil, 2004).

2. La película Avatar, épico norteamericano de ficción científica, fue escrita y dirigida por James Cameron, y actuada por Sam Worthington, Zoë Saldaña, Michelle Rodriguez, Sigourney Weaver e Stephen Lang. La película, producida por la Lightstorm Entertainment y distribuida por la 20th Century Fox, tiene su guión localizado en el año 2154 y está basada en un conflicto en Pandora, una de las lunas de Polifemo, uno de los tres planetas gaseosos ficticios que orbitan el sistema Alfa Centauro. En Pandora, los colonizadores humanos y los Na'vi, nativos humanoides gigantes, tienen una relación difícil. A los primeros les interesa explotar recursos naturales; lo que pone en riesgo la continuación de la existencia de la especie nativa. El título de la película se refiere a los cuerpos Na'vi-humanos híbridos, creados por un grupo de científicos humanos a través de ingeniería genética para interactuar con los nativos de Pandora. Tales cuerpos tienen su fisiología y actividad músculo-esquelética comandada por el sistema nervioso central de los científicos que, a distancia, se instalan en centrales de transmisión de datos neurológicos, lo que los faculta para "vivir" por algunas horas en los cuerpos Na'vi-humanos híbridos.

3. La metáfora está basada en la descripción del mito de Hércules entregada por Bulfinch (1999, p. 182-183).

4. Consultante era el término empleado por Freud (1913) para designar a los sujetos en las consultas preliminares, antes de que hubiesen vivido una implicación subjetiva, la cual inauguraría una neurosis de transferencia y, en consecuencia, el proceso analítico, en el que aquellos sujetos serían ahora los analizados. Sin embargo, mientras Freud había admitido que, al buscar un psicoanalista, el sujeto ya estaría en vínculo transferencial con el profesional, Carl Jung (1966, CW 16, §431) no veía razón para diferenciar al consultante del analizando, motivo por el cual usaba el término consultante en todas las circunstancias del proceso analítico. En el dominio de la psiquiatría fenomenológica y de los abordajes psicoterapéuticos de orientación fenomenológico-existencial, conforme Emílio Romero (en la obra *O inquilino do imaginário – formas de alienação e psicopatologia, 1997*), los

profesionales acostumbran usar el término "consultante" para poner en evidencia el protagonismo del sujeto en el proceso clínico. Se trata de designar cierto estilo de relación terapéutica en la que el "el consultante es cliente y coagente", siendo que la "responsabilidad del cambio reside en el propio coagente" (Romero, 1997, p. 16). Para nuestros propósitos, utilizamos el término consultante como equivalente a usuario tal como este es usado en las cartillas de humanización del sistema SUS (Brasil, 2010a, 2010b). Se trata de aquel sujeto que viene a nuestro consultorio a hacer una consulta sobre algo que pasa consigo con la esperanza de que podamos intervenir en su favor. El clínico gestáltico, a su vez, no es aquel que responde, sino alguien que se deja desviar por la "forma" implicada en la consulta. No se trata de una prestación de servicio (sugestión) a un "cliente" o de una intervención (de cuidado) en beneficio de alguien que cede su autonomía para volverse nuestro "paciente". Al dejarse desviar por la forma de la consulta, el clínico gestáltico busca implicar al consultante en su propia producción.

5. Todos los casos clínicos relatados en esta obra son ficticios. Sin embargo, tienen como base, cada uno de ellos, al menos cuatro casos reales, semejantes en estructura, lo que nos permitió mezclarlos, alternando protagonistas, géneros, espacios y cronologías, de tal manera que ningún sujeto en la realidad pudiese ser identificado.

6. De aquí en adelante, al referirnos a los autores de la obra *Terapia Gestalt*, a saber, Perls, Hefferline y Goodman, vamos a emplear la sigla PHG.

7. En otras dos obras presentamos dos estudios profundizando sobre la teoría del *self* de PHG. El primero de ellos (Müller-Granzotto & Müller-Granzotto, 2007), dedicado a la investigación de la génesis fenomenológico de la noción de *self*, de sus funciones y procesos temporales, fue publicado en 2007 bajo el título "Fenomenología y Terapia Gestalt", y traducido al español en 2009. Recientemente hemos publicado un segundo libro, versando sobre las clínicas gestálticas concebidas a la luz de la teoría del *self* (Müller-Granzotto & Müller-Granzotto, 2012). En este estudio, buscábamos comunicar la teoría del *self*, su escritura al mismo tiempo fenomenológica y pragmatista, las políticas de humanización del Sistema Único de Salud (SUS) brasileño, lo que nos llevó a desarrollar una lectura ética, política y antropológica de la teoría del *self*.

8. Codatos son hechos temporales intencionales – inexistentes desde el punto de vista físico, pero copresentes desde el punto de vista de nuestra experiencia de percepción de la duración. No se trata de representaciones del orden de la memoria (presente), y sí de la vivencia del *continuum* entre

el pasado, el presente y el futuro. En sus *Lecciones de fenomenología de la consciencia Interna del tiempo*, Edmund Husserl (1893) se pregunta: ¿Cómo es posible que yo comprenda en cada "ahora" el instante pasado y el instante futuro, sin nivelarlos en un solo sentido, como si se tratase de un fenómeno solo presente? Husserl se sirve de un ejemplo musical para esbozar la solución. Para que yo comprenda la progresión harmónica de los sonidos producidos por un violín, es necesario que en cada "ahora" no solo aprenda el sonido emitido por el instrumento, sino que también me anticipe en la dirección del próximo sonido, en ese instante todavía inminente; así como, pueda disponer del sonido pasado, que dura no como una nota física, sino como un fondo diferencial, íntegramente inactual. Este no es un eco que se añade con retraso al propio sonido que lo originó. Tampoco el sonido futuro es una prolongación del sonido actual (ver Husserl, 1893, § 11 y 12). Ambos son la *copresencia* de algo que permanece apenas "en intención", como "un modo de reconocer " sin contenido – que por lo tanto no puede ser confundido con una representación de la memoria. A esta copresencia intencional del pasado y del futuro Husserl lo llama "hecho codato". De tal manera que cada ahora es no solo el dato que lo compone (la nota actualmente ejecutada), sino un campo de presencia (*Zeitfeld*) que envuelve un fondo (pasado) y un horizonte (futuro) de codatos. Pues bien, para PHG (1951), lo que llaman sistema-*self*, no es sino un campo de presencia en el que debemos poder distinguir, en torno a la actualidad dada, la copresencia de una historia perdida (y, en este sentido, eminentemente habitual) y de un horizonte de expectativas, eminentemente vinculadas a la solución de problemas actuales.

9. En verdad, PHG no hablan de vulnerabilidad y, sí, de comprometimiento. Por un lado, este término llama la atención por el carácter político de las relaciones sociales en las que, dado el carácter totalitario de una demanda, se establece limitación en la libertad de creación de respuestas. Además, por otro lado, esta noción está bien próxima a la noción de síntoma en cuanto "formación de compromiso", tal como nosotros la conocemos a partir de Freud (1895). Y para resaltar la primera acepción, bien como para estrechar nuestra comunicación con las políticas de humanización del Sistema Único de Salud (SUS) brasileño (Brasil, 2009), decidimos adoptar la expresión sugerida por Ayres, precisamente: *vulnerabilidad*. Conforme con Ayres (Ayres et al., 2003), vulnerabilidad es un concepto que busca sustituir las categorías psicopatológicas para describir los sujetos envueltos en ajustes conflictivos. Tal concepto implica colocar en el foco las posibilidades políticas, sociales e individuales expresadas por los individuos y por la colectividad en sus relaciones con el mundo, en los diferentes contextos de vida.

De ese modo, la consideración sobre las vulnerabilidades necesariamente remite a los profesionales a los contextos singulares de los individuos y colectivos involucrados (conforme Oliveira, 2008).

10. "El Ministerio de Salud, a través de la Política Nacional de atención básica [...] caracteriza este nivel de atención como un conjunto de acciones de salud, en los ámbitos individual y colectivo, que abarca la promoción y la protección de la salud, la prevención de agravamientos, el diagnóstico, el tratamiento, la rehabilitación y el mantenimiento de la salud – acciones que deben ser desarrolladas por medio del ejercicio de prácticas gerenciales y sanitarias democráticas y participativas, bajo la forma de trabajo en equipo, y dirigidas a poblaciones de territorios bien delimitados, por las que asume la responsabilidad sanitaria, considerando la dinámica existente en los lugares en que viven esas poblaciones" (Brasil, 2010b, p. 8).

11. Inspirados, por un lado, en el debate establecido por Merleau-Ponty (1969) en torno de la filosofía de la intersubjetividad de Husserl (1930) y, por otro, en el debate promovido por Lacan (1964) en torno a la noción merleau-pontyana de "lo otro" en cuanto otro de la percepción (Merleau-Ponty, 1969). Con ella queremos destacar, conforme a nuestra lectura de la teoría del *self* (PHG, 1951), que la función *ello* (la cual reúne el fondo impersonal de formas asimiladas en los eventos sociales pasados en cuanto repertorio de hábitos que retornarían, en el evento social actual, como fuente de excitaciones) no hace relación a un tipo de interioridad mental, anímica, en fin, psíquica, que habitaría cada persona individualmente. Al contrario, por no poder retornar al origen de las formas que generan excitación, no podemos decir si ellas pertenecen a nosotros o a un tercero. Mejor decir que son impersonales, como si fuese algo otro que, a diferencia del otro tal como nosotros lo conocemos en la cultura (otro social), no está definido y es neutro. Razón por la cual, lo denominamos "lo otro". Nuestra esperanza con esa maniobra semántica es ahorrarle a la Terapia Gestalt una lectura psicologista. En otras palabras, queremos evitar que, en las descripciones de la función *ello*, esta se lea como algo interior. Según nuestro entendimiento, la función *ello* es una alteridad indefinida y es por eso que la denominaremos "lo otro". Luego, de ahora en adelante, cuando usemos los términos "función *ello*", "fondo de formas", "fondo de hábitos", "fondo excitaciones" y "lo otro", estamos entendiendo todos ellos como sinónimos. Son términos distintos, provenientes de diferentes semánticas, pero destinados al mismo fenómeno, que es la llegada del fondo (sea él entendido como excitación, pulsión, hábito o, simplemente, "lo otro") en la experiencia de contacto. Preferimos mantener aquellos diferentes significantes,

alternando su uso siempre que sea posible, para así posibilitar la interlocución crítica con los otros abordajes.

12. Hablamos aquí de "otros" teniendo a la vista que nos vamos a referir a diferentes usos del significante otro. El primero de ellos dice en relación al empleo fenomenológico, por el cual el otro (trascendental) es un yo trascendental fallido (entendiéndose por yo trascendental la "comprensión" que supuestamente experimentamos en nuestra inserción en el mundo de la vida, según la cual nuestras diferentes orientaciones temporales – pasado, futuro, presente – constituyen una sola unidad intencional). El otro trascendental, por lo tanto, es una experiencia malograda de comprensión de nuestra unidad temporal. Pero hay un segundo empleo del significante "otro" que tiene que ver con una de las vertientes de la enseñanza de Lacan. De acuerdo con este uso, los semejantes, así como los ceremoniales sociales y las instituciones, representan un gran otro social, que no es sino el conjunto de relaciones lingüistas que constituyen nuestra sociabilidad. A diferencia del otro trascendental de la fenomenología, el gran otro social es simbólico-imaginario (o, si quisiéramos, estructural). Y, conforme ya pudimos comenzar a deslindar, la noción lacaniana de gran otro social tiene en la Terapia Gestalt un correspondiente denominado "función personalidad" (o, simplemente, otro social). Hay por fin, como vimos, una propuesta nuestra de reconocer, en la función *ello* (que es el fondo de hábitos y su presencia en la frontera de contacto como excitación), un "lo otro", el cual, aunque sea temporal como el yo trascendental de la fenomenología, tiene su funcionalidad vinculada a las demandas empíricas formuladas por el otro social. Se trata de una dimensión ambigua, en parte trascendental (teniendo en cuenta su naturaleza temporal), en parte empírica (teniendo en cuenta su origen empírico), que, además, no está investida de significancia, tratándose más bien de un conjunto de formas sin contenido y sin unidad (ególogica). No es un yo trascendental fallido (como el otro trascendental de la fenomenología), ni una totalidad determinada por el otro social, sino una totalidad sin síntesis, cual *Gestalt*. Tal como veremos en el transcurrir de este texto, los diversos discursos (psiquiátrico fenomenológico, psicoanalítico lacaniano y el nuestro) buscan pensar la psicosis como una respuesta social a la dificultades provenientes de la presencia (en algunos casos) o ausencia (en otros casos) de estas diferentes versiones sobre el "otro".

13. Más allá de los análisis de Canguilhem (1943) sobre las transformaciones sufridas por la práctica médica como consecuencia de la adhesión a las ciencias naturales, Foucault busca mostrar – en una serie de entrevistas compiladas bajo el título de *Dichos y escritos I* (1954), pero especialmente

en la obra *Nacimiento de la clínica* (1963) – la importancia crítica desempeñada por la clínica médica. Para él, hay una flagrante discontinuidad entre el conocimiento médico de la Edad Clásica (siglos XVII y XVIII), que tenía como tónica la representación taxonómica y superficial de la enfermedad como ilustración de un saber dogmático, y la medicina clínica (practicada a partir del siglo XIX), cuya preocupación era localizar la enfermedad en el espacio corpóreo individual. Pero tal discontinuidad no se explica solo en función de que la medicina clínica se hubiera asociado a las diferentes disciplinas científicas. Al contraponer los discursos científicos al criterio del éxito en la terapéutica de los cuerpos tratados, la medicina clínica sometió aquellos discursos a un tipo de crítica que tiene antes un sentido ético que uno epistémico. La clínica, por consiguiente, más que un espacio de aplicación de un saber, es un espacio de crítica de estos saberes.

14. Como vamos a explicar exhaustivamente a continuación en este texto, los términos otro trascendental y gran otro empírico son modos opuestos – el primero establecido por la tradición psiquiátrica fenomenológica y el segundo por la tradición psicoanalítica lacaniana – para referirse a aquello que estaría exigiendo, entre otras cosas, respuestas psicóticas.

15. Mencionamos una vez más el caso ficticio con el cual abrimos la presente obra. Éste hace relación a un hombre joven, 19 años, soltero, hijo único de una madre (enferma) con quien vivía en la casa del abuelo materno, sin relación alguna con el padre que jamás quiso verlo. Nosotros conocimos al joven en pleno estado de brote, después de haber intentado incendiar un montón de ropas en la casa en que los familiares lo mantenían confinado (como consecuencia de la labilidad emocional, pensamientos y comportamientos sin sentido que tenía). Caminaba de un lado a otro cargando en los brazos un computador portátil (*laptop*), en el que veía una copia de la película Avatar. Nuestra intervención terapéutica junto al consultante en brote fue ayudarle a reconocer, en el argumento de la película, un recurso que tal vez le ayudase a enfrentar la angustia que no sabía explicar – y que según la versión de los familiares podría tener relación con un episodio vivido por él algunas semanas antes, en una escuela de artes marciales de la cual fue expulsado, vistos los comportamientos extraños que comenzara a presentar, especialmente su autoproclamación como "maestro", cuando todavía estaba en el inicio de su formación como practicante. Le sugerimos que, tal vez, los diferentes nombres y títulos que se atribuía a sí mismo ("yo no soy João, su nombre civil, sino José, María...") podrían corresponder a "personalidades avatares", razón por la cual ya nadie le reconocía. El consultante inmediatamente asumió la estrategia que "sugerimos" y rápidamente se

estabilizó en una identidad (delirante) avatar. Durante algunas semanas, con la ayuda de inductores de sueño y estabilizadores del humor recetados por la psiquiatra (la cual, a su vez, estuvo de acuerdo con nuestra intervención y concluyó que no había necesidad de los antipsicóticos), nuestra maniobra clínica consistió en escuchar, en las formulaciones delirantes ahora inspiradas en la película, cuáles eran las demandas de las que el consultante se defendía, así como cuáles eran las eventuales excitaciones con las que se mostraba capaz de operar, como manera de promover, a partir de éstos, el retorno a su la identidad oficial (el nombre João). Y, mientras tanto, tuvimos que hacer un trabajo diario con los familiares, de tal manera que pudiesen i) entender la función provisional y necesaria del delirio; ii) reconocer y suspender las demandas que dirigían a nuestro consultante y que podrían estar relacionadas con los comportamientos delirantes, iii) orientar al medio social en que estaban insertos, en el sentido de proteger al consultante de requerimientos que pudiesen amplificar su angustia, y iv) autorizar un acompañante terapéutico a quien cabría, en primer lugar, tomar lugar en el delirio para, en segundo lugar, hacer paulatinamente el desplazamiento en dirección a un lugar social más amplio.

16. En otros trabajos (Müller-Granzotto & Müller-Granzotto, 2007, 2012), en diversos pasajes, buscamos mostrar como la Terapia Gestalt, por medio de la teoría del *self*, se ocupa de establecer – a partir de la experiencia clínica – una lectura ética de la fenomenología. Esto significa que, en vez de describir esencias en régimen de transparencia semántica, cabe a la clínica gestáltica localizar, en el aquí ahora de la situación clínica, el acontecimiento de las esencias en cuanto alteridad, forma imposible de explicarse, en la expectativa de que los consultantes puedan hacer algo con ellas. En estos términos, la clínica gestáltica es una ética: acogida al extraño que se manifiesta en la actualidad de la situación como forma (sin sentido).

17. Muchos terapeutas Gestalt se dedicaron a describir esta "orientación primordial" en la práctica clínica gestáltica. Una de ellas, ejemplar por resaltar el vínculo entre esta orientación y la noción gestáltica de campo, es la presentada por Jean-Marie Delacroix (2006, p. 435).

18. Estamos proponiendo, por lo tanto, un uso de la noción "trascendental" que no tiene equivalente específico en la tradición fenomenológica, aunque podamos reconocer que, inspirado en la hermenéutica de la facticidad escrita por Heidegger (1927, vol. I), Merleau-Ponty (1945, p. 77) se refiere al campo fenomenal como un dominio de ambigüedad entre lo trascendental y lo empírico.

19. En nuestro libro *Fenomenología y Terapia Gestalt* (Müller-Granzotto & Müller-Granzotto, 2007), a partir de la sugestión de Aquiles Von Zuben, traductor de la obra "Yo-Tu" de Martin Buber (1923) al portugués, hicimos un estudio sobre la correlación entre la indeterminación presente en la noción buberiana de "palabra principio yo-tu" y la noción "otro-yo-mismo" establecida por Merleau-Ponty en la obra "La prosa del mundo" (1969). Conforme a nuestra argumentación, el otro no es un Tú aislado del Yo, o una alteridad constituida a nuestra semejanza. El otro es la imposibilidad de decir hasta que punto lo que compartimos en el lazo social pertenece a nuestra identidad o a la identidad de nuestro semejante. Y la experiencia del contacto es justamente la experiencia de este otro (ambiguo) en la frontera entre el pasado y el futuro.

20. PHG denominan *ello* (o *ello* de la situación) la presencia de las esencias en cuanto alteridad, "lo otro" radical, lo que es una manera ética de hacer una referencia al tiempo, entendiéndose por tiempo el trasfondo de hábitos que dan orientación intencional (*awareness*) a nuestros actos en la experiencia clínica.

21. Las dos características de la función *ello* aquí mencionadas deberían ser condición suficiente para demostrar aquella articulación que suponemos delimitaría la singularidad de la lectura gestáltica sobre lo que pasaría en un campo relacional – y que dispensaría a la Terapia Gestalt de suscribir la tesis fenomenológica según la cual, en una dimensión egológica trascendental, nosotros nos comunicamos; o la tesis psicoanalítica según la cual, tanto en el campo de los significantes como en el campo del gozo, no nos relacionamos. Conforme a nuestra lectura de la teoría del *self*, en situaciones de campo, en razón de las demandas compartidas por nuestros actos empíricos, nosotros contactamos en una dimensión trascendental, que es la ambigüedad de los hábitos manifestados junto a aquellos actos. Lo que es lo mismo que decir que, al encuentro trascendental (de la fenomenología), o a la soledad gozosa (del psicoanálisis), proponemos la ambigüedad del contacto. Nuestros actos demandan de los otros actos, o del otro empírico que los unifica como personalidad, una participación en algo más acá o más allá de la situación actual, como si juntos pudiésemos repetir o crear algo que no podríamos de antemano saber, aunque pudiésemos esperar. Esta presunción de que pueda suceder algo más acá o más allá de la actualidad de la situación corresponde justamente a la demanda empírica de algo trascendental; y la ocurrencia de una respuesta indefinible, capaz de producir efectos (diferentes) en ambos interlocutores, una muestra de lo que pueda ser el "lo otro" trascendental. Lo que no quiere decir que, en algún momento, la ambigüedad del "lo otro" no sea, para nosotros, una vivencia insoportable. He ahí entonces la angustia. Y las psicosis, según nuestra manera de ver, son formas – entre otras – de lidiar con la angustia.

22. En un hecho inédito en el mundo, científicos de la UFRJ y de otras universidades brasileñas transformaron células del brazo de un consultante con esquizofrenia en células tronco y después en neuronas. Con eso, abrieron un camino nuevo y prometedor para estudiar la esquizofrenia, enfermedad que afecta al 1% de la población mundial y para la cual no hay cura. Liderada por Stevens Rehen, del Instituto de Ciencias Biomédicas de la UFRJ, la investigación fue aceptada para su publicación por la revista "CellTransplantation", una de las más respetadas del área. El grupo consiguió identificar alteraciones específicas en la esquizofrenia de las neuronas y, en un paso aún más fundamental, corrigió esas alteraciones, haciendo que las neuronas funcionasen normalmente. Según Rehen, esta es la primera vez que se consigue modelar enteramente una enfermedad a nivel celular en Brasil. El estudio también es el primero en el mundo en revertir en laboratorio las características bioquímicas de la esquizofrenia. Además, esta fue la segunda vez en el mundo en que se identificaron marcas bioquímicas de la esquizofrenia usando células tronco humanas reprogramadas (iPS). Aunque todavía sea necesario hacer otros estudios, los investigadores están convencidos de que tienen en las manos instrumentos para el desarrollo de un tratamiento realmente eficaz contra la esquizofrenia. El grupo de Rehen, del Laboratorio Nacional de Células Tronco Embrionarias de la UFRJ (LaNCE-UFRJ) es pionero en el estudio de células tronco embrionarias y células tronco de pluripotencia inducida (iPS) en Brasil. Actualmente, siete enfermedades cerebrales son estudiadas con métodos de reprogramación de células (Parkinson, esclerosis lateral amiotrófica, atrofia muscular espinal, disautonomía familiar, síndrome de Rett, síndrome de X frágil y esquizofrenia). Se estima que en Brasil hay más de 1,9 millones de personas con esquizofrenia, un número superior, por ejemplo, al de consultantes con mal de Alzheimer (estimados en 1 millón), SIDA (630 mil) y mal de Parkinson (200 mil). Fuente: http://oglobo.globo.com/ciencia/mat/2011/08/29/cientistas-brasileiros-transformam-celulas-do-braco-em-neuronios-para-estudar-esquizofrenia-925239866.asp#ixzz1WWhHJJmM. Lea más sobre este asunto en http://www.lance-ufrj.org/uploads/3/2/2/5/3225660/bruna_paulsen_resumo_dissertacao.pdf

23. Un excelente estudio sobre estos autores se puede encontrar en Tatossian, Arthur & Giudicelli, S. 1970.

24. Un estudio aclarador sobre la manera en que Jacques Lacan comprendió en varios momentos de su obra, la psicosis, lo podemos encontrar en Calligaris (1989), en el libro "Introducción a una clínica diferencial de las psicosis".

25. En nuestro libro *Fenomenología y Terapia Gestalt* (Summus, 2007), especialmente en los capítulos 7, 8 y 9 (o 5, 6 y 7 en la versión española) establecemos un estudio profundizando sobre la génesis, caracterización, ética y estilo de intervención gestáltica en los ajustes neuróticos.

26. En el capítulo cinco, hacemos una discusión sobre la peculiaridad de la aplicación de la noción de ajuste creador a las formaciones psicóticas, sobre todo teniendo en cuenta que, en tales formaciones, no hay flujo de *awareness*, de tal manera que, los ajustes creadores propios a las formaciones psicóticas – y a los cuales llamamos de ajustes de búsqueda – no desencadenan experiencias de contacto con *awareness*, antes experiencias de contacto sin *awareness*. Razón por la cual, además, cuando están sujetos a relaciones de campo en que son demandados a participar de un flujo de *awareness*, no es imposible que estos individuos puedan entrar en sufrimiento.

27. En su obra *S'apparaître l'occasion d'un autre* (2004, p. 83), Robine aboga en favor de la traducción de la expresión *Creative Adjustement* como "ajuste creador", como manera de dejar claro que el término ajuste es menos un sustantivo y más una acción.

28. Véase obra autobiográfica de Temple Grandin sobre el autismo de Asperger. GRANDIN, Temple & SCARIANO, Margaret M. 1998. *Uma menina estranha* – autobiografia de um autista. Trad. Sérgio Flaksman. São Paulo: Companhia das Letras, 1999.

29. Es importante resaltar aquí, que es la demanda la que exige una "parte", que, a su vez, en el caso de los ajustes de llenado, no se da. Esta parte se compone justamente de las excitaciones lenguajeras. De toda suerte, la demanda (por excitación lenguajera) orienta o inspira la respuesta alucinatoria. O sea, si la alucinación es una fijación en una parte (en la realidad), tal se debe a que la demanda exigiría una parte, aunque se tratase de la exigencia por una parte inactual e indirecta (una excitación lenguajera).

30. Conforme al Portal de la Salud del Ministerio de la Salud (http://portal.saude.gov.br/portal/saude/cidadao/visualizar_texto.cfm?idtxt=24355&janela), los CAPS pueden ser de tipo I, II, III, Alcohol y Drogas (CAPS AD) e infantojuvenil (CAPS). Los parámetros poblacionales para la implantación de estos servicios son definidos de la siguiente forma:

- Municipios hasta 20 mil habitantes – red básica con acciones de salud mental.

- Municipios entre 20 y 70 mil habitantes – CAPS I y red básica con acciones de salud mental.
- Municipios con entre 70 mil y 200 mil habitantes – CAPS II, CAPS AD y red básica con acciones de salud mental.
- Municipios con más de 200 mil habitantes – CAPS II, CAPS III, CAPS AD, CAPS y red básica con acciones de salud mental y capacitación del Samu.

La composición de la red debe ser definida siguiendo estos parámetros pero también atendiendo a la realidad local.

31. Raiden se refería al beneficio por invalidez que recibía de la Previsión Social, una vez que la pericia médica lo consideró enfermo mental (esquizofrénico).

32. El personaje Raiden (también conocido como Rayden) figura en la famosa serie de juegos de lucha creada por Ed Boon y John Tobias y que se denomina "Mortal Kombat". Dios del Trueno y protector del reino de la Tierra, Raiden es conocido por su sabiduría y por sus poderes, los cuales incluyen la capacidad para teletransportarse, controlar rayos y truenos. En razón de eso, es considerado el señor de la luz. Con frecuencia lidera las fuerzas del bien contra el mal. Tiene un papel esencial en la historia y en los juegos de la serie. Inmortal, él piensa en términos de eternidad, y no como un humano normal. Fuente: http://tvig.ig.com.br/games/mortal+kombat+++a+historia+de+raiden-8a4980262e545e72012ec4935d4e31ed.html. Acceso el 10 de julio de 2011.

33. El síndrome de Cotard, delirio de Cotard o síndrome nihilista o de negación, consiste en una rara psicopatología psiquiátrica, en la cual la persona tiene la creencia delirante de que se encuentra muerta, no existe, está putrefacta, quedó sin sangre o sin los órganos internos. Con menos frecuencia, incluye delirios de inmortalidad. El término fue acuñado por el neurólogo francés Jules Cotard (1840-1889) a partir de un caso, aunque muchos otros hayan sido relatados desde entonces. El síndrome de Cotard tiende a surgir en el contexto de una enfermedad neurológica o enfermedad mental asociada a la depresión y la desrealización. En términos neurológicos, se piensa que el síndrome de Cotard se relaciona con el síndrome de Capgras. Así, ambos resultarían de la desconexión de áreas fusiformes y áreas ligadas al sistema límbico. Algunos tratamientos consisten, por ejemplo, en la administración de antidepresivos tricíclicos y serotoninérgicos, asociados a la terapia electroconvulsiva. Fuente http://redepsicologia.com/sindorme-de-cotard, consultado en 12/09/2011.

34. Alain Badiou (1997, p. 96-98), en su antológico estudio sobre Deleuze, así se refiere a su gran inspirador: "Podemos decir que, para Deleuze, el Ser se

declina unívocamente como Un, como vida inorgánica, como inmanencia, como donación insensata de sentido, como virtual, como duración pura, como relación, como afirmación del acaso y del eterno retorno. [...] Debemos partir de la univocidad del ser y en ella disponer el equívoco como expresión, o simulacro, y no inversamente".

35. Estamira falleció recientemente, en el día 28 de julio de 2011. El director Marcos Prado ayudó en los funerales.

36. Antes de continuar avanzando, cumple retomar el modo en como estamos empleando los significantes "ética, política y antropología". Por el primero, designamos la acción de acogida al extraño que se manifiesta en el comportamiento y en el discurso de los semejantes. Tal extraño tanto puede ser un hábito inhibitorio (como en los ajustes de evitación), hostil (como en los ajustes antisociales), o, inclusive, la ausencia de hábitos (como en las psicosis). Ética, por lo tanto, no tiene relación con el uso aristotélico del término y según el cual el hombre ético es aquel que toma en cuenta las costumbres y las leyes de su comunidad. Ética tiene un sentido más originario: morada en que se acoge al extraño. Ya el significante "política" está asociado, en los términos de la teoría del *self*, a la acción establecida por los sujetos de acto en el sentido de sintetizar, en una unidad presuntiva y virtual a la que llamamos deseo, las representaciones sociales disponibles y los hábitos (excitaciones) desencadenados por las contingencias sociales presentes (demandas por representación social y por excitación). En tal unidad presuntiva y virtual, buscamos estabilizar como horizonte de futuro el efecto que los hábitos puedan desencadenar en las representaciones sociales con las cuales estábamos identificados. Política, por lo tanto, es para nosotros la manera en que intentamos incluir al semejante y al extraño, o la manera por la cual somos por ellos incluidos, en un todo presuntivo y virtual, al que llamamos deseo o, simplemente, poder. Hacer política es participar del poder, entendamos el poder como un deseo nuestro o de nuestro semejante. Ya el significante 'antropología' tiene su uso orientado por la manera crítica como leemos la Antropología de Jean-Paul Sartre (1942). Partiendo de la idea de una fuente insuperable e irreductible – que es su teoría de la consciencia – Sartre aboga que la unidad de esta consciencia siempre se produce en la trascendencia, como una existencia en situación, en la praxis historia. La antropología para Sartre – entendida como el objeto primero del filosofar – es el estudio de esta praxis histórica. Se trata de una investigación del hombre y del humano en cuanto a la realización (siempre parcial) de la unidad de la consciencia en la trascendencia. Según él mismo (Sartre, 1966, p. 95), "en cuanto interrogación sobre la praxis, la filosofía es al mismo tiempo interrogación sobre el hombre, quiere decir sobre el sujeto totalizador de la historia. Poco importa que ese sujeto sea o no descentrado. Lo esencial no es lo que se hizo del hombre, sino lo *que él hizo de lo que hicieron de él*. Lo que se hizo del hombre son las estructuras, los conjuntos significantes que las ciencias humanas estudian. lo que el hombre hace es la propia historia, la superación real de esas estructuras en una praxis totalizadora. La filosofía se sitúa en la charnela. La praxis es, en su movimiento, una totalización completa; pero nunca alcanza sino totalizaciones parciales, que serán a su vez superadas". Para nuestros propósitos, nos adherimos a la comprensión de que en la trascendencia (entendida como actualidad de la situación concreta y social) el hombre se ocupa de superar las estructuras en que refleja la unidad de su propia praxis histórica; y que esto es lo mismo que hacer historia. Nos adherimos a la comprensión de que la Antropología es el estudio de esta praxis histórica y de la tentativa humana de superarla. Pero, no por eso, necesitamos gravar a la Antropología con la suposición de que, tal praxis, también como las tentativas de comprenderla y superarla, estarían animadas por una fuente insuperable e irreductible que es la consciencia (en cuanto acción nadificadora, reclamo de libertad siempre en curso). Que haya tal fuente, o que ella se imponga en la praxis histórica como una necesidad trascendental en busca de unificación, es para nosotros una cuestión a discutir y no un principio, como parece ser para Sartre. He ahí en qué sentido conjeturamos, como un eventual motivo (ausente, por ejemplo, en los ajustes de búsqueda) para las acciones de superación de las identidades históricamente constituidas, la copresencia de una alteridad radical, cual lo otro (o función *ello*). Si es verdad que, en la praxis histórica, nos ocupamos de operar síntesis a partir del pasado en dirección al futuro, tales síntesis no parecen ser consecuencia de una exigencia interna o trascendental, sino antes un efecto de la presencia del extraño que se nos presenta a partir de la demanda del semejante. Preferimos pensar que la praxis histórica está motivada por la alteridad antes que por una supuesta unidad que nos antecedería.

37. El neologismo "evitativo" viene de la palabra "evitación", la cual es la traducción del original inglés *"avoidance"* extraído de la obra de PHG (1951, p. 432 del original en inglés). En la versión castellana, todavía, el término inglés fue traducido como "huida" (PHG, 1951, p. 263 en español). Para PHG (1951), "evitación" designa el ajuste creador característico de los comportamientos denominados neuróticos. La característica impactante de este modo de ajuste – conforme con PHG (1951) – tiene relación con una inexplicable falta de autonomía en el consultante para actuar y decir, como si su función acto (su corporeidad agente y hablante) estuviese alienada en favor

de algo que no se dejase reconocer en la realidad social. O, entonces, todo pasa como si la función acto (en el consultante, pero no exclusivamente) perdiese el puesto de articuladora del contacto en provecho de otro agente, desconocido, que sin razón aparente vendría como una especie de acción de evitación orientada por un hábito inhibitorio. Aunque los datos o demandas presentes en la sesión, las cuales involucrarían la propia escucha del clínico, continuasen abriendo, para ambos, posibilidades de enfrentamiento del malestar que estuviese afligiendo al consultante, algo emergería para éste como interrupción presente. El proceso de contacto entre lo que pudiese surgir como una excitación proveniente del pasado y lo que pudiese surgir como una posibilidad futura de satisfacción permanecería inexplicablemente inhabilitado. Conforme a la descripción entregada por PHG (1951, p. 263-264), la neurosis es: "la huida [evitación] de la excitación espontánea y la limitación de las excitaciones. Es la persistencia de las actitudes sensoriales y motoras, cuando la situación no las justifica o, realmente, cuando no existe ninguna situación-contacto, como cuando se mantiene una mala postura al dormir. Esos hábitos intervienen en la autorregulación fisiológica y causan dolor, cansancio, susceptibilidad y malestar. No existe una descarga total, ni ninguna satisfacción final: alterado por las necesidades no satisfechas y manteniendo de una manera no consciente una influencia inflexible sobre sí mismo, el neurótico no puede abstraerse en sus intereses cotidianos, ni llevarlos a buen fin con éxito, sino que es su propia personalidad la que ocupa su consciencia [se agiganta en la *awareness*]: avergonzado, alternativamente resentido y culpado, orgulloso e inferior, audaz y timorato, etc.".

38. La conexión entre los ajustes evitativos y las demandas específicas dirigidas al clínico es una innovación que proponemos con el objetivo de profundizar el entendimiento sobre el modo en que se establece el diagnóstico en las relaciones de campo, a saber, a partir de cómo el clínico se siente convocado a ocupar un lugar en el discurso y de la postura desempeñada por el consultante, en el aquí-ahora de la experiencia de contacto. Para mayores informaciones consulte nuestro libro *Fenomenología y Terapia Gestalt* (2007, 2009 en español, capítulos 5, 6 e 7).

39. Vale registrar los aclaratorios trabajos publicados en estas obras, como es el caso de los artículos de Ibrahim (1991) y Neto (1997).

40. La institución a la que nos referimos es el Instituto Müller-Granzotto de Psicología Clínica Gestáltica (www.mullergranzotto.com.br)

41. La terapeuta Gestalt Tamara Emerim Guerra, colaboradora del Instituto Müller-Granzotto de Psicología Clínica Gestáltica, es la idealizadora y

coordinadora del proyecto SCiFi – Sesiones libres de ficción científica, que reúne, semanalmente, un grupo de consultantes y profesionales del Instituto Müller-Granzotto con el objetivo de establecer un espacio de convivencia en torno del interés común por la ficción científica.

42. Conforme con Romero (1997, p. 66-7), para Jaspers: "no se trata meramente de reconstituir un pasado [...]. Se trata de que la persona vea determinados escenarios y algunos personajes que la influenciaron y, no raro, determinaron en gran medida trazos básicos de su carácter y de su visión del mundo. El objetivo es intentar comprender lo que fue puramente vivido y sufrido, reviviéndolo de cierta manera, pero ahora con otra mirada – una mirada reflexiva y analítica". La enfermedad mental, por consiguiente, no debería ser entendida como una disfunción orgánica o psíquica, sino, prioritariamente, como "un vivir que adquiere carácter mórbido cuando surge como un proceso que quiebra la continuidad vital del sujeto, presentándose como incomprensible. Es mórbido aquel vivir que emerge en la vida del individuo, quebrando su continuidad [...]" (Romero, 1997, p. 72).

43. Husserl traduce el término *eidos* como "esencia". Originalmente, tal término era empleado en la poesía homérica para designar "aquello que se ve", "apariencia", "forma", casi siempre del cuerpo. Con Heródoto y con los filósofos presocráticos, *eidos* ganó un correlato: el término *idea*. Y, por medio de este, pasó a designar algo más abstracto, precisamente la "propiedad característica" (o "esencia" específica) de una clase de cosas. También entre los médicos, como Hipócrates, los términos *eidos/idea* merecieron una aplicación técnica, muchas veces ligada a la noción de poder (*dynamis*), y significado algo más o menos como "naturaleza constitutiva". Platón, a su vez, consideró que los *eide* eran realidades suprasensibles que operan como causa del conocimiento y condición de todo el discurso. Aristóteles sujeta la teoría platónica del *eidos* a un extenso análisis crítico. La principal diferencia entre la concepción platónica y la aristotélica de los *eide* es que, para la última, *eidos* no es (excepto en los casos del primer motor y/o motores o de los *nous* que vienen de fuera) un subsistente separado (*choriston*). Al contrario, se trata de un principio de las substancias completas. Es la causa formal de las cosas, un correlato de la materia en los seres compuestos y la esencia inteligible (*ousia*) de un existente. De donde se desprendió la tesis de que conocer una cosa es conocerle el *eidos*, su esencia. Husserl, a su vez, retomó de Brentano la lectura que este hizo de Aristóteles, para decir que las *eide* no son ni separadas ni imantes a las cosas (mundanas y mentales). Las *eide* son la propia virtualidad de aquello que es buscado por nuestros actos, independientemente de la "existencia" espacial (empírica o intelectual) de lo que es buscado. Las *eide* (como forma o esencia) son orientaciones pasadas y expectativas futuras que se imponen a nuestros actos cuando estos intentan trascender su propia posición en el presente.

44. Categorial viene del sustantivo femenino kategoría (plural: kategoríai), lo cual remite a la familia del verbo Kategoréo (1ª persona del singular del presente de indicativo de la voz activa) y cuyo infinitivo es Kategoreîn. Conforme consulta al investigador del Departamento de Filosofía de la Universidad Federal de Santa Catarina (UFSC), Luis Felipe Bellintani Ribeiro (sic), la etimología es la siguiente: "prefijo o preverbio 'katá', que remite al movimiento de arriba para abajo (como en católico, catarata, catarro, etc.) + el étimo de la palabra que significa 'plaza pública', 'mercado', la famosa 'ágora' (en griego agorá). De hecho, intuimos la experiencia de, con dedo en ristre, decir en la cara de la cosa y en público aquello que ella es. El sentido primario de kategoría es 'acusación' (jurídica), por oposición a apología (defensa). Filosóficamente kategoría es 'predicación', decir algo de algo, atribuir un predicado a un sujeto".

45. La principal diferencia o cuestión entre Minkowski y Binswanger era determinar hasta qué punto la singularidad de las producciones psicóticas era psíquica (o sea, subordinada a la tesis naturalista acerca de la existencia de sujetos psicológicos) o trascendental (a saber, relativa a la inserción de un sujeto en una comunidad intencional, a la cual Binswanger denominaba de yo trascendental). De todos modo, para ambos, se trataba de hacer la suplencia de una dimensión trascendental ausente o fragmentada, por esa razón considerada otro trascendental.

46. Para saber más sobre este caso ver ALLOUCH, Jean. 2005.

47. Para "traducir" esto en los términos de la Terapia Gestalt, podríamos decir que: en los ajustes neuróticos, que son aquellos en que los datos en la frontera (a los cuales podemos llamar del gran otro gozador) operan con codatos o excitaciones (en el orden de los "objetos a") articulados en la forma de situaciones inacabadas (y que son los fantasmas, como dirían los psicoanalistas): la función acto (aquí correspondiente al sujeto de la estructura neurótica) pierde su poder creativo (o metafórico) en favor de un hábito inhibitorio (ley paterna). La satisfacción posible alcanzada (síntoma) no es suficiente para disipar la ansiedad (que el psicoanálisis llama de deuda) implicada por la presencia de la inhibición reprimida (ley paterna) en la frontera X (en el lazo social). De donde se sigue que, tal como para el psicoanálisis lacaniano, para la Terapia Gestalt, el ajuste neurótico es aquel ejercido por un intermediario que se superpone (castración) a la función acto (o sujeto de la estructura neurótica), cuyo intermediario es la inhibición reprimida (o función paterna). A diferencia de otras formas de leer el psicoanálisis freudiano, tanto para Lacan como para la Terapia Gestalt, la génesis de una estructura o de un ajuste neurótico no se remonta, por lo menos prioritariamente, a un factor económico, en el orden de los contenidos. En otras palabras, tanto Lacan como la Terapia Gestalt, no explican la neurosis como el efecto de un conflicto entre pulsiones (entendidas como representantes de un objeto de satisfacción originario, al cual buscan sustituir o repetir: pulsión de vida y pulsión de muerte, respectivamente). Para Lacan, y para la Terapia Gestalt, la génesis de los ajustes neuróticos se remonta, sí, a un aspecto dinámico, que es la función simbólica ejercida por la ley paterna o, en el lenguaje de la Terapia Gestalt, la función inhibitoria desempeñada por un hábito inconsciente, sea motor o "lenguajero". La "traducción" terminológica que aquí proponemos, evidentemente, es arbitraria. Nada la justifica sino nuestro deseo de generar discusión, aunque reconozcamos que la perspectiva de la "la lengua" asumida por Lacan en la segunda clínica abra más posibilidades de diálogo con la teoría del *self* de la Terapia Gestalt, como veremos más adelante. Aun así, como es el caso que aquí mostramos, nada nos autoriza a decir – tampoco es nuestro interés – que haya equivalencia entre la teoría del *self* y alguna metapsicología psicoanalítica.

Referencias bibliográficas*

"A CASA", Equipe de acompanhantes terapêuticos do hospital – dia (org.). 1991. *A rua como espaço clínico: acompanhamento terapêutico.* São Paulo: Escuta.

_____. Equipe de acompanhantes terapêuticos do hospital-dia (org.). 1997. *Crise e cidade: acompanhamento terapêutico.* São Paulo: Educ.

AGAMBEN, Giorgio. 1995a. *Homo sacer: o poder soberano e a vida nua I.* Belo Horizonte: UFMG, 2004.

ALLOUCH, Jean. 2005. *Paranoia: Marguerite ou a Aimée de Lacan.* São Paulo: Companhia das Letras.

ARAÚJO, F. 2005. Do amigo qualificado à política da amizade. *Estilos da Clínica – Revista sobre infância com problemas. Dossiê – Acompanhamento terapêutico,* v. 10, n. 19, p. 84-105, jun. 2005.

ARISTÓTELES, tradução de 1985. *A política.* Trad. Mário da Gama Cury. Brasília: Editora da Unb.

AYRES, J. R. C. M et al. 2003. O conceito de vulnerabilidade e as práticas de saúde: novas perspectivas e desafios. In: CZERESNIA, D.; FREITAS, C. M. (orgs.). *Promoção da saúde:* conceitos, reflexões, tendências. Rio de Janeiro: Fiocruz. p. 117-40.

BADIOU, Alain. 1997. *Deleuze: o clamor do ser.* Rio de Janeiro: Zahar.

Baeyer, W. Von. 1955. Der Begriff der Begegnung in de Psychiatrie. *Nervenarzt,* n. 26, p. 369-76.

---

* En la presente obra, se les propone un sistema de citaciones de fuentes que, en el recorrido del texto, a los nombres de los autores se les da primacía, después a la fecha de primera edición, y a la paginación de la obra efectivamente consultada. En las referencias bibliográficas, a su vez, se les da las fuentes completas. Esta forma de citar se propone para reforzar el estilo genérico de presentación de las ideas, el cual siempre parte del uso originario de los conceptos, para entonces remarcar los despliegues posteriores. De este modo, la citación de la fecha de la primera publicación nos puede facilitar una lectura historiográfica.

BARRETO, Kléber. 1997. Acompanhamento terapêutico: uma clínica do cotidiano. *Insight Psicoterapia*, v. 7, n. 73, p. 22-4.

_____. 2006. *Ética e técnica no acompanhamento terapêutico: andanças de D.Quixote e Sancho Pança*. São Paulo: Unimarco.

BASAGLIA, Franco. 1985. *Instituição negada: relato de um hospital psiquiátrico*. Rio de Janeiro: Graal.

BAZHUNI, Natasha Frias Nahim. 2010. Acompanhamento terapêutico como dispositivo psicanalítico de tratamento das psicoses na saúde mental. Dissertação (Mestrado). Universidade de São Paulo, São Paulo, 2010.

BELLOC; CABRAL; MITMANN; PELLICCIOLI. 1998. *Cadernos de AT: uma clínica itinerante*. Porto Alegre: Grupo de Acompanhamento Terapêutico Circulação, 1998.

BENETTI, Antônio. 2005. Do discurso do analista ao nó borromeano: contra a metáfora delirante. *Opção Lacaniana Online*, p. 1-17, maio 2005.

BERG, J. H. Van den. 1955. *The phenomenological approach to psychiatry*. Springsfield: CC Thomas. Versão em português: *O paciente psiquiátrico – Esboço de uma psicopatologia fenomenológica*. São Paulo: PSY II, 1999.

BINSWANGER, L. 1922. Über Phänomenologie. In: BINSWANGER, L. *Ausgewählte Vorträge und Aufsätze*. [T. I. Zur phänomenologischen Anthropologie.] Berne: Francke, 1947.

_____. 1957. *Schizophrenie*. Pfullingen: Neske.

_____. 1971. *Introduction a l'analyse existentielle*. Trad. francesa R. Lewinter. Paris: Gallimard.

BLANCHOT, Maurice. 1971. *L'Entretien infini*. Paris: Gallimard.

_____. 1987. O olhar de Orfeu. In: BLANCHOT, Maurice. *O espaço literário*. Rio de Janeiro: Rocco.

BLANKENBURG, W. 1978. Grundlagenprobleme der Psychopathologie. *Nervenarzt*, n. 49, p. 140-6.

BORJA, Guillermo. 1987. *La locura lo cura – Manifiesto psicoterapeutico*. Prólogo de Cláudio Naranjo. Santiago: Cuatro Vientos.

BRASIL. 1988. *Constituição da República Federativa do Brasil*. Brasília, DF: Senado Federal, 2004.

_____. 2001. Lei n. 10.216, de 6 de abril de 2001. Dispõe sobre a proteção e os direitos das pessoas portadoras de transtornos mentais e redireciona o modelo assistencial em saúde mental. *Diário Oficial da União*, Brasília, DF, p. 2, 9 abr. 2001. Disponível em: <http://www.saude.sc.gov.br/geral/planos/programas_e_projetos/saude_mental/lei_10216.htm>. Acesso em: 22 de junho de 2011.

_____. 2002. Ministério da Saúde/Ministério da Justiça. *Seminário Nacional para Reorientação dos Hospitais de Custódia e Tratamento Psiquiátrico*: Relatório Final. Brasília, 2002.

_____. 2004. Ministério da Saúde/Secretaria de Atenção à Saúde Mental/ Departamento de Ações Programáticas Estratégicas. *Saúde Mental no SUS: os Centros de Atenção Psicossocial*. Brasília, DF.

_____. 2005. Ministério da Saúde. Secretaria de Atenção à Saúde. Dape. Coordenação Geral de Saúde Mental. *Reforma psiquiátrica e política de saúde mental no Brasil*. Documento apresentado à Conferência Regional de Reforma dos Serviços de Saúde Mental: 15 anos depois de Caracas. Opas. Brasília: Ministério da Saúde, 2005.

_____. 2009. Ministério da Saúde. Secretaria de Atenção à Saúde. *Política Nacional de Humanização da Atenção e Gestão do SUS*. Clínica ampliada e compartilhada/Ministério da Saúde, Secretaria de Atenção à Saúde, Política Nacional de Humanização da Atenção e Gestão do SUS. Brasília: Ministério da Saúde. 64 p.: il. color. (Série B. Textos Básicos de Saúde).

_____. 2010a. Ministério da Saúde. Secretaria de Atenção à Saúde. Núcleo Técnico da Política Nacional de Humanização. *Acolhimento nas práticas de produção de saúde*/Ministério da Saúde, Secretaria de Atenção à Saúde, Núcleo Técnico da Política Nacional de Humanização. 2. ed. 5. reimp. Brasília: Editora do Ministério da Saúde.

_____. 2010b. Ministério da Saúde. Secretaria de Atenção à Saúde. *Política Nacional de Humanização*. Atenção Básica/Ministério da Saúde, Secretaria de Atenção à Saúde, Política Nacional de Humanização. Brasília: Ministério da Saúde, 256 p.: il. (Série B. Textos Básicos de Saúde) (Cadernos Humaniza SUS; v. 2).

_____. 2011. Lei n. 12.403/2011, de 4 de maio de 2011. Altera dispositivos do Decreto Lei n. 3.689, de 3 de outubro de 1941 – Código de Processo Penal, relativos à prisão processual, fiança, liberdade provisória, demais medidas cautelares, e dá outras providências. *Diário Oficial da União*, Brasília, DF, 5 de maio de 2011. Disponível em: <http://www.planalto.gov.br/ccivil_03/_ato2011-2014/2011/lei/l12403.htm>. Acesso em: 22 de junho de 2011.

BRENTANO, Franz. 1874. *Psychologie du point de vue empirique*. Trad. Maurice de Gandillac. Revisão Jean-François Courtine. Paris: Vrin, 2008.

BUARQUE, Sérgio. 2007. Verbete Gestaltês. In: ORGLER, Scheila; D'ACRI, Glaydes *et al*. (orgs.). *Gestaltês*. Dicionário de Gestalt-terapia. São Paulo: Summus.

BUBER, Martin. 1923. *Eu e tu*. 2 ed. Trad. Newton Aquiles Von Zuben. São Paulo: Cortez e Morais, 1979.

BULFINCH, Thomas. 1998. *O livro de ouro da mitologia*. Histórias de deuses e heróis. Trad. David Jardim Júnior, 1999.

CABAS, Antônio Godino. 1988. *A função do falo na loucura*. Trad. Cláudia Berliner. Campinas: Papirus.

CALLIGARIS, Contardo. 1989. *Introdução a uma clínica diferencial das psicoses*. Porto Alegre: Artes Médicas.

CANGUILHEM. 1943. *O normal e o patológico*. Rio de Janeiro: Forense Universitária, 1995.

CARRARA, Sérgio. 1998. *Crime e loucura: o aparecimento do manicômio judiciário na passagem do século*. Rio de Janeiro/ São Paulo: EdUERJ/Edusp.

CARVALHO, Nerícia Regina de. 2006. *Primeiras crises psicóticas: identificação de pródromos a partir de pacientes e familiares*. 133 f. Dissertação (Mestrado em Psicologia). Universidade de Brasília, Brasília, 2006.

CARVALHO, Sandra Silveira. 2004. *Acompanhamento terapêutico: que clínica é essa*. São Paulo, Annablume.

CAUCHICK, Ana Paula. 2001. *Sorrisos inocentes e gargalhadas horripilantes: intervenções no acompanhamento terapêutico*. São Paulo: Annablume.

CHAMOND, J. 2002. Fond de l'expérience et structure temporelle dans la schizophrénie. *Synapse*, n. 185.

COSTA, Jurandir Freire. 1995. O sujeito em Foucault: estética da existência ou experimento moral. *Revista Tempo Social* – Revista de Sociologia da USP, v. 12, n. 7, São Paulo, p. 121-38, out. 1995.

COOPER, David. 1976. *Psiquiatria e antipsiquiatria*. São Paulo: Perspectiva, 1989. Davidson, Donald. 1982. Paradoxes of Irrationality. In: WOLHEIM, Richard; HOPKINS, James (eds.). *Philosophical Essays on Freud*. Cambridge: Cambridge University Press, p. 289-305.

_____. 1991. *Inquiries into Truth & Interpretation*. Oxford: Oxford University Press.

DELACROIX, Jean-Marie. 2006. *La Troisième histoire*. Patient-psychothérapeute: fonds e formes du processus relaciotionel. Saint-Jean-de-Braye. Dangles. (Coleção "Psycho Nova")

DELEUZE, Gilles. 1986. Qu'est-ce qu'un Dispositif. In: DELEUZE, Gilles. *Foucault*. Paris: Minuit. Versão em português: *Foucault*. São Paulo: Brasiliense, 1988.

_____. 1997. *Crítica e clínica*. São Paulo: Editora 34.

DERRIDA, Jacques. 1967. *A voz e o fenômeno*. Trad. Lucy Magalhães. Rio de Janeiro: Zahar, 1994.

_____. 2004. *Papelmáquina*. São Paulo: Estação Liberdade.

DIÓGENES LAÊRTIOS, tradução de 1977. *Vidas e doutrinas dos filósofos ilustres*. Trad. Mário da Gama Kury. 2. ed. Brasília: Unb.

DSM-IV. 1994. *Manual Diagnóstico e Estatístico de Doenças Mentais – Quarta Edição*. Publicado pela Associação Psiquiátrica Americana (APA) em Washington em 1994. Versão em português: São Paulo: Artmed.

DUSEN, Wilson Van. 1972. *La profundidad natural en el hombre*. 7. ed. Trad. Alejandro Celis e Francisco Huneeus. Santiago: Cuatro Vientos, 2003.

EMERIM, Marcele de Freitas. 2011. *O testemunho (im)possível do louco infrator: condições de acolhimento e de emergência*. Projeto de Mestrado Qualificado. Orientadora: Prof ͣ Dra. Mériti de Souza. Programa de Pós-Graduação em Psicologia. Universidade Federal de Santa Catarina. Estilos de Clínica. 2005.

ESTRADA, Paulo Cesar (org.). *Desconstrução e ética: ecos de Jacques Derrida*. Rio de Janeiro, São Paulo: PUC/Loyola.

FOUCAULT, Michel. 1953. *Doença mental e psicologia*. Trad. Lílian Rose Shaldres. Rio de Janeiro: Tempo Brasileiro, 1975.

_____. 1954. Introdução (In *Binswanger*). In: FOUCAULT, Michel. *Dits et écrits*, I (1954-1969). Paris: Gallimard, 1994.Versão em português: *Ditos e escritos I*. Problematização do sujeito: psicologia, psiquiatria e psicanálise. Organização e seleção de textos: Manuel Barros da Motta. Trad. Vera Lucia Avellar Ribeiro. 1999.

_____.1963. *O nascimento da clínica*. Trad. Antônio Ramos Rosa. Rio de Janeiro: Forense Universitária, 1998.

_____. 1966. *Les Mots et les choses: une archéologie des sciences humaines*. Paris: Gallimard, 1966. Versão em português: *As palavras e as coisas*. Trad. Salma Michael. São Paulo: Martins Fontes, 1992.

_____.1975. *Surveiller et Punir*. Naissance de la prison. Paris: Gallimard. Versão em português: *Vigiar e punir*: história da violência nas prisões. 27. ed. Trad. Raquel Ramalhete. Petrópolis: Vozes, 1987.

_____. 1975-1976. *Il Faut Défendre la société*. Cours au collège de France *(19751976)*. Paris: Gallimard, Seuil, 1997. Versão em português: *Em defesa da sociedade*. Trad. Remo Mannarino Filho. São Paulo: Martins Fontes, 1999.

_____. 1976. *Histoire de la sexualité* (Volonté de savoir, t. I). Paris: Gallimard. 1976. Versão em português: *A vontade de saber (História da sexualidade*, t. I). Trad. Maria Thereza da Costa Albuquerque e J. A. Guilhon Albuquerque. 12. ed. Rio de Janeiro: Graal, 1988.

_____. 1977-8. Securité, territoire, population. *Dits et écrits*, III (1954-1988). Paris: Gallimard, 1994.

_____. 1978-9. Naissance de la biopolitique. *Dits et écrits*, III (1954-1988). Paris: Gallimard, 1994.

_____. 1979a. *Microfísica do poder*. Trad. Roberto Machado. São Paulo: Graal, 2008.

_____. 1979b. *A verdade e as formas jurídicas* – conferências de Michel Foucault na PUC-RJ. Rio de Janeiro: Nau.

_____. 1980. Politique et éthique: une interview (entrevista a M. Jay, L. Löwenthal, P. Rabinow, R. Rorty e C. Taylor). In: *Dits et écrits*, IV (1980-1988). Paris: Gallimard, 1994, p. 584-90.

_____. 1981. Une Esthétique de l'existence (entrevista a A. Fontana). In: *Dits et écrits*, IV (1980-1988). Paris: Gallimard, 1994, p. 730-5.

_____. 1981-2. *A hermenêutica do sujeito*. São Paulo: Martins Fontes, 2004.

_____. 1982. *Dits et écrits*, IV (1980-1988). Paris: Gallimard, 1994.

_____. 1984a. *L'Usage des plaisirs* (Histoire de la sexualité, t. II). Paris: Gallimard. (Coleção *Tel*, edição de bolso). Versão em português: *O uso dos prazeres (História da sexualidade*, t. II). Trad. Maria Thereza da Costa Albuquerque e J. A. Guilhon Albuquerque. 12. ed. Rio de Janeiro: Graal.

_____. 1984b. *Le Souci de soi* (Histoire de la sexualité, t. III). Paris: Gallimard. (Coleção *Tel*, edição de bolso). Versão em português: *O cuidado de si (História da sexualidade*, t. III). Trad. Maria Thereza da Costa Albuquerque e J. A. Guilhon Albuquerque. 12. ed. Rio de Janeiro: Graal, 1985.

FREUD, Sigmund. 1976. Edição standard brasileira das obras psicológicas completas de Sigmund Freud. Estabelecida por James Strachey e Anna FREUD. Trad. José Otávio de Aguiar Abreu. São Paulo: Imago.

_____. 1895. Projeto de uma psicologia científica. In: FREUD, Sigmund. *Op. cit.*, v. I, 1976.

_____. 1911. Notas psicanalíticas sobre um relato autobiográfico de um caso de paranoia. In: _____. *Op. cit.*, v. XII, 1976.

_____. 1913. Sobre o início do tratamento (Novas recomendações sobre a técnica da psicanálise I). In: FREUD, Sigmund. *Op. cit.*, v. XII, 1976.

_____. 1920. Mais além do princípio do prazer. In: FREUD, Sigmund. *Op. cit.*, v. XV, 1976.

_____. 1923a. Neurose e psicose. In: FREUD, Sigmund. *Op. cit.*, v. XIX, 1976.

_____. 1924a. A perda da realidade na neurose e na psicose. In: FREUD, Sigmund. *Op. cit.*, v. XIX, 1976.

GEBSATTEL, Von. V. E. 1968. *Imago Hominis. Beiträge zu einir personalen Anthropologie*. Salzbourg: Otto Müller.

GLATZEL, J. 1973. *Endogene Depression*. Stuggart: Thieme.

GOFFMAN, Erving. 1961. *Manicômios, prisões e conventos*. 7. ed. São Paulo: Perspectiva, 2005.

GOODMAN, Paul. 1951. *The Empire City*. Indianápolis/Nova York: Julian Press.
_____. 2011. *The Paul Goodman Reader* by Sally Goodman. Introdução Taylor Stoehr. Oakland: PM Press.
GRANDIN, Temple; Scariano, Margaret M. 1998. *Uma menina estranha – Autobiografia de uma autista*. Trad. Sérgio Flaksman. São Paulo: Companhia das Letras, 1999.
GUIMARÃES, Maria Clara; HORA, Ana Paula M. da; MOREIRA, Allana. 2007. Atenção domiciliar: uma tecnologia de cuidado em saúde mental. In: SILVA, Marcus Vinicius de Oliveira. *A clínica psicossocial das psicoses*. Salvador: UFBA.
HÄFNER, H. 1961. *Psychopathen Daseinsanalytische Untersuschungen zur Struktur und Velaufsgestalt von Psychopathien*. Introdução L. Binswanger. Berlim: Springer.
HEIDEGGER, Martin. 1927. *Ser e tempo*. Trad. Márcia Cavalcanti. Petrópolis: Vozes, 1989, 2 volumes.
_____. 1929. *Qu'estce la Métaphisique?* Versão em português: *Que é metafí sica?* Trad. Ernildo Stein. São Paulo: Abril Cultural, 1973. (Coleção Os Pensadores)
HERMANN, M. C. 2008. *Acompanhamento terapêutico e psicose: um articulador do real, simbólico e imaginário*. Tese (Doutorado). Universidade de São Paulo, São Paulo.
HOEPFNER, Angela Maria. 2009. A clínica do sofrimento ético-político como uma proposta de intervenção na clínica ampliada e compartilhada. In: BRASIL. 2009. Ministério da Saúde. Secretaria de Atenção à Saúde. Política Nacional de Humanização. Brasília: Ministério da Saúde, 256 p.: il. (Série B. Textos Básicos de Saúde) (Cadernos Humaniza SUS, v. 2).
HUSSERL, Edmund. 1893. *Lições para uma fenomenologia da consciência interna do tempo*. Trad. Pedro M. S. Alves. Lisboa: Imprensa Nacional – Casa da Moeda, [s.d.].
_____. 1900-1a. *Logische Unterschungen – Erster Band, Prolegomena zur reinen Logik*. Husserliana, Band XVIII, Martinus Nijhoff Publishers, The Hague, 1975. Versão em português: *Investigações lógicas*. Primeiro volume – Prolegômenos à lógica pura. Trad. Diogo Ferrer. Aprovada pelos Arquivos Husserl de Lovaina. Lisboa: Centro de Filosofia da Universidade de Lisboa, 2008.
_____. 1913. *Ideias relativas a uma fenomenologia pura e a uma filosofia fenomenológica*. Prefácio C. A. Moura. Trad. Márcio Suzuki. São Paulo: Ideias e Letras, 2006. (Coleção Subjetividade Contemporânea)

_____. 1922. Europa: crise e renovação – A crise da humanidade europeia e a filosofia. De acordo com os textos de Husserliana VI e XXVII editados por Walter Biemel e Thomas Nenom/Hans Rainer Sepp. Tradução Pedro M. S. Alves, Carlos Aurélio Morujão. Aprovada pelos Arquivos Husserl de Lovaina, 2008 [Título original *Fünf Aufsätze über Vorträge 1922 1937*. Husserliana Band XXVIII, Dordrecht, 1989].

_____. 1924. *Formal and transcendental logic*. Trad. Dorian Cairns. The Hague: Martinus Nijhoff, 1969.

_____. 1930. *Meditações cartesianas:* introdução à fenomenologia. Trad. Maria Gorete Lopes e Souza. Porto: Rés.

IBRAHIM, César. 1991. Do louco à loucura: O percurso do auxiliar psiquiátrico no Rio de Janeiro. In: "A CASA", Equipe de acompanhantes terapêuticos do hospital-dia (org.). *A rua como espaço clínico:* acompanhamento terapêutico. São Paulo: Escuta, p. 43-9.

JACOBINA, Paulo Vasconcelos. Direito penal da loucura: medida de segurança e reforma psiquiátrica. *Revista de Direito Sanitário*, v. 5, n. 1, mar. 2004. Disponível em: <http://bases.bireme.br/cgibin/wxislind.exe/iah/online/?IsisScript=iah/iah.xis&src=google&baseLILACS&lan g=p&nextAction=lnk&exprSearch=418643&indexSearch=ID>. Acesso em: 21 de julho de 2011.

JASPERS, Karl. 1913. *Algemeine psychopathologie*. 7. ed. Berlim: Springer. 1953. Trad. francesa: *Psychopathologie générale*. Trad. Alfred Kastler e J. Mendousse. Paris: Alcan, 1933. Versão em português: *Psicopatologia geral*. Trad. Dr. Samuel Penna Reis. Rio de Janeiro/São Paulo: Livraria Atheneu, 1979 (dois volumes).

JONES, Maxwell. 1953. *The Therapeutic Community: a new treatment method in psychiatry*. Nova York: Basic Books.

JORNAL DO FEDERAL. 2011. Publicação do Conselho Federal de Psicologia, ano XXII, abril de 2011.

JUNG, Carl Gustav. 1966. The Practice of Psychotherapy. In: _____. *Collected Works of C. G. Jung*. For Sir Robert Read, Michael Fordham, Gerhard Adler e William McGuire. Trad. R. F. C. Hull. Nova York: Princeton University Press. 1953-76. (Bollingen Series XX)

KANNER, Léo. 1943. Autistic disturbances of affective contact. *Nervous children*, n. 2, p. 217-50.

KANT, Imanuel. 1785. *Fundamentação da metafísica dos costumes*. Trad. Paulo Quintela. Lisboa: Edições 70, 1995.

KISHER, K. P. 1960. *Der Erlebniswandel des Schizophrenen*. Ein psycchopathologischer Beitrag zur Psychonomie schizophrener Grundsituationen. Berlim: Springer.

LACAN, Jacques. 1932. *Da psicose paranoica e suas relações com a personalidade*. Trad. A. Menezes, M. A. C. Jorge e P. M. da Silveira. Rio de Janeiro: Forense Universitária, 1987.
_____. 1955-6. *O seminário*. Livro 3: As psicoses. Texto estabelecido por Jacques-Alain Miller. Trad. M. D. Magno. 2. ed. Rio de Janeiro: Zahar, 1998.
_____. 1957-8. *O seminário*. Livro 5: As formações do inconsciente. Trad. Vera Ribeiro. Rio de Janeiro: Zahar, 1999.
_____. 1958. De uma questão preliminar a todo tratamento possível da psicose. In: *Escritos*. Rio de Janeiro: Zahar, 1998.
_____. 1959-60. *O seminário*. Livro 7: A ética da psicanálise. Versão de M. D. Magno. 2. ed., Rio de Janeiro: Zahar, 1986.
_____. 1964. *O seminário*. Livro 11: Os quatro conceitos fundamentais da psicanálise. Texto estabelecido por Jacques-Alain Miller. Trad. M. D. Magno. 2. ed. Rio de Janeiro: Zahar, 1998.
_____. 1966. *Écrits*. Paris: Seuil. Trad. *Escritos*. Rio de Janeiro: Zahar, 1996.
_____. 1969-70. *O seminário*. Livro 17: O avesso da psicanálise. Texto estabelecido por Ari Roitman. Rio de Janeiro: Zahar, 1992.
_____. 1972. *O seminário*. Livro 20: Mais, ainda. Texto estabelecido por Jacques-Alain Miller. Trad. M. D. Magno. 2. ed. Rio de Janeiro: Zahar, 1985.
_____. 1974. *Televisão*. Rio de Janeiro: Zahar, 1993.
_____. 1975. "R.S.I." *Ornicar? Revue du Champ Freudien*, n. 3, p. 17-66, Paris, 1981.
_____. 1976-7. Le sinthome. *Ornicar? Revue du Champ Freudien*, n. 6, p. 3-20; n. 7, p. 3-18; n. 8, p. 6-10; n. 9, p. 32-40; n. 10, p. 5-12; n. 11, p. 2-9, Paris.
LAING, R. D.; COOPER, D. G. 1976. *Razão e violência: uma década da filosofia de Sartre*. Trad. Aurea Brito Weissenberg. Petrópolis: Vozes.
LANTERI-LAURA, G. 1957. *La Psychiatrie phénoménologique*. Paris: PUF.
Laplanche, Jean. 1991. *Hölderlin e a questão do pai*. Trad. C. Marques, Rio de Janeiro: Zahar. (Coleção Transmissão da Psicanálise)
LAURENT, Eric. 1992. *Estabilizaciones en las psicosis*. Trad. I. Ago, A. Torres, S. M. Garcia e M. Bassols. Buenos Aires: Manantial.
LEITE, Márcio Peter S. 2000. Subsídios para o estudo da segunda clínica de Lacan. *Agente. Revista de psicanálise*, v. VII, n. 13, p. 30-5, nov. 2000.
LEITE, Maria Aparecida. 2003. *O descurso cínico: a poética de Glauco Mattoso*. Tese de Doutorado em Teoria Literária. Orientador Marcos José Müller-Granzotto. Programa de Pós-Graduação em Literatura. Florianópolis, UFSC. 213p.

LÉVINAS, Emmanuel. 1967. *Descobrindo a existência com Husserl e Heidegger*. Lisboa: Instituto Piaget.

_____. 1978. "Martin Buber, Gabriel Marcel et la Philosophie". *Revue Internacionale de Philosophie*, v. 126, n. 4, p. 492-511.

_____. 2000. *Totalidade e infinito*. Trad. José Pinto Ribeiro. Lisboa: Edições 70.

LICHTENBERG, Phillip. 1990. *Psicología de la opresión. Guía para terapeutas y activistas*. Tradução Maria Elena Soto e Francisco Huneeus. Santiago: Cuatro Vientos, 2008.

MACHADO, Roberto. 1981. *Ciência e saber*. Rio de Janeiro: Graal.

_____. 2006. *Foucault, a ciência e o saber*. 3. ed. revista e ampliada. Rio de Janeiro: Zahar.

MACHADO de Assis, Joaquim Maria. 1881-2. *O alienista*. In:_____. *Obras completas*. Rio de Janeiro: Jorge Aguillar, 1962.

MALDINEY, Henry. 1976. Psychose et presence. *Revue de Métaphysique et Morale*, n. 81, p. 513-65. _____. 1990. *Le Contact*. Bruxelles: De Boeck-Wesmael.

MELMAN, Charles. 2004. *A neurose obsessiva*. Trad. Inesita Machado. Editor: José Nazar. Rio de Janeiro: Companhia de Freud.

MERLEAU-Ponty, Maurice. 1945. *Fenomenología de la percepción*. Trad. Emilio Uranga. México: Fondo de Cultura Económica, 1957.

_____. 1947. *Humanismo y terror*. Buenos Aires: Leviatán, 1956.

_____. 1955. *Las aventuras de la dialéctica*. Buenos Aires: Leviatán, 1957.

_____. 1960. *Signos*. Barcelona: Seix Barral, 1964.

_____. 1962. Candidature au Collège de France – Un inédit de Merleau-Ponty. *Revue de métaphysique et de morale*, n. 67, p. 401-9.

_____. 1964a. *Lo visible y lo invisible*. Trad. Estela Consigli y Bernard Capdevielle. Buenos Aires : Ediciones Nueva visión, 2010.

_____. 1964b. *L'Oeil et l'esprit*. Paris: Gallimard. Versão em português: *O olho e o espírito*. Trad. Paulo Neves e Maria Ermantina Galvão Gomes Pereira. São Paulo: Cosac Naify, 2004

_____. 1969. *La Prosa del mundo*. Trad. Francisco Pérez Gutiérrez. Madrid: Taurus Ediciones, 1971.

MILLER, Jacques-Alain (1994-5). *Silet – Os paradoxos da pulsão, de Freud a Lacan*. Trad. Celso Rennó Lima: texto estabelecido por Angelina Harari e Jésus Santiago. Rio de Janeiro: Zahar, 2005.

_____. 1998. *Los signos del goce – Los cursos psicoanalíticos de Jacques-Alain Miller*. Buenos Aires: Paidós.

_____. 2001. *De la naturaleza de los semblantes*. Buenos Aires: Paidós.

Minkowski, Eugène. 1927. *La Schizophrénie. Psychopathologie des schizoïdes et des schizophrènes*. Nova edição revista e ampliada. Paris: Desclée de Brouwer, 1953.

_____. 1933. *Les Temps vecú. Études phénoménologiques e psychopatologiques.* Neuchâtel: Delachaux et Niestlé, 1968.

MÜLLER-GRANZOTTO, Marcos José. 2002. Privilégio e astúcia da fala segundo Merleau-Ponty. *Revista Portuguesa de Filosofia,* v. 58, fascículo 1, p. 117-37, jan.-mar. 2002.

_____. 2008. Merleau-Ponty e Lacan: a respeito do estranho. *Adverbum* (Campinas. *Online),* v. 3, p. 3-17, 2008. Disponível em: <http://www.psicanaliseefilosofia.com.br/adverbum/sumarioadverbum04.html>.

_____. 2009. Gênese das funções e dos modos de ajustamento no universo infantil à luz da teoria do *self.* In: XII Encontro da Abordagem e IX Congresso Nacional de Gestalt Terapia, Vitória – ES. Gestalt Terapia na contemporaneidade, 2009.

_____. 2010a. Clínica de los ajustes psicóticos. Una propuesta a partir de la terapia gestáltica. *Revista de Terapia Gestalt de la Associación Española de Terapia Gestalt,* n. 30, p. 92-7, enero 2010.

_____. 2010b. Outrem em Husserl e em Merleau-Ponty. In: BATTISTI, César Augusto. *Às voltas com a questão da subjetividade.* Toledo/Ijuí: Unioeste/ Unijuí, 2010.

MÜLLER-GRANZOTTO, M. J.; MÜLLER-GRANZOTTO, R. L. 2007. *Fenomenologia e Gestalt Terapia.* São Paulo: Summus.

_____. 2008. Clínica dos ajustamentos psicóticos: uma proposta a partir da Gestalt-terapia. *IGT NA REDE,* v. 5, p. 8-34.

_____. 2009a. *Fenomenologia y Terapia Gestalt.* Santiago de Chile: Cuatro Vientos.

_____. 2009b. Temporalité dans le champ clinique: phénoménologie du *self. Les Cahiers de Gestaltthérapie,* v. 1, p. 39-82, 2009.

_____. 2012. *Clínicas gestálticas – O sentido ético, político e antropológico da teoria do* self. São Paulo: Summus.

MÜLLER-GRANZOTTO, Rosane Lorena. 2010. La clínica gestáltica de la aflicción y los ajustes ético-políticos. *Revista de Terapia Gestalt de la Associación Española de Terapia Gestalt,* n. 30, p. 98-105, enero 2010.

NERY FILHO, Antônio; PERES, Maria Fernanda Tourinho. 2002. A doença mental no direito penal brasileiro: inimputabilidade, irresponsabilidade, periculosidade e medida de segurança. *História, Ciências, Saúde,* Manguinhos, Rio de Janeiro, v. 9, n. 2, mai./ago. Disponível em: <http://direitoeprocessopenal.blogspot.com/>. Acesso em: 19 de julho de 2011.

NETO, L. B. 1997. Contribuições para uma topografia do acompanhamento terapêutico. In: "A CASA", Equipe de acompanhantes terapêuticos do hospital-dia (org.). *Crise e cidade – Acompanhamento terapêutico.* São Paulo: Educ.

OLIVEIRA, G. N. 2008. O projeto terapêutico singular. In: GUERREIRO, A. P.; CAMPOS, G. W. S. (orgs.). *Manual de práticas de atenção básica à saúde ampliada e compartilhada*. São Paulo: Aderaldo e Rothschild (Hucitec), v. 1, 2008, p. 283-97.

ORTEGA, Francisco. 1999. *Amizade e estética da existência em Foucault*. Rio de Janeiro: Graal.

PALLOMBINI, Analice de Lima. 2007. *Vertigens de uma psicanálise a céu aberto: a cidade – Contribuições do acompanhamento à clínica da reforma psiquiátrica*. Tese (Doutorado). Departamento de Saúde Coletiva, Universidade Federal do Rio de Janeiro, Rio de Janeiro.

PERLS, Frederick 1942. *Yo, hambre y agresión*. Madrid: Sociedad de Cultura Valle-Inclán, 2007.

_____. 1969. *Dentro y fuera del tarro de la basura*. Santiado de Chile: Cuatro Vientos, 1988.

[PHG] PERLS, Frederick; HEFFERLINE, Ralph; GOODMAN, Paul. 1951. *Terapia Gestalt: excitación y crecimiento de la personalidad humana*. Trad. Carmen Vázquez Bandín y Maria Cruz García de Enterría. Ferrol: Sociedad de Cultura Valle-Inclán, 2006, 3 ed.

PERLS, Laura. 1991. *Viviendo en los limites*. Trad. Carol Sykes. Valência: Promolibro, 1994.

PITIÁ, Ana Celeste de Araújo; Santos, Manuel Antônio dos. 2005. *Acompanhamento terapêutico: a construção de uma estratégia clínica*. São Paulo: Vetor.

PNUD. Programa das Nações Unidas para o Desenvolvimento. Brasil. *Atlas do desenvolvimento humano no Brasil*. 2003. Disponível em: <http://www.pnud.org.br/atlas/>. Acesso em: 22 de junho de 2011.

POLITZER, Georges. 1912. *Critique des fondements de la psychologie*. Paris: Rieder, 1967.

PSYCHÉ, *2006*. Edição especial sobre acompanhamento terapêutico. São Paulo, Unimarco, v. 10, n.18.

PULSIONAL, 2001. Revista de Psicanálise. São Paulo, v. 14, n. 150, outubro.

QUINET, Antônio. 2006. *Psicose e laço social – Esquizofrenia, paranoia e melancolia*. Rio de Janeiro: Zahar.

REVISTA SOBRE INFÂNCIA COM PROBLEMAS. *Dossiê – Acompanhamento terapêutico*, v. 10, n. 19, jun. 2005.

RIVIÈRE, Angel. 1995. O desenvolvimento e a educação da criança autista. In: COLL, César; PALACIOS, Jésus; MARCHESI, Álvaro. *Desenvolvimento psicológico e avaliação: necessidades educativas especiais e aprendizagem*. Porto Alegre: Artes Médicas, p. 272-91.

ROBINE, Jean-Marie. 2004. *S'Apparaittre à l'Occasion d'un autre?* Etudes pour la psychothérapie. Boudeaux: L'exprimerie, 2004.

ROCHLITZ, Rainer. 1989. Esthétique de l'existence. In: ROCHLITZ, Rainer. *Michel Foucault – Philosophe*. Paris: Seuil, p. 288-300.
ROMERO, Emílio. 1997. *O inquilino do imaginário*. Formas de alienação e psicopatologia. 2. ed. São Paulo: Lemos.
ROSEN, J. N. 1978. *Psiquiatría psicoanalítica directa*. Madri: Biblioteca Nueva. Safatle, Vladimir. 2007. *Lacan*. São Paulo: Publifolha, 2007. (Coleção Folha Explica)
SARTRE, Jean-Paul. 1942. *O ser e o nada*. Trad. Paulo Perdigão. Petrópolis: Vozes. 1997.
_____. 1943. *Entre quatro paredes*. São Paulo: Abril Cultural e Industrial, 1985.
_____. 1948. *Qu'estce la Litératture?* Paris: Gallimard. Versão en portugués: *Que é a literatura?* São Paulo: Bom livro, 1989.
_____. 1966. J-Paul Sartre répond. *L'Arc*, n. 30.
SILVA, Marcus Vinicius de Oliveira (org.). 2007. *A clínica psicossocial das psicoses*. Salvador: UFBA, 2007.
_____. 2001. *A instituição sinistra – Mortes violentas em hospitais psiquiátricos no Brasil*. Brasília: Publicações do Conselho Federal de Psicologia.
SLOTERDIJK, Peter. 1989. *Crítica de la razón cínica*. Madri: Taurus, vols. I e II.
SOLLER, Colette. 1977. O sujeito e o Outro I e II. In: FELDSTEIN, Richard; FINK, Bruce; JAANUS, Maire (orgs.). *Para ler o Seminário 11*. Trad. Dulce Duque Estrada. Rio de Janeiro: Zahar.
STEIN, Ernildo. 2001. *Compreensão e finitude: estrutura e movimento da interrogação heideggeriana*. Porto Alegre: EDIPUCRS, 2001.
STEVENS, Alexandre. 2000. Por uma clínica mais além do pai. A renovação da clínica de Lacan. *Agente*. Revista de psicanálise, v. VII, n. 13, p. 30-5, nov. 2000.
STRAUS, E. 1960. Psychologie der menschlichern Welt. *Gesammelte Schriften*. Berlim: Springer, 1960.
TATOSSIAN, Arthur. 1979. *A fenomenología das psicoses*. Trad. Célio Freire. Revisão Virgínia Moreira. São Paulo: Escuta, 2006.
TATOSSIAN, Arthur; GIUDICELLI, S. 1970. De la Phénoménologie de Jaspers au "retour à Husserl": L'anthropologie compréhensive de J. Zutt et C. Kullenkampf. *Confrontations Psychiatriques*, n. 11, p. 127-61.
TAYLOR, Charles. 1989. Foucault, la liberté, la vérité. In: _____. *Michel Foucault – Lectures critiques*. Bruxelas: Éditions Universitaires, p. 85-121.
TELLENBACH, H. 1960. Gestalten der Melancholie. *Jahrb. F. Psychol. Pscychothera*, n. 7, p. 9-26.
WATZLAWICK, P.; BEAVIN, J. H.; JACKSON D. D. 1967. *Pragmática da comunicação humana*. São Paulo: Cultrix.
ZUTT, J. 1963. Auf dem Weg zu einer anthropologischen Psychiatrie. *Gesammelte Ausätzse*. Berlim: Springer.

IMPRESSO NA GRÁFICA SUMAGO
sumago gráfica editorial ltda
rua itauna, 789 vila maria
02111-031 são paulo sp
tel e fax 11 2955 5636
sumago@sumago.com.br